BIBLIOGRAPHIE

DRAMATIQUE-HISTORIQUE

DE

CHARLOTTE DE CORDAY

EXTRAIT DE L'OUVRAGE INTITULÉ

CHARLOTTE DE CORDAY ET LES GIRONDINS

PAR

M. CHARLES VATEL

AVOCAT A LA COUR D'APPEL DE PARIS

Avec un Portrait de Mlle Cléricourt jeune dans le rôle de Charlotte de Corday

PARIS

HENRI PLON, IMPRIMEUR-ÉDITEUR

10, RUE GARANCIÈRE

1872

Tous droits réservés

BIBLIOGRAPHIE

DRAMATIQUE-HISTORIQUE

DE

CHARLOTTE DE CORDAY

EXTRAIT DE L'OUVRAGE INTITULÉ

CHARLOTTE DE CORDAY ET LES GIRONDINS

PAR

M. CHARLES VATEL

AVOCAT A LA COUR D'APPEL DE PARIS

Avec un Portrait de Mlle Cléricourt jeune dans le rôle de Charlotte de Corday

PARIS

HENRI PLON, IMPRIMEUR-ÉDITEUR

10, RUE GARANCIÈRE

—

1872

Tous droits réservés.

PARIS. TYPOGRAPHIE DE HENRI PLON

RUE GARANCIÈRE, 8.

AVIS DE L'ÉDITEUR

Nous avons publié cette année (1872) un ouvrage en trois volumes, accompagné d'un Album de portraits, vues, plans et *fac-simile* d'autographes, par M. Charles Vatel, sous le titre de *Charlotte de Corday et les Girondins*. C'est un recueil de pièces variées qui peut intéresser plusieurs classes de lecteurs et s'adresse à des localités différentes. Nous avons cru devoir, déférant d'ailleurs en cela au désir de l'auteur, tirer à part certaines parties de ce livre qui, formant un tout par elles-mêmes, sont susceptibles d'être détachées de l'ensemble. Telles sont :

La *Bibliographie dramatique-historique* de Charlotte de Corday, monographie d'un genre nouveau destinée aux spécialistes du théâtre ;

La *Biographie de J. B. Salle*, qui appartient à la Lorraine ;

L'*Excursion à Saint-Émilion*, qui concerne la Gironde.

Seulement les folios n'ont pu être changés, et les lecteurs voudront bien excuser cette imperfection typographique, de peu d'importance du reste, en considération des facilités et des avantages que nous avons cherché à procurer au public.

Prudon (?)   Pl. 20.   Bandran sc.

LA CITOYENNE CLÉRICOURT JEUNE

(RÔLE DE CH. CORDAY.)

BIBLIOGRAPHIE

DRAMATIQUE-HISTORIQUE

DE

CHARLOTTE DE CORDAY.

—————

I.

PÉRIODE ANCIENNE.

La liste des œuvres dramatiques dont Charlotte de Corday
a été l'objet est déjà fort longue. Nul sujet historique,
tiré soit de l'antiquité, soit des temps modernes, n'a été
traité autant de fois [1], et cependant un siècle ne s'est pas
écoulé depuis l'événement qui a donné naissance à tant de
compositions diverses. Ceci, au reste, se comprend. Il y a là
une tragédie toute faite. L'action, les caractères, l'intérêt
tragique, rien n'y manque. Les auteurs ont été naturellement tentés par la facilité apparente du succès. De là les
nombreuses tragédies, les drames en prose, mélodrames,

[1] D'après la *Bibliographie dramatique* de Delandine (4 vol. in-8°,
Paris et Lyon, 1818, Bibl. nat., C. V), le sujet traité le plus grand
nombre de fois serait *Coriolan*, sur lequel il a été composé quinze
tragédies et plusieurs opéras, et trois tragédies anglaises, outre celle
de Shakspeare. *Alexandre, Iphigénie, Joseph*, ne dépassent pas le
nombre de dix, et les sujets modernes ne l'atteignent pas encore. On
connaît deux pièces sur *Camille Desmoulins*, sur *Madame Roland* deux,
sur *Robespierre* quatre, sur *Marie-Antoinette* six, sur *Louis XVI*
huit, etc.

vaudevilles, qui ont paru tant en France qu'à l'étranger. Il en est résulté un véritable corps de bibliographie, que pour plus d'ordre nous avons divisé en deux périodes : la première commence en 1793 et finit avec la Révolution et la République, en 1804. La seconde s'étend du premier Empire jusqu'au jour où nous écrivons : elle n'est pas encore close et ne paraît pas devoir l'être de longtemps.

Nous avons compris dans cette bibliographie quelques pièces qui par leur titre sembleraient appartenir à Marat. La confusion n'est qu'apparente, les titres ayant changé avec les époques. Ce qui pendant la Terreur était placé sous les auspices de Marat, porta plus tard le nom de Charlotte de Corday, lorsque ce nom cessa d'être proscrit. Nous n'avons donc éliminé que les pièces consacrées exclusivement à l'Ami du Peuple, telles, par exemple, que *Marat dans le souterrain*, de Cammaille Saint-Aubin, épisode de 1792, et même *les Catilinas modernes* du citoyen Férou, tragédie en vers dans laquelle Charlotte n'est que désignée et ne paraît pas sur le théâtre. Nous avons au contraire fait figurer dans notre catalogue les compositions qui tout en prenant Marat pour titre, mettent en scène Charlotte de Corday, de manière à réunir les œuvres qui se rattachent à un fait indivisible, le drame du 13 juillet 1793.

Nous avons donné le plus de place qu'il nous a été possible à l'analyse des pièces étrangères qui n'ayant pas été traduites en français sont peu connues dans notre pays. On s'étonnera peut-être de l'absence de pièces italiennes. Cette lacune tient à ce que la censure des divers gouvernements de l'Italie prohibait de la manière la plus rigoureuse la représentation de sujets empruntés à la Révolution française. C'est ce qui nous avait été dit par les libraires auxquels nous nous étions adressé, et nous a été confirmé par les personnes qui connaissent le mieux l'Italie, notamment M. le professeur Bosellini, à Modène, M. H. Mairan, l'un des plus fidèles habitués de la Bibliothèque nationale, etc.

Cette observation s'applique aussi à l'Espagne et au Portugal. Notre autorité pour le premier de ces pays est M. de Roman, pour le second M. Jordâo.

Nous nous sommes efforcé de rechercher et de reproduire les comptes rendus des journaux, souvent plus intéressants que les pièces dont ils contiennent l'analyse. On y trouve une grande variété de jugements, les uns sur les faits considérés en eux-mêmes, les autres au point de vue littéraire, ce qui permet de suivre la marche de la critique, se transformant avec le cours des années.

Ces comptes rendus nous initient en outre à une foule de détails curieux pour l'historique des représentations, la création des rôles, le jeu des acteurs, leurs costumes, les mouvements de l'opinion, les impressions du parterre..... Parfois aussi la politique vient mêler ses accents passionnés à la littérature du théâtre.

La réunion de ces documents nous a paru être le cortége obligé de l'œuvre de Salle, qui, comme nous l'avons dit, n'est pas seulement une tragédie, mais une page d'histoire, et une partie intégrante de l'histoire dont nous avons entrepris de réunir les matériaux. Une simple nomenclature d'ouvrages rares, introuvables, n'aurait eu qu'une valeur de curiosité. Nous avons préféré une revue contenant la substance des pièces, quelques citations des meilleurs passages, et au besoin des digressions touchant au fond même du sujet principal, que nous traiterons ultérieurement. C'est ainsi que nous expliquons et que nous espérons justifier le titre de : *Bibliographie dramatique-historique de Charlotte de Corday.*

k.

I.

L'AMI DU PEUPLE *ou* LA MORT DE MARAT, *fait histo-*
rique en un acte, suivi de sa POMPE FUNÈBRE, représenté pour la première fois sur le théâtre des VARIÉTÉS
AMUSANTES, boulevard du Temple, le 8 août 1793
(vieux style), par le citoyen GASSIER SAINT-AMAND [1].

PERSONNAGES :	*ACTEURS :*
Marat.	Le citoyen CLAIRVILLE.
Charlotte Cordai.	La citoyenne LÉVÊQUE.
Laurent Basse.	Le citoyen ROUSSEAU.
Évrard.	La citoyenne SEVRAIT.
Cuisinier.	Le citoyen SAINT-HÉLÈNE.

La scène est à Paris, dans un appartement de Marat.

Cette pièce, donnée le 8 août 1793, vingt-six jours
après l'événement, est probablement la première qui ait été
jouée sur le théâtre; elle est de la plus grande simplicité et
se compose de douze scènes qui représentent l'intérieur de
Marat, ses occupations de journaliste, son mariage verbal
avec Simonne Évrard, sa mort. Charlotte de Corday ne joue
un rôle actif que dans les scènes XI et XII.

L'auteur a mis en scène les personnages avec leurs noms
propres : Laurent Bas, la femme Évrard, maîtresse de
Marat; le citoyen Cuisinier, officier du poste de garde nationale qui vint procéder à l'arrestation [2]. Il place dans leur

---

[1] On voit par le *Journal des Affiches, Annonces et avis divers,* que
la publication de la pièce imprimée eut lieu en prairial an II. V. le
numéro de ce journal du octidi 8 prairial an II, qui contient l'annonce
de cette publication chez la citoyenne Toubon. Paris, 1794. In-8° de
vingt-deux pages. Prix : 1 l.

[2] Le Catalogue de Soleinne dit : « C'est un *cuisinier* qui fait l'éloge
de Marat, » n° 2465. On voit la méprise. Martin Cuisinier était limo-
nadier, place Saint-Michel. (V. Dossiers, p. 33.)

bouche le texte même des paroles qui ont été recueillies par l'histoire, ainsi qu'on peut le voir dans ce monologue de Charlotte qui résume ses lettres et ses interrogatoires.

Voilà donc le jour de ma vengeance arrivé! Aujourd'hui, je délivrerai ma patrie du monstre qui la gouverne[1]. Ma vie, sans doute, paiera le prix de la sienne? Que m'importe? Comme un autre Brutus, j'aurai sauvé mon pays. Rien ne coûte à mon cœur quand il s'agit de l'intérêt commun. J'éprouve dans ce moment une douce sensation quand je pense qu'une femme, oui, une femme, aura sauvé la France.

O Vengeance! Vengeance! c'est toi qui soutiens mon courage. Que ne puis-je du même coup frapper tous ceux qui, comme lui, profitent de la crédulité du Peuple pour le tromper! Un temps viendra où les François reconnoissans rendront justice à ma mémoire! O mon père! pardonne à ta fille de disposer d'elle sans ton consentement; mais l'intérêt de mon pays l'exige. Que suis-je sur la terre? Un être inutile. Je me dois à ma patrie; le sacrifice de ma vie est trop peu pour payer le bonheur de la République. En poignardant Marat, je porte l'épouvante dans le cœur de ses complices, je satisfais ma vengeance et j'assure la félicité des François. Ne donnez point de larmes à ma mémoire, elle est sans tache. Que le succès réponde à mon espoir, j'aurai assez vécu. (Scène XI.). . . . . .
. . . .

Pompe Funèbre. — Le théâtre représente une place publique, au milieu de laquelle est élevée une estrade. Quatre candélabres antiques remplis de parfums brûlent aux quatre coins.

Marche. — Six guerriers la lance baissée, deux tambours couverts de noir...

---

[1] « Il faut supposer, dit le Catalogue de Soleinne, que l'auteur partageait un peu les sentiments de Charlotte Corday. » En effet, Gassier Saint-Amand n'était pas maratiste ; mais les paroles qu'il met dans la bouche de Charlotte de Corday n'en sont pas moins d'une étrange hardiesse.

En 1793 ,il était le régisseur des Variétés. (Voyez Brazier, *Histoire des Petits théâtres*, t. Ier, p. 127.) En 1814 , il fit paraître des ouvrages royalistes, et devint sous-préfet de la Restauration.

Chœur de femmes vêtues de blanc avec des voiles noirs.

Deux enfants portant des inscriptions *Liberté*, *Égalité*.

Chœur de Romains, la statue de Brutus sur l'épaule.

Encens et candélabres où brûle de l'encens.

Romains portant, l'un, l'inscription *Innocence*, l'autre, *Justice*.

Le corps de Marat sur un lit de parade porté par quatre Romains; sa plaie est découverte, et le poignard est à côté de lui.

... Évrard, couverte d'un voile noir et accompagnée de deux femmes, porte son cœur sur un bassin.

La marche défile à pas lents au son des instruments guerriers et plaintifs. Après chaque roulement de tambour, on chante le chœur suivant sur l'air : *Je m'abandonne...*, de Mengotzi :

> O sort funeste !
> Un fer barbare
> Dans le Ténare
> Plonge Marat.
> (Roulement de tambours.)
> Qu'à l'instant même
> Par le supplice
> La mort punisse
> Cet attentat.

Députés, peuple, gardes nationaux.

Après avoir fait deux fois le tour du théâtre, on pose le lit de parade sur l'estrade.

Alors un Romain chante le couplet suivant, que l'on reprend en chœur :

> Air de la *Romance de Charlotte*.
>
> O jour affreux ! ô jour funeste !
> La France a perdu son ami.
> Mais de ta demeure céleste,
> Marat, sois encor notre appui, etc.

Après le couplet, l'on entend gronder le tonnerre, le ciel s'ouvre à la lueur des éclairs. Une pluie de roses tombe sur le corps. Alors on entend une musique douce; la Liberté descend dans un nuage avec la Renommée, qui sonne de la trompette.

A son aspect, chacun s'agenouille ; la Liberté prononce un discours. (Nous le supprimons, vu sa longueur.)

Après ce monologue, la Liberté posera une couronne sur la
tête de Marat ; ensuite elle montera au ciel, la Renommée
sonnera la trompette, l'on battra aux champs.

Le rideau baisse.

Il peut nous paraître étrange aujourd'hui de voir sur la
scène une Pompe funèbre. C'était alors la mode. Les funérailles de Hoche nous en offrent un exemple remarquable[1].

Le *Journal des Spectacles* rendit compte de cette pièce
dans son numéro du 10 août 1793. Après l'analyse succincte
de l'ouvrage, il ajouta :

Nous avons eu occasion de faire remarquer ailleurs qu'un
trait historique ne suffit pas toujours pour fournir le sujet
d'une pièce, celle-ci vient à l'appui de notre observation.
Mais devroit-on se permettre de montrer aux spectateurs indignés une action aussi révoltante qu'un assassinat? Non, à
moins que le criminel n'expie aussitôt son forfait. De là sans
doute les punitions et les échafauds que l'on voit sur la scène
anglaise, tableaux pour le moins aussi horribles que le premier, tableaux qui rentrent dans la classe de ceux que l'art
judicieux doit, suivant ses préceptes, éloigner de nos yeux.

Le caractère de Charlotte Corday n'est pas assez développé
dans la pièce de M. Gassier, et il ne nous retrace pas toute la
fanatique énergie de cette femme. Il aurait cependant fallu
que cela fût ainsi, 1º pour conserver la vérité dans le fait
historique ; 2º pour mettre plus d'action, de mouvement,
d'intérêt et de contraste dans cet ouvrage.

[1] « D'après le vœu formé par quelques personnes de voir représenter
sur les divers théâtres de Paris la scène touchante des funérailles
célébrées en l'honneur du général Hoche, les théâtres de la République
et des Arts, de Feydeau, etc., etc., se disposent à donner au public
la représentation de cette cérémonie lugubre, et l'on y entendra le
chant de Chérubini, qui remplit l'âme d'une mélancolie aussi douce
que son auteur. » (*La Toilette*, vendémiaire an VI.)

L'entretien de Marat avec son commis offre des longueurs, des répétitions, et il est à présumer que M. Gassier les fera disparoître, et qu'il sera moins long quand il aura *le temps d'être plus court*.

Le baiser que Marat prend sur la joue de sa maîtresse ne tient-il pas de la trivialité, et une situation semblable devroit-elle trouver place dans un sujet si sérieux?

Le compte rendu se termine par cette réflexion : « La cérémonie de la pompe funèbre est assez bien ordonnée; mais nous ferons observer à l'auteur qu'il n'est rien de plus maladroit que de charger du rôle de la *Liberté* l'actrice qui vient de remplir celui de *Charlotte Corday*. » Était-ce une maladresse? Il est permis d'en douter, surtout lorsqu'on sait qu'à Caen on promena dans une fête publique une statue de la Liberté à laquelle on avait donné les traits de Charlotte de Corday.

On a beaucoup parlé du mariage libre de Marat; ce genre d'union conjugale avait été mis à la mode par Jean-Jacques Rousseau [1]. Le mariage de Marat n'était toutefois connu que par la déclaration du citoyen Guirault devant le conseil de la Commune. Nous avons trouvé dans les papiers relatifs à l'apposition des scellés chez Marat une pièce plus positive. C'est la promesse de mariage faite par Marat à Simonne Évrard, signée de lui et datée du 1er janvier 1792. Nous

---

[1] Rousseau, s'étant retiré à Bourgoing, invita deux de ses amis à goûter dans un appartement retiré. Là, il les prit à témoin de ses engagements irrévocables avec la citoyenne Thérèse Levasseur; il termina cet acte important par un discours sur les devoirs du mariage, où son âme s'exalta tellement qu'il fit fondre en larmes et son épouse et ses amis.

Cette anecdote donna lieu à un intermède mêlé de musique qui devait être joué le jour de la translation des restes de Rousseau au Panthéon sur le théâtre de l'Égalité, faubourg Saint-Germain, Section Marat. (16 brumaire an III, n° 36 du *Journal des Spectacles*.)

allons transcrire cet étrange et curieux document. Mais voici d'abord la déclaration de Guirault, telle qu'on la trouve dans le *Journal de Paris* du 24 juillet 1793, p. 825 :

« Le citoyen Guirault vient demander au Conseil qu'il fasse lever les scellés apposés chez Marat ; il se plaint de ce que le Juge de Paix et son greffier n'ont pas encore rempli cette formalité ; il y a peut-être, dit-il, parmi ces papiers des notes contre Custines ; il y a en outre des ouvrages manuscrits de physique et de médecine ; il faut en faire un triage et les transmettre à la postérité par la voie de l'impression. Marat, ajoute-t-il, étoit fort pauvre ; dans le tems que Lafayette le poursuivoit, il étoit sur le point de passer en Angleterre pour y trouver des moyens de subsister de son travail, lorsqu'une jeune citoyenne le prit en amitié, vint à son secours et le retira chez elle. Il fut longtemps tenu caché rue Saint-Honoré, à la porte Saint-Denis ; il est venu ensuite demeurer rüe des Cordeliers.

» Marat fut reconnoissant : dans un jour parfaitement beau, il se mit à genoux avec cette citoyenne, lui donna la main en lui déclarant à la face du ciel que jamais il n'auroit d'autre épouse qu'elle. Ainsi fut célébré le mariage de ce grand homme, sans le ministère de notaire ni de prêtre, etc. [1]. »

Voici maintenant la pièce véritable :

*Procès-verbal de scellés du citoyen Marat
du 13 juillet 1793.*

Il s'est trouvé dans un petit portefeuille une promesse de

---

[1] On voit ici l'imitation flagrante de J. J. Rousseau. On la retrouve fréquemment dans les romans de cette époque. Nous citerons par exemple *Aldomen ou le Bonheur dans l'obscurité*, par le C. PIVERT. Paris, l'an IIIe de la République, in-18. Le frontispice représente un citoyen et une citoyenne, Spittvead et Julie, qui s'unissent devant la nature, avec ces deux vers :

> La nature en son sein offrit à leurs désirs
> Les aimables vertus et les plus doux plaisirs.

C'est la représentation graphique de la scène racontée par Guirault.

mariage de la part dudit citoyen Marat envers ladite citoyenne Évrard, écrite en entier et signée de la main dudit Marat, et dont nous avons, à la réquisition de ladite citoyenne Évrard, fait lecture, et qui est ainsy conçue :

« Les Belles qualités de mademoiselle SIMONNE ÉVRARD *ayant captivé mon cœur dont elle a reçu l'hommage, je lui laisse pour gage de ma foy pendant le voïage que je vais faire à Londres l'engagement sacré de lui donner ma main immédiatement après mon retour; si toute ma tendresse ne lui suffisait pas pour garant de ma fidélité, que l'oubly de cet engagement me couvre d'infamie.*

» A Paris, le 1ᵉʳ janvier 1792.

» JEAN-PAUL MARAT,
» l'Ami du Peuple. »

Lequel écrit nous avons aussitôt remis à ladite citoyenne Évrard (Simonne).

(Arch. de l'Emp., papiers du Comité de Sûreté générale.)

Ajoutons que ce mariage morganatique fut reconnu solennellement par la famille de Marat. Le *Journal de la Montagne* du 22 août 1793 contient la déclaration expresse qui fut faite à cet égard par ses deux sœurs et un de ses frères venus à Paris après son décès. Voici cette déclaration, qui concorde avec celle de Marat et en reproduit les termes :

Quoique déjà convaincus des importans services rendus par la Citoyenne Évrard au C. Marat son époux, nous avons cru nécessaire, pour donner à cet acte toute l'authenticité qu'exige notre reconnoissance, d'appeler en témoignage les personnes qui ont connu la situation où étoit réduit notre frère par les sacrifices qu'il avoit fait pour coopérer à la révolution.

Pénétrés d'admiration et de reconnoissance pour notre chère et digne sœur, nous déclarons que c'est à elle que la famille de son époux doit la conservation des dernières années de sa vie, etc.

Nous déclarons donc que c'est avec satisfaction que nous remplissons les volontés de notre frère en reconnoissant la Citoyenne Évrard pour notre sœur, et que nous tiendrons pour infâmes ceux de sa famille, s'il s'en trouve quelqu'un qui ne partageât pas les sentimens d'estime et de reconnoissance que nous lui devons, et si contre notre attente il pouvoit s'en trouver, nous demandons que leurs noms soient connus, ne voulant pas partager leur infamie.

Fait à Paris, ce 22 août, l'an 2ᵉ de la R. fr.

MARIE-ANNE MARAT, fᶜ Olivier.
ALBERTINE MARAT.
JEAN-PIERRE MARAT.

(*Journal de la Montagne* du lundi 26 août 1793, nᵒ 85.)

II.

A PROPOS SUR LA MORT DE L'INFORTUNÉ MARAT,
joué par le théâtre de la Cité en aoust 1793.

La citoyenne Clericourt la jeune, artiste de ce théâtre, remplissait le rôle de Charlotte de Corday. C'est le seul renseignement que nous possédions sur cette pièce. Il nous a été fourni par une inscription mise derrière le portrait de la citoyenne Clericourt. Elle est suivie de ces vers :

A CHARLOTTE CLERICOURT.

Pour bien nous rendre sur la scène,
De Corday, l'aspect détesté,

Il te manque, ô Républicaine,
Sa sauvage rigidité
Et sa sinistre majesté.
Mais si, comme elle, tragédienne
Dans le Temple de Melpomène,
Ton poignard frappe les tyrans,
C'est la joye, et non pas la haine,
Qui répond à tes coups ardents.

(Signé de l'initiale V.)

Nous avons fait graver et nous publions le portrait de la citoyenne Clericourt, qui se rattache à la Bibliographie dramatique de Charlotte de Corday. V. planche 20.

III.

APOTHÉOSE DE MARAT ET LEPELLETIER, *scène lyrique chantée à Versailles dans la ci-devant Chapelle, et à Paris, maison de la Révolution, ci-devant Palais-Bourbon.* — 10 août 1793. — Paroles de DELRIEU, musique de GIROUST. (Non imprimée [1].)

Cette scène lyrique n'ayant pas été imprimée, nous avons dû la chercher dans les dépôts de pièces manuscrites. Nous n'avons pu la trouver ni dans les Archives de la Préfecture de police, ni dans celles de l'hôtel Soubise. Nous avions es-

______

[1] Nous devons la connaissance de cette pièce à M. Ménétrier, qui prépare un grand travail sur le théâtre pendant la Révolution et qui a fait de longues recherches dans les Archives de la Préfecture de police. Il en est de même des pièces mentionnées sous les n⁰ˢ V, VI, X. Nous le prions d'agréer le témoignage public de notre reconnaissance.

péré être plus heureux au Conservatoire de musique, parce que c'est là que sont conservés les papiers de Giroust; mais vérification faite par M. Wekerlin, sous-bibliothécaire, il a été reconnu que ces manuscrits ne contenaient que de la musique religieuse, composée sur des paroles en latin. Giroust était en effet un compositeur de musique d'église, et il n'était devenu que par la force des circonstances le collaborateur de Delrieu, auteur, par les mêmes raisons, de chants patriotiques [1]. Ce n'est que dans les registres municipaux de Versailles que se sont rencontrées les traces de la fête célébrée dans la chapelle du château, devenue la chapelle du Palais National. La cérémonie en l'honneur de Marat eut lieu en effet le lendemain de l'anniversaire du 10 *août, jour du renversement du Thrône et de l'acceptation de la Constitution.* On voit par les procès-verbaux des Sections, que d'une part une collecte fut faite pour acheter à frais communs le buste de l'Ami du Peuple, qui fut porté en triomphe au milieu du cortége, et que de l'autre, le nom de celle qui avait frappé Marat ne fut point oublié dans les discours prononcés par les orateurs populaires [2]. Le citoyen Giroust était alors Président de la 13e section, *ditte des Vrais républicains* [3]. Il avait composé pour la fête du 10 la musique d'un « morceau analogue au sujet ». Il

---

[1] Il était depuis longtemps régent de rhétorique à Versailles.

[2] « Marat, l'amy du peuple, dénonciateur de tous les complots liberticides formés par les tirans, les conspirateurs, etc., etc., assassiné par Marie-Anne-Charlotte Corday le 14 juillet 1793, âgée de dix-huit ans, jugée le 17 du même Moy » (*sic*). (Procès-verbal de la Société des Sans-Culottes, etc. Archives municipales de Versailles, Soc. Pop., carton n° 4.)

[3] On trouve une motion signée de lui comme Président, par laquelle « la municipalité est invitée à prendre les moyens pour empêcher qu'après les exécutions la multitude ne coure pas sur les échafauds et ne ce fassent (*sic*) un plaisir barbare de marcher dans le sang. » (Mêmes Archives, Soc. Pop., carton n° 2.)

est donc naturel de croire qu'il était l'auteur des hymnes et cantiques chantés le jour suivant, ainsi qu'on le voit par les registres municipaux de Versailles.

« Le lendemain (11 août), à quatre heures de l'après-midi, la municipalité s'est rendue à *la chapelle du Palais national.*

» L'emblème de la Liberté étoit placé sur l'autel, la musique et les jeunes citoyennes, vêtues comme la veille, chantèrent des hymnes et des cantiques, et offrirent de l'encens et des fleurs à la Liberté. Un discours civique fut prononcé par le citoyen Goujon, procureur syndic du département. Après quoi chacun se rendit dans le jardin. Les grandes eaux furent jouées, et à la fin du jour tous les citoyens se retirèrent [1].

» *Signé :* Grincourt, commissaire ordonnateur; Gastellier. »

(Assemblée du Conseil général de la Commune de Versailles, 3ᵉ vol., p. 255-258.)

Les auteurs des *Prisons de l'Europe*, MM. Alboize et Maquet, citent (t. IV, p. 114) les Mémoires inédits de Champagneux, desquels il résulterait que Champagneux, alors détenu à la Force, avait composé une tragédie sur Charlotte de Corday. Il aurait eu pour inspirateur et collaborateur Adam Lux, qui était renfermé dans la même prison. Malheureusement cette tragédie fut perdue. Les Mémoires seuls subsisteraient.

Vérification faite, d'après les Registres d'écrou conservés dans les Archives de la Préfecture de police, nous avons constaté qu'en effet Adam Lux et Champagneux se sont trouvés à la Force ensemble depuis le commencement d'août

---

[1] Cette fête du lendemain fut sans doute celle qui fut consacrée à Marat et donna lieu à la *Scène lyrique* de Giroust et Delrieu.

jusqu'au mois de décembre 1793 [1]. Le fait avancé est donc matériellement possible. Toutefois Georges Kerner, qui vit Adam Lux pendant sa captivité, et qui a laissé des souvenirs intéressants sur leurs relations, ne parle nullement de cette tragédie ni de la participation que Lux y aurait prise. (V. DAS BILDERBUCH AUS MEINER KNABENZEIT, *l'Album de mon enfance, Souvenirs de 1786 à 1804,* p. 74 à 92, par Justinus Kerner, frère du précédent. Brunswick, 1849 [2].)

Il faut aussi se défier de ce que les auteurs disent de l'amour de Lux pour Charlotte de Corday. Il éprouvait sans doute et il a exprimé l'enthousiasme le plus exalté pour Charlotte. Mais il n'y a rien qui ressemble à l'amour platonique et posthume qu'on a supposé. On sait que le docteur Wedekind, compatriote et ami d'Adam Lux, ayant publié dans le *Journal de la Montagne* du 4 septembre 1793 une lettre par laquelle il cherchait à établir que la passion de Lux pour Charlotte lui avait troublé la tête, celui-ci démentit énergiquement cette assertion [3]. C'est donc sous

[1] CHAMPAGNEUX (Louis-Antoine), chef de bureau au ministère de l'intérieur, âgé de quarante-neuf ans, né à Bourgoin, demeurant à Paris, arrêté par mesure de sûreté générale et écroué à la Force le 4 août 1793 (ordre du Comité de Sûreté générale), transféré aux Madelonnettes le 25 messidor an II, mis en liberté le 25 thermidor suivant.

ADAM LUX, entré à la Force le 24 juillet 1793, transféré à la Conciergerie le 2 novembre, condamné à mort et exécuté le 14 brumaire an II (4 novembre 1793).

[2] Il ne faut pas confondre Georges Kerner avec Théodore Kœrner. Georges Kerner, né en 1770 à Ludwisbourg (Würtemberg), partisan déclaré de la Révolution française, exerça la médecine et mourut à Hambourg en 1812. — Théodore Kœrner, né à Dresde en 1788, surnommé le Tyrtée de l'Allemagne, succomba les armes à la main en 1813 en combattant contre Napoléon.

Justinus Kerner, frère de Georges et l'auteur des *Souvenirs*, est un littérateur connu par des poésies publiées dans divers recueils et par des études sur Charlotte Corday insérées dans la *Clio*.

[3] V. *Journal de la Montagne* du 26 septembre 1793, n° 116 :

« Le député de Mayence, nommé Lux, qui est enfermé pour des propos

le bénéfice de cette réserve que nous citerons le passage suivant, extrait de MM. Alboize et Maquet :

« Au second acte, il fallait faire parler Charlotte et la mettre en scène. Champagneux traça son plan et commença d'écrire; mais lorsqu'il lut son travail à Adam Lux, celui-ci s'exalta, et soutint qu'il n'avait pas donné à son héroïne le véritable langage qu'elle devait parler. Prenant alors la plume, il refit les scènes où paraissait Charlotte, et mit dans sa bouche tout ce que son amour pour elle lui inspirait de sublime et de touchant. »

Rien ne serait plus intéressant à coup sûr qu'une telle œuvre, surtout alors qu'au moment où elle s'élaborait Barbaroux conseillait à Salle de prendre Adam Lux pour le véritable amoureux de Charlotte! (V. ci-dessous, p. 108.) Mais, encore une fois, nous ne pouvons que douter en présence de témoignages aussi incertains.

IV.

LA MORT DE MARAT, *tragédie en trois actes et en vers, suivie de son* APOTHÉOSE, *en un acte et en vers,* par JEAN-FRANÇOIS BARRAU, citoyen de Toulouse, représentée pour la première fois à Toulouse sur le Théâtre de la République le 15 pluviôse de l'an II de la République française (3 février 1794). — Toulouse, de l'im-

---

ou des écrits qu'on a cru nécessaire de réprimer, prétend n'avoir point l'imagination frappée, comme je l'ai avancé d'après un médecin allemand son compatriote (Wedekind). Il proteste contre l'assertion de ce médecin, et me somme d'insérer cette protestation dans le journal.

» *Signé :* L. (LAVEAUX). »

primerie du citoyen Jean-Florent Baour [1] (1793), in-8°
de quarante-huit pages.

Il y eut une seconde édition à Lyon, de l'imprimerie des
Droits de l'homme, chez le Républicain français, rue des
Sans-Culottes, an III de la République, avec cette épi-
graphe tirée de l'Apothéose :

Qu'ils le craignent encor, il va revivre en nous.

C'est cette édition que possède la Bibliothèque du Louvre;
tome XVI de la collection Viollet-Leduc, n° 1624.

PERSONNAGES :

Marat.
Charlotte Cordai.
Madame Marat.
Un Représentant, ami de
  Marat.
Un Représentant parlant.

Deux Représentants, per-
  sonnages muets.
Un Citoyen parlant.
Citoyens armés.
Citoyens sans armes.
Peuple.

La scène est à Paris, dans l'appartement de Marat.

ACTE Ier.

Scène Ire. — Marat seul, malade et en habit de repos.
— Il est assis devant son secrétaire. — Il parcourt des
feuilles périodiques, des lettres de correspondance. Il en lit
une surtout avec attention. Tout à coup, sortant d'un profond recueillement, il s'écrie :

Toujours du sang !... toujours de nouvelles victimes !
Partout les pas du monstre et la trace des crimes !
Peuple crédule et bon, qu'on égare en tous lieux,
Sur tes vrais intérêts ne ferme plus les yeux !

---

[1] Père de Baour-Lormian, de l'Académie française.

> Sous des voiles trompeurs couvrant leur imposture,
> Des traîtres ont fermé ton cœur à la nature,
> A la Patrie, aux Lois : ne pouvant se venger,
> C'est par tes propres mains qu'ils veulent t'égorger.
>   (Il se lève.)
> Nature ! Liberté ! que vos rayons célestes
> Dissipent à jamais ces discordes funestes !
> Lève-toi sur la France, astre de la raison,
> De l'erreur, de la haine, étouffe le poison !
> Affermis parmi nous ton auguste équilibre,
> L'homme serait heureux, s'il savait être libre.

Marat déplore la perte de Mayence, l'inaction de Custines,
les horreurs de la Vendée. — (Scène II.) Madame Marat
presse l'Ami du peuple de songer aux soins qu'exige sa santé.

> Ami du peuple, ô toi dont les jours précieux
> Des Français allarmés ont fixé tous les yeux,
> Pour ce peuple chéri, pour moi, pour la Patrie,
> Laisse enfin rallumer le flambeau de la vie.
> Aux lois de la nature il faut sacrifier,
> Pour mieux servir la France, un moment l'oublier,
> Et puiser dans le calme une vigueur nouvelle...

Marat repousse ces instances.

> Avant que d'être époux nous fûmes citoyens,
> Plus que de mon bonheur, de ma gloire jalouse,
> Sois digne de Marat, sois en tout mon épouse.

Simonne Évrard saisit l'occasion qui s'offre de rappeler
les circonstances de cet hymen :

> C'est le dernier tribut que je paye à l'amour.
> A la nature entière offrant notre hyménée,
> A la face des cieux ta main me fut donnée.
> Ta voix sur nos destins conjura l'Éternel.
> Il fut de nos sermens le garant solennel...

Charlotte ne paraît qu'à la scène cinquième.

(A part.)
Haine, vengeance, amour, vous qui guidez mes pas,
Affermissez mon cœur et dirigez mo   bras.

Puis elle s'adresse à un ami de Marat qui se trouve là
fortuitement, et elle lui confie qu'elle vient de Caen, que
les conjurés (les Girondins) ont voulu se servir d'elle comme
d'un instrument de leurs complots.

On voulut abuser ma jeunesse égarée,
Me remplir de fureur en la rendant sacrée.
De la religion on emprunta la voix,
On remit à mon bras la vengeance des rois.

Elle est venue déposer dans le sein de Marat « de ce
complot affreux l'effroyable tissu. »
L'ami promet à Charlotte que bientôt Marat se fera voir
à elle, et il se retire.

CHARLOTTE, seule.
D'un faux patriotisme accablante contrainte,
Dieux! il a donc fallu m'abaisser à la feinte!
Vingt fois, en lui parlant, inhabile à mentir,
Moi-même, en mes discours, j'ai craint de me trahir.
De ces républicains tel est le caractère :
Leur regard imposant et leur maintien sévère,
Du plus noble courage étonnent la fierté [1]...
Un instant m'a rendu toute ma fermeté,
Et d'un meurtre éclatant l'heure en vain différée,
Ne ralentira point ma rage invétérée;
Dût-il à mon poignard échapper aujourd'hui,
Duperret saura bien m'amener jusqu'à lui...

Scène entre Charlotte Corday et Simonne Évrard. Char-

[1] Voici Charlotte de Corday qui fait l'éloge des Montagnards, comme
les Montagnards de Salle font l'éloge des Girondins. (V. t. II, p. 3 et suiv.)

lotte demande à parler à Marat. Simonne Évrard conçoit des inquiétudes, et ajourne l'admission de Charlotte.

> Elle a beau se contraindre,
> Malgré tous ses efforts, elle n'a pas su feindre;
> A travers sa pudeur et ses brillants appas,
> Des regards incertains, un timide embarras,
> Décelaient du remords la honte et les alarmes.
> Mon époux du sommeil goûte encore les charmes;
> Protége son repos et conserve ses jours,
> Prête-nous de ton bras l'invincible secours,
> Dieu de la liberté, veille sur ton ouvrage;
> L'ami de la Patrie est ta plus belle image.

FIN DU PREMIER ACTE.

Au second acte, Duperret vient proposer à Marat une réconciliation entre tous les partis :

> Et que nos cœurs enfin, libres de toute haine,
> Confondent le Marais, la Montagne et la Plaine.

Marat répond :

> Quand même je croirais à ta sincérité,
> Duperret, entre nous il n'est point de traité.
> Des droits d'un Peuple libre interprète suprême,
> Que dis-je, la Montagne est le Peuple lui-même :
> Ils se prêtent sans cesse un mutuel appui.
> La Montagne, impassible et ferme comme lui,
> D'un souffle écrasera vos Marais et vos Plaines.

DUPERRET.

> Tu veux donc des Français éterniser les haines?
> Où crois-tu nous traîner encore?

MARAT.

> A l'échafaud.

DUPERRET.

> Il te faut donc du sang?

MARAT.

Oui, parjure, il m'en faut ;
Mais c'est un sang impur versé dans les supplices ;
C'est le tien, c'est celui de tes lâches complices, etc.

Ce dialogue se prolonge et finit par des injures que Marat adresse à Duperret, puis il s'éloigne. Duperret, resté seul, explique dans un monologue quels sont ses véritables desseins sur Marat et sur Charlotte :

La vengeance, Marat, va commencer par toi ;
Ta mort sur la Montagne ira semer l'effroi,
Et les tiens éperdus, ne songeant qu'à te plaindre,
S'ils ne nous aiment pas, du moins sauront nous craindre.
Charlotte va venir : par sa feinte douceur,
Elle a su dérober les secrets de son cœur.
Un fanatisme ardent a dirigé son zèle ;
Elle croit plaire aux cieux et venger leur querelle.
Faisons servir l'erreur à nos vastes desseins,
Même en la méprisant, servons-nous de ses mains.
Elle vient. Réchauffons le zèle qui l'anime.

SCÈNE V.

DUPERRET, CHARLOTTE.

DUPERRET, avec force.

Viens remplir ton destin, femme rare et sublime !
Signale au nom des cieux tes illustres hauts faits !
L'Europe attend de toi le bonheur et la paix !
Du séjour éternel le Très-Haut te contemple,
Et propose aux Français l'honneur de ton exemple.
Il a baissé sur toi ses regards paternels,
Il se sert de ton bras pour venger ses autels.

CHARLOTTE.

Du dessein qui m'anime exaltez moins la gloire ;
Je ne m'aveugle point, et je ne saurais croire

Que l'Éternel se plaise à des assassinats.
Quelque soit le motif qui dirige mon bras,
Que je serve en ces lieux votre cause ou la mienne,
Je viens frapper Marat, voilà ce qui m'amène,
Heureuse d'illustrer par un meurtre éclatant
Des jours que je déteste et la mort qui m'attend.

DUPERRET.

Je rends plus de justice à ton noble courage :
Digne de concourir à notre auguste ouvrage,
Tu viens frapper un traître et jouir à la fois
Du fruit de ton audace et des bienfaits des Rois.
Barbaroux qui daigna te charger de sa lettre,
En se servant de toi m'apprit à te connaître,
Du Trône et de l'Autel invincible soutien.

CHARLOTTE.

Duperret, à ton cœur je vais ouvrir le mien :
Tout ce que j'aperçois m'excite à la vengeance.
Des plus nobles aïeux je tenais l'existence,
Et la fortune encor, pour combler mes souhaits,
A ceux de la nature égala ses bienfaits.

. . . .

Mais l'audace du peuple a tari nos richesses,
Et par ses attentats nous fit perdre en un jour
Les droits de la naissance et les dons de la Cour.
Quelle fut ma douleur et celle de mon père !

. . . .

. . . .

Un souvenir affreux vient encor m'accabler !
Pardonnez à ces pleurs que vous voyez couler :
D'un amant qui n'est plus la douloureuse image
Demande un sang illustre et soutient mon courage.
De son Dieu, de ses Rois, défenseur généreux,
Hélas ! il fut surpris en combattant pour eux,
Et traîné dans nos murs par une loi sévère...
Nos yeux ont vu tomber une tête si chère [1].

[1] Elle dit encore ailleurs :

Je veux que dans sa tombe une grande victime

Le troisième acte s'ouvre par une conférence entre Marat et plusieurs représentants du peuple. Il serait intéressant de comparer cette scène avec celle de la tragédie de Ponsard. (Acte IV, scène VII.)

Le langage que l'auteur contemporain prête à Marat n'est pas sans une certaine élévation :

Mes amis, prenez place et daignez m'écouter,
Sur de grands intérêts je veux vous consulter :
Le salut de l'État est ce qui nous rassemble,
Puissions-nous le vouloir et l'opérer ensemble !
Ce pouvoir étonnant qu'un peuple souverain
Pour faire son bonheur a mis dans notre main,
Le soin de modérer ses passions, ses vices,
De régler ses désirs, d'arrêter ses caprices,
De fixer à jamais ses devoirs et ses droits,
Le ministère enfin de lui donner des lois,
N'est pas un titre vain pour tout homme qui pense.
Le rang est glorieux, le pouvoir est immense,
Et des soins qu'il prescrit l'imposante hauteur
Ainsi que ses devoirs doit agrandir son cœur.....
Au timon de l'État le peuple nous contemple ;
Des vertus de l'amour nous lui devons l'exemple,
Comme législateurs, nous sommes citoyens
Et garants de ses maux ainsi que de ses biens ;
Du salut de l'État, sacrés dépositaires,
Sachons en illustrer les nobles caractères.

Puis Marat se retrouve dans les vers qui suivent :

De ce monstre odieux, qui veut perdre l'État,
Les membres sont épars, la tête est au Sénat ;

Aille apaiser son ombre et venger son trépas,
Et c'est le fier Marat qu'a désigné mon bras.

M. Jauffret (*Théâtre révolutionnaire*), en citant ces vers, s'indigne de l'épithète de *fier* donnée à Marat. Mais dans ces pièces dictées par l'esprit de parti, nous avons vu, par l'exemple de Salle, que chacun n'avait qu'un but, frapper ses adversaires, exalter ses partisans.

Sous la hache des Lois que bientôt elle tombe,
Nous n'avons plus de traître et le parti succombe.

Marat termine en remettant aux représentants du peuple
un écrit qui contient le récit des plus vastes complots. Ils
courent le porter *au Sénat*, c'est-à-dire à la Convention.

MARAT, seul.

Enfin de tes beaux jours l'aurore va renaître,
Peuple devenu libre et si digne de l'être !
Un seul coup va tarir la source de tes maux,
Assis sur tes lauriers, goûte enfin le repos;
Combien il t'a coûté de précieuses têtes !
Assure désormais le fruit de tes conquêtes,
Vainqueur de tous les Rois qui venaient t'asservir,
Dans un lâche sommeil ne va point t'endormir !
D'un œil respectueux l'univers te contemple;
Donne-lui des vertus le précepte et l'exemple.

Ce monologue se prolonge. Marat épuisé se met au bain.
Charlotte paraît. La femme de Marat, en proie à une terreur secrète, cherche encore à s'opposer à ce que Charlotte
soit admise près de Marat [1]; mais les ordres de celui-ci sont
formels. Charlotte est introduite. Bientôt un cri se fait entendre. La femme de Marat s'élance à son secours. Charlotte paraît à la porte de la chambre. On voit dans son sein
la gaîne du poignard dont elle s'est servie. Elle tient à la
main le poignard ensanglanté. (Souvenir de la gravure

---

[1]   Un bain restaurateur soulage sa faiblesse.
Vous pourrez près de lui rester quelques instants;
Mais au nom de ses maux n'y soyez pas longtemps.

CHARLOTTE.
Je le verrai ! Comment vous exprimer ma joie ?
        (A part.)
Enfin je vais frapper et dévorer ma proie !

d'Hauer, qui était déjà publiée et qui représente Charlotte
ainsi : la gaîne dans sa robe, le poignard vengeur à la main.)

. . . . Vos soins sont superflus,
Mon bras m'a bien servie, et Marat ne vit plus.

Tous les citoyens tirent leurs sabres. Des menaces de
mort se font entendre contre Charlotte de Corday. Elle leur
répond :

Pensez-vous m'effrayer par votre désespoir ?
Qui sut donner la mort saura la recevoir.
Vos armes, vos fureurs n'ont rien qui m'épouvante ;
J'ai rempli mon dessein et je mourrai contente.

Les citoyens lèvent leurs armes sur elle. Après une
apostrophe que lui adresse un des assistants et un monologue
de madame Marat, on emmène Charlotte. La toile tombe.

La pièce est suivie de l'*Apothéose de Marat*. Le théâtre
représente une place publique au milieu de laquelle est
planté l'arbre de la liberté. Au devant de la scène est une
pierre sur laquelle doit être exposé le corps de Marat.

On exécute à grand orchestre l'ouverture de *Démophoon*,
par Vogel, ou toute autre symphonie analogue au sujet.
Après l'ouverture, quelques citoyens entrent sur la scène
par divers côtés dans l'attitude de la consternation.

UNE CITOYENNE.

De l'infâme assassin n'a-t-on pu rien apprendre ?

UN CITOYEN.

D'un œil tranquille et fier elle paraît attendre
Le supplice prochain qu'elle a trop mérité ;
Mais elle a beau répondre avec tranquillité,
De sa fausse vertu l'apparent héroïsme
Plus que de la grandeur tenait du fanatisme.

Bien d'autres avant elle, à l'aspect de la mort,
D'un courage emprunté s'imposèrent l'effort;
De son nom tout au plus l'odieuse mémoire
Des scélérats fameux ira grossir l'histoire.

LA CITOYENNE.

Le crime ne meurt pas ainsi que la vertu.

. . . .

V.

LA RÉCEPTION DE MARAT DANS L'OLYMPE, *comédie en un acte mêlée d'ariettes,* représentée sur le théâtre de l'Estrapade le 19 ventôse an II (19 mars 1794. (Non imprimée. — Indication de M. Ménétrier.)

VI.

L'ARRIVÉE DE MARAT AUX CHAMPS-ÉLYSÉES, *vaudeville civique,* approuvé par l'administration de police, pour être joué sur le théâtre de la Cité, 2 prairial an II (21 mai 1794 [1]).

La pièce doit être de Chaussier (Hector, fils du célèbre médecin); le reçu du manuscrit est signé de ce nom. On ne

---

[1] Le citoyen Prévost-Montfort (auteur de l'*Esprit des prêtres*) avait fait une comédie en deux actes et en vers sous le titre de *le Triomphe de Marat au Tribunal révolutionnaire,* qu'il destinait au théâtre de l'Opéra-Comique national, rue Favart. La pièce, soumise à l'examen des administrateurs de police chargés de la surveillance des spectacles, fut lue par eux, et, à la date du 14 germinal an II, ils refusèrent d'en

sait si la pièce a été jouée : il n'a pas été trouvé trace de la représentation. (Note de M. Ménétrier.)

VII.

LE VÉRITABLE AMI DU PEUPLE *ou* LA VICTIME DU FÉDÉRALISME, joué à la Gaîté le 17 messidor an II. Pièce mentionnée par le journal *le Républicain français* à la date susdite.

Nous ne connaissons ni cette pièce ni son auteur. Nous nous bornerons à une seule remarque, c'est que le 17 messidor an II (5 juillet 1794) correspond à l'époque anniversaire de la mort de Marat et à l'exécution de Charlotte de Corday, qui est du 17 juillet 1793. C'était peut-être une commémoration patriotique.

VIII.

10 *octobre* 1793. — A la fin de la pièce de *Caïus Gracchus* (de Chénier), de jeunes canonniers qui marchent aux frontières ont paru sur le théâtre, où ils ont récité

admettre la représentation par avis motivé. Entre autres raisons, ils disent :

« Nous pensons qu'il est dangereux de mettre en scène le Tribunal révolutionnaire et le jury; d'ailleurs les motifs qui déterminent le jury en faveur de Marat nous paroissent faux et dans le cas de nuire à la réputation de ce grand homme, et de jeter de la défaveur sur le Tribunal et sur le jury... » (Même source.)

le poëme de Dorat-Cubières *sur la mort de Marat.*
(*Journal des Théâtres.*)

Nous en extrairons les vers qui concernent Charlotte de
Corday. Le poëte fait d'abord l'éloge de Marat.

. . . .
Peuple, lis ses écrits : la tendre humanité
Y respire partout avec la liberté.
Des traîtres, je l'avoue, il a proscrit la tête,
Mais vois comme son œil avec bonté s'arrête
Sur le foible mortel qu'un tendre égarement
Du sentier des vertus fit sortir un moment :
Marat, par ses écrits, l'arrache à la torture.
Une femme pourtant, l'horreur de la nature,
Une femme a plongé le poignard dans son sein.
Une femme s'armer d'un poignard assassin !
O sexe intéressant qui nous tiens dans les chaînes,
Toi que forma le Ciel pour adoucir nos peines,
Pour charmer notre vie en la semant de fleurs,
Pour calmer nos chagrins, pour essuyer nos pleurs !
Faut-il qu'une mortelle, au quatrième lustre,
Par un forfait horrible ait cru se rendre illustre !
Que par la perfidie et la férocité
Elle ait cru parvenir à l'immortalité?
Jouissez de ce crime, ô tyrans que j'abhorre !
Marat n'existe plus, cent rois vivent encore !

    (*OEuvres choisies* de Dorat Cubières, t. II, p. 171; 1793.
      — *Poëme à la gloire de Marat,* lu à la séance du Con-
      seil général le dimanche 11 août 1793, et imprimé par
      son ordre [1].)

[1] Palmeseaux, chevalier de Cubières, avait pris le surnom de Dorat
par vanité. Devenu Jacobin et secrétaire de la Commune, on lui
demanda pourquoi il portait ce double nom? S'il était noble?

« Je ne suis point noble, dit-il, et je m'appelois Antoine; mais comme
je n'ai voulu avoir aucun rapport avec les saints du Paradis et surtout

IX.

Dans le mois de pluviôse an II, les époux Loison tenaient aux Champs-Élysées une petite baraque dans laquelle ils jouaient une pièce de Charlotte Corday ou simplement montraient sa figure en cire. Suivant la tradition [1], ils furent arrêtés pour ce fait, traduits devant le Tribunal révolutionnaire, condamnés à mort et exécutés le 8 thermidor an II.

Mais nous devons dire que les pièces du procès qui se trouvent aux Archives ne relèvent pas cette inculpation contre les époux Loison. Le nom de Charlotte de Corday n'est pas prononcé dans le procès.

avec un saint aussi sale... » Cubières est interrompu et couvert d'applaudissemens, et il est adopté. (Commune de Paris, séance épuratoire du 6 septembre 1793.) Il fut surnommé en dernier lieu Marat Cubières.

[1] V. *Mémoires de miss Elliot*.

« Les époux Loison, dit miss Elliot, furent amenés à la prison des Carmes pour avoir exposé une figure de Charlotte Corday, image qui était assez bien faite. » (P. 210.)

V. aussi l'ouvrage si remarquable de notre confrère et ami M. Sorel sur le couvent des Carmes. Il relate d'abord la teneur de leur écrou : « Loison et sa femme, directeurs de théâtre aux Champs-Élysées, entrés aux Carmes le 4 pluviôse. Man. coup. (c'est-à-dire manœuvres coupables. C'est le motif de leur arrestation). Condamnés à mort le 8 thermidor an II. » Puis il ajoute :

« A côté de ces détenus (mesdames Beauharnais, Lameth, de Bragelonne, Hoche, etc.) il s'en trouvait beaucoup d'autres qui pour être d'une condition plus humble n'en restaient pas moins dignes d'intérêt. Parmi eux figuraient les époux Loison, pauvres gens qui dirigeaient aux Champs-Élysées un petit théâtre semblable à notre Guignol d'aujourd'hui, et qui montèrent sur l'échafaud parce qu'ils avaient affublé une marionnette du costume de Charlotte Corday, et qu'ils lui avaient fait crier : A bas Marat. » (Sorel, *le Couvent des Carmes sous la Terreur*, p. 248, 2ᵉ édition.)

Il y a aussi à rectifier ce qui les concerne de la manière suivante, d'après le même Dossier :

« Loison (Guillaume), poêlier-fumiste et directeur des marionnettes, et sa femme, condamnés *le 9 thermidor* (et non le 8).

X.

THE MAID OF NORMANDY *or* THE DEATH OF THE QUEEN OF FRANCE, *trag. in four acts,* by E. J. EYRE. 8°. 1793-1794. (LA JEUNE NORMANDE *ou* LA MORT DE LA REINE DE FRANCE, *tragédie en quatre actes,* par E. J. EYRE. In-8°. 1793-1794.)

Il nous a été impossible de nous procurer cette pièce, quoique nous l'ayons demandée à Londres aux libraires spécialistes. Elle ne nous est connue que par la Biographie de Basker, qui nous a été communiquée par M. Ménétrier.

« Cette pièce donne certainement une juste prise à la critique sous plusieurs rapports, dit cette Biographie. L'auteur a rendu le caractère de l'héroïne, Charlotte Corday, moins intéressant en représentant l'assassinat de Marat comme inspiré par un ressentiment privé. Ce qui n'est point exact, puisqu'il ne fut dicté que par le plus pur patriotisme.

» Il suppose en outre que Charlotte eut deux entrevues avec Marat, et que dans le premier de ses entretiens elle lui aurait avoué loyalement ses principes et l'aurait menacé de mort ; en sorte qu'il devient impossible d'admettre qu'elle eût obtenu de lui une seconde conférence. La pièce ne manque pas d'ailleurs de mérite ; elle a été représentée sur le théâtre de Dublin. »

(*Biographia dramatica*, par Erskine Basker, continuée
par Isaac Reed et par Stephen Jones. Londres, 1812,
vol. III, p. 9. (Indication de M. Ménétrier.)

XI.

/ C. CORDAY *oder* DIE REBELLION VON CALVADOS, etc.
(CHARLOTTE CORDAY *ou* LA REBELLION DU CAL-
VADOS, *tragédie républicaine en quatre actes*, épisode
du temps de la Révolution française, *en iambes*. Stettin,
1794. Chez JEAN-SIGISMOND KAFFKE.)

En note à la main : Le rédacteur de cet ouvrage, devenu très-rare,
est Henri Zschokke, né le 22 mars 1771 à Magdebourg, mort le
27 juin 1848 à *Aarau*. Les Biographies et Bibliographies de Zschokke
que nous avons pu consulter ne mentionnent pas cette pièce au nombre
de ses œuvres, mais il ne serait pas étonnant qu'elle fût de lui ; car on
sait qu'il avait embrassé avec ardeur la cause de la Révolution française et qu'il vint en France dès 1795.

PERSONNAGES :

Jean-François Corday, ci-devant d'Armans.
Marie-Charlotte Corday, sa fille.
La sœur de M. de Corday, tante de Charlotte.
Robert, son cousin.
Corbigny, un jeune officier de la garde nationale.
Marat, député de la Convention.
Barbaroux,
Guadet,   } députés réfugiés.
Pethion,
Félix Wimpfen, général du Calvados.

PERSONNAGES ACCESSOIRES :

Le savetier Pierre.
Un médecin.
La citoyenne Évrard, gouvernante de Marat.
Gardes, serviteurs, peuple.

*La scène se passe, pendant les trois premiers actes, à Caen,
et, pendant le dernier, à Paris, en juillet 1793.*

ACTE PREMIER.

Scènes I et II. — Caen. — Un beau soir d'été. Dans le jardin de la tante. Le citoyen Corday est assis devant une treille dans l'attitude de la tristesse ; en face de lui, sa fille avec une harpe.

Elle chante des chants patriotiques. M. de Corday sourit, Charlotte s'en étonne. M. de Corday lui explique ses doutes et ses craintes. « Tant que les hommes seront des hommes, dit-il, l'arbre de la liberté ne pourra pousser des racines assez profondes pour que le moindre souffle ne le renverse pas. »

Charlotte réplique que les troubles sauvages de Paris, les agitations de Lyon, les drapeaux blancs de la Vendée ne sont que les dernières convulsions du despotisme à l'agonie. Elle regrette de n'être qu'une femme. « Une femme qui aurait dû naître dans l'ancienne Rome ou dans la Grèce ! s'écrie le père. — Non, répond Charlotte, je suis fière, très-fière d'être née dans ce siècle et dans cette belle patrie. Le temps des Caton et des Cassius reviendra ; on reverra ces hommes qui seront la gloire de l'avenir !... » Cet entretien est interrompu par la générale, le tocsin.

Scène III. — Corbigny vient annoncer les événements du 2 juin, l'arrestation des députés et le soulèvement des provinces. Barbaroux, le brave Barbaroux et Guadet sont à Caen ; le peuple court aux armes ; c'est un spectacle horrible et palpitant.

M. de Corday s'indigne. « C'est là, dit-il, cette république indivisible, assassin de son Roi, et maintenant assassin du peuple... »

Charlotte. — Pauvre France ! Une guerre civile est inévitable, une guerre universelle est imminente. Marseille et le Calvados se tairont-ils ? chaque province ne va-t-elle pas tirer vengeance de cette insulte les armes à la main ? Et Paris et ses Jacobins ne vont-ils pas chercher à établir leur prétendue suzeraineté sur nous ?

Corbigny. — Qui en doute ? Et l'auteur de cette misère générale, c'est...

— Marat, répond M. de Corday.

Corbigny. — Oui, Marat, ce monstre maudit, couvert de vices, dégouttant du fiel et du venin de la vipère; ce roi des Enfers couronné de la couronne civique, dont le sceptre est un poignard, dont la plume est une torche incendiaire. Marat triomphe, etc...

M. de Corday enchérit encore sur ce portrait; sa tête s'exalte... Mais il ne connaît plus de frein lorsqu'il apprend par Corbigny qu'il est question de livrer à la Convention les députés réfugiés à Caen; il se précipite pour voler à leur secours. Corbigny le suit. Monologue de Charlotte restée seule. Elle est profondément affligée. Ce colosse qui faisait trembler l'Europe, comme l'ancienne Rome, la Convention est tombée. La vertu succombe, le vice triomphe, comme trop souvent icibas. Est-il donc une justice souveraine? est-il des récompenses et des peines également infinies? Quels seront alors les châtiments réservés à Marat? quelle sera l'éternité de son supplice?... Mais en attendant la patrie saigne, cette pauvre patrie et ces milliers de victimes qui vont périr! N'est-il donc plus de Brutus?

Scène IV. — Scènes populaires à Caen. — Un savetier et un médecin haranguent tour à tour le peuple en sens contraire : le savetier tient pour la Gironde, le médecin pour les Montagnards. On chante la *Marseillaise;* M. de Corday arrive au bruit. Il parle en faveur des députés proscrits. Le peuple se prononce pour eux et se porte à l'Hôtel de ville, pour assurer la liberté des Girondins réfugiés à Caen. Un inconnu qui a entendu le discours de M. de Corday s'approche de lui et lui exprime son approbation, c'est Wimpffen. M. de Corday et Wimpffen échangent leur douleur sur les maux qui désolent la patrie, leurs craintes et leurs espérances sur le salut du pays. Après un long entretien, Wimpffen donne à M. de Corday un rendez-vous mystérieux dont il se réserve le secret. Ils prennent congé l'un de l'autre; leur séparation marque la fin du premier acte.

ACTE SECOND.

Scène I. — Monologue de Charlotte. Elle raconte la mort d'un de ses cousins qu'elle croit avoir été égorgé à Paris. Elle rappelle tous leurs jeux, toutes leurs joies d'enfance. Elle voudrait que chacune de ses larmes devînt une goutte de poison pour Marat, ce dieu des Jacobins, cette sanglante majesté devant laquelle se courbe toute une République.

Scènes II et III. — Corbigny entre (Corbigny est le fiancé de Charlotte); il lui apprend que la Convention exige qu'on lui livre les députés réfugiés dans le Calvados, et que ses armées menacent Caen. Il ajoute que la France entière, du nord au midi, jusque dans la Corse, se lève pour soutenir leur cause. Il fait un tableau animé de l'enthousiasme qui soulève la Normandie contre les noires cohortes de Marat. « Ainsi, reprend Charlotte, la guerre civile est décidée, et la seule cause de ce fléau, c'est un Marat!... Quoi! pour le combattre, des milliers d'individus sont-ils donc nécessaires? Ne suffit-il pas d'être un contre un? Est-ce donc un dieu? — Non, mais un Satan qui s'appuie sur des millions de bras et des centaines de canons! »

Ici Corbigny cherche à rompre l'entretien politique. Il rappelle à Charlotte les sentiments qu'il a pour elle, que M. de Corday lui-même autorise. « Votre père, lui dit-il, a répondu à ma demande en m'embrassant et en me donnant sa bénédiction... Scellerez-vous son consentement par le vôtre? »

Mais Charlotte est pleine de l'image d'un jeune Robert, son compagnon d'enfance, récemment massacré à Paris. Elle ne prête qu'une oreille distraite aux paroles ardentes de son fiancé. « La religion, lui dit-elle, nous ordonne de n'adorer qu'un seul Dieu, de n'avoir qu'un seul amour, celui de notre époux; ce seul dieu pour moi, ce seul amour, c'est la République!... — Étrange créature, qui portez une âme de Brutus sous la forme angélique d'une femme, vous feriez de moi, à votre volonté, un héros ou un lâche! — Un héros! s'écrie Charlotte; eh bien, soit! Écoutez : je vous estime... je ne vous aime pas; mais cet abîme insondable entre l'estime et l'amour, il est peut-être un moyen de le combler!... Vous m'avez dit tout à l'heure que des milliers d'enfants du Calvados marchaient contre Paris; que du nord au sud de la France l'étendard de la résistance était levé, et tout cela pour un seul homme!... Pourquoi ne pas épargner le sang de tant de victimes?... Que faudrait-il? Un Brutus! Soyez-le, Corbigny!... Comblez par le cadavre d'un monstre cet abîme dont je vous parlais à l'instant! Ce ne sera plus de l'estime que j'aurai pour vous, ce sera de l'amour... Je vous appartiendrai!... M'avez-vous comprise? »

En disant ces paroles, elle tire un poignard et le présente à Corbigny. Celui-ci se trouble... il hésite... et finalement il recule devant la proposition qui lui est faite. « Eh bien! dit Charlotte, vous promettiez d'être un héros ou un lâche, vous avez choisi! Mon choix aussi est fait... »

Elle se détourne de lui avec mépris... Corbigny se retire en disant avec amertume : « Nous nous sommes trompés tous les deux [1]!... »

Charlotte, restée seule, prend la résolution de sauver elle-même sa patrie... Elle sera la Jahel de ce nouveau Sisara. Tel est en deux mots le sens d'un long monologue qu'elle prononce à genoux et dans la ferveur du plus ardent enthousiasme. Elle se relève en disant : « Et maintenant, à Barbaroux! »

Scène IV. — Place publique à Caen. — Le peuple, la garde

---

[1] La même idée et la même situation se trouvent reproduites dans la tragédie de *Judith*, par F. Hebbel. V. *Revue nouvelle*, vol. XI. *De la littérature dramatique en Allemagne*, article de M. Bamberg :

« La belle Judith ne pouvait manquer d'adorateurs, et un jeune homme nommé Éphraïm lui avait déjà offert la main. Judith l'a repoussé, mais il revient et lui représente combien elle a besoin d'un protecteur dans ces temps d'infortune.

» ... Elle lui promet donc sa main, s'il va tuer Holopherne. « Tuer Holopherne! s'écrie Éphraïm, c'est parce que tu veux ma mort que tu demandes l'impossible. — Si tu avais accueilli ma proposition avec joie, lui répond Judith, si tu t'étais précipité sur ton épée sans même prendre le temps de me dire un dernier adieu... alors, je le sens, éplorée, je t'aurais barré le chemin, je t'aurais peint le danger que tu allais courir, et dans l'anxiété d'un cœur qui tremble pour ce qu'il a de plus cher, je t'aurais retenu ou suivi. Ton amour n'est que la punition de la bassesse de ton âme, la malédiction qui te poursuit et te consume. » (P. 27. Fr. Hebbel.)

m.

nationale, commissaires de la Convention. — On délibère en tumulte sur le sort des députés proscrits. — Faut-il les livrer ou non à la Convention qui les réclame? — L'opinion du peuple semble d'abord défavorable aux Girondins; mais des commissaires de la Convention paraissent; leur vue et leur attitude suffisent pour changer les dispositions mobiles de la multitude. Leurs discours achèvent d'exaspérer les esprits contre eux, et Wimpffen est obligé d'intervenir et de les constituer prisonniers pour assurer leur salut.

ACTE TROISIÈME.

Scène I. — L'appartement de Charlotte Corday, des livres, des journaux, des papiers sont épars sur une table. Dans le fond, le buste de Brutus couvert d'un voile noir. — Charlotte en habit de voyage, agitée et se promenant à grands pas... « On croit, dit-elle, que je pars pour l'Angleterre? L'Angleterre est trop loin... une mer nous en sépare... La hache de la guillotine et le tombeau sont plus près!... Et qu'a donc le tombeau de si effrayant? L'œil contemple-t-il sa propre destruction? le cadavre sent-il le ver qui le ronge? Puérilités que tout cela! La pierre funèbre est un lit de repos après une grande action! O ma patrie, je te sauverai!... Les femmes ne sont point condamnées à être les esclaves de l'homme, asservies à une vaine parure... Leur vie peut être utile à la liberté, et la mort n'est pas tant à craindre! (*Trois heures sonnent.*) Allons! ô mon Brutus! partons pour un long voyage! (*Elle tire un poignard.*) Voilà le sauveur de la République, le remède des maux de la Patrie, le salut de milliers d'individus... » (*Elle va pour s'éloigner après une dernière invocation au buste de Brutus.*)

Scène II. — Adieux touchants de la tante de Charlotte.

Scène III. — Corbigny veut réparer sa faute, et supplie Charlotte de lui rendre le couteau qu'elle lui avait tendu, prêt à aller le plonger dans le cœur de Marat. — Charlotte lui répond en souriant que ce n'était qu'une épreuve qu'elle avait voulu lui faire subir. Elle l'engage à aller s'enrôler sous les drapeaux de Wimpffen. — Il accepte avec transport...

Scène IV. — Adieux de Charlotte à son père...

Scène V. (*Une salle souterraine.*) — Petion, Barbaroux, Guadet et Wimpffen délibèrent sur le parti qu'ils doivent prendre dans l'insurrection fédéraliste.

Scène VI. — MM. de Corday et Corbigny, en manteau, se présentent à cette réunion ; puis la délibération continue, et finit par un dissentiment entre Wimpffen et Petion. Wimpffen s'éloigne, et Guadet s'élance après lui pour effacer ce commencement de discorde. — Corbigny, resté seul avec M. de Corday, lui fait part de ses craintes sur le sort de Charlotte. Il tremble qu'elle ne soit partie pour aller frapper Marat ; mais M. de Corday ne fait que rire de ses frayeurs.

ACTE QUATRIÈME.

Scène I. — La scène se passe dans l'hôtel de la Providence. — Charlotte est seule. Depuis trois jours elle attend que Marat lui donne audience. Son impatience est extrême ; elle se plaint amèrement de ce que ce tribun fasse faire antichambre chez lui comme un roi. Mais on vient la prévenir que Marat l'attend. Elle frissonne d'abord à la pensée de se trouver si promptement face à face avec l'exécution du terrible drame qu'elle a conçu. Bientôt cependant elle se remet... Elle saisit le couteau qui lui servira de poignard, et elle va partir, lorsqu'elle aperçoit Robert, cet ami, ce frère qu'elle a cru mort.

Scène II. — Reconnaissance, échange des plus affectueux sentiments, récit de leurs aventures réciproques, conversation sur les événements du jour. Charlotte demande à Robert ce que l'on pense de Marat. — Il lui apprend qu'il est toujours puissant dans l'opinion publique, mais qu'il est malade, et que depuis quelque temps on ne le voit plus. — Charlotte engage Robert à se rendre à Caen pour calmer les inquiétudes de sa famille. Elle lui donne un baiser qu'elle le charge de transmettre à son père.

Scène III. — Appartement de Marat, chétivement meublé. Baignoire sur le côté. Une table, des livres et des journaux. — Marat, pâle et affaibli, dans un costume de malade ; il s'entretient avec la citoyenne Évrard, sa gouvernante. Il se plaint

de la perte de ses forces et des rêves terribles qui l'assiégent
pendant la nuit. « Saint Jean, lui dit-elle, n'en a jamais eu
de si terribles dans ses visions. »

Long monologue de Marat, dans lequel il demande encore
vingt ans de vie pour faire tomber la tête de vingt Rois et
élever une pyramide gigantesque composée de la tête de tous
les aristocrates. « Qui aurait jamais élevé un plus beau monument sur la terre ? Le malheur est que je ne pourrai l'achever.
Pourquoi faut-il que mes nerfs ne soient point d'acier, et mes
muscles de bronze, pour survivre aux triomphes de la Liberté
et de la Raison dans l'univers ! Hélas ! la plus belle fille de
Paris pourrait bien veiller auprès de moi. »

On annonce Charlotte Corday. — La citoyenne Évrard se
retire.

Scènes IV et V. — Ces deux dernières scènes, fort courtes, surtout eu égard aux développements des précédentes, ne sont que
la mise en œuvre des faits connus. L'entretien de Charlotte
et de Marat sur les événements du Calvados, la demande que
celui-ci lui fait du nom des députés réfugiés à Caen ; sa promesse de les faire bientôt guillotiner à Paris, et le coup de
couteau qui termine le drame dans la pièce comme dans
l'histoire.

Né le 22 mars 1771 à Magdebourg, Henri Zschokke
avait vingt-deux ans lorsqu'il composa cette pièce, si tant
est qu'elle doive lui être attribuée. C'était donc une œuvre
de jeunesse, son début peut-être. A ce point de vue,
cette œuvre doit être jugée avec quelque indulgence.
L'auteur manquait en outre de documents qui lui per-
missent de destiner sa pièce au théâtre. On ne peut méconnaître qu'elle n'ait été conçue sérieusement et écrite
avec soin ; certains passages peuvent passer pour brillants ;
malheureusement des fautes capitales défigurent et, il faut
le dire, déshonorent la pièce. Ainsi, il est impossible d'imaginer quelque chose de plus ridicule que la scène où Char-

lotte de Corday remet à Corbigny un poignard pour frapper Marat, et lui promet à ce prix son amour. Il n'est pas moins choquant de voir Charlotte de Corday retrouver son fiancé, qu'elle croyait avoir été massacré par l'ordre de Marat, au moment où elle s'apprête à égorger ce dernier. Logiquement, cette découverte devait arrêter son bras. Pourquoi donc imaginer un événement qui n'est pas dans l'histoire et qui tue la pensée du drame? Cette aberration est d'autant plus fâcheuse, que l'idée de représenter Charlotte de Corday à l'hôtel de la Providence était réellement neuve et pouvait être féconde, ce moment étant le plus tragique d'un épisode qui n'est qu'une longue tragédie.

La mort de Marat, au lieu d'être l'objet principal sinon unique de l'action, tient la plus petite place dans la pièce de Zschokke [1]. Une scène de deux pages à peine lui est consacrée, les longueurs qui motivent le sous-titre *la Rébellion du Calvados*, ne peuvent compenser l'insuffisance du dénoûment et la sécheresse des deux scènes qui se passent dans la rue des Cordeliers [2].

[1] C'est ce qu'il dit lui-même dans un avertissement adressé à ses lecteurs : « Le sacrifice héroïque de Charlotte Corday, cette belle enthousiaste philosophe qui s'immola pour le salut de son pays, reste un des épisodes les plus touchants de la Révolution, menée assez peu philosophiquement par les nouveaux Français. Dans tous les pays lettrés de l'Europe où circule une gazette, un journal, Charlotte Corday trouva des admirateurs fanatiques, et ce fut pour Luchs, le député de Mayence, une sorte de félicité que de suivre cette héroïne sur l'échafaud. Il écrivit son apologie au milieu de Paris même, et osa dire qu'elle était trois fois plus grande que Brutus.

» Quelque tragique que soit le sujet, j'ai senti quelle était l'insuffisance des renseignements qui concernent l'héroïne. Je me suis donc tenu dans les limites du *connu*, du *possible*. C'est ainsi qu'a été tracée cette esquisse en miniature, qui, malgré sa pauvreté, trouva quelques lecteurs favorables... Je ne me dissimule pas qu'il serait difficile de mettre cette pièce au théâtre, aussi n'y ai-je pas pensé. »

[2] Nous avons omis de dire que la note manuscrite indiquant Henri Zschokke comme étant l'auteur de cette pièce se trouve en allemand

An III. — Dès cette époque, Charlotte est célébrée en vers sur la scène. On lit dans le *Moniteur*, séance de la Convention du 16 ventôse [1] :

BENTABOLLE. — On a chanté dernièrement dans la salle du Palais-Égalité des vers royalistes en l'honneur de Charlotte Corday. (*On rit et on murmure.*)

UN MEMBRE. — C'est là le langage de Marat!...

La citoyenne Montansier, propriétaire du théâtre, répond à Bentabolle dans *le Spectateur français* du 18 ventôse :

« Vous nous accusez d'avoir fait jouer sur nos théâtres des *couplets en l'honneur de Charlotte Corday....* Nous avons donné *Guillaume Tell, Mucius Scævola,* et tout notre répertoire atteste notre civisme. »

« Bientôt on vit un sieur Orsy, établi au Palais-Égalité, donner dans son salon des représentations figurées de l'assassinat de Lepelletier et de la mort de Marat. » (RENOUVIER, *de l'Art pendant la Révolution,* p. 19.)

Enfin une tragédie ayant pour sujet et pour titre *Charlotte Corday* fut composée et publiée. — Nous ne disons pas qu'elle fut jouée. — L'édition aurait même été imprimée en Suisse, où l'éditeur français se serait dissimulé sous une indication étrangère. Cet ouvrage est rarissime. Il est indiqué comme manquant à la collection de Pixérécourt. (Cat. de Soleinne, nᵒ 2495.) L'analyse qui suit a été faite d'après un exemplaire appartenant à M. Léon de la Sicotière.

sur l'exemplaire de M. Léon de la Sicotière. Elle est placée au-dessous d'un avis imprimé annonçant que le livre appartenait à un cabinet de lecture : Der Lesebibliothek bey P. F. RAHN gehœrig. La note est répétée au crayon sous le titre principal.

[1] T. XXIII, p. 628, édit. Plon.

XII.

CHARLOTTE CORDAY, *tragédie en trois actes et en
vers*, avec cette épigraphe :

Dulce pro patriâ mori.

(Prix : 36 sols.)

1795.

Sans nom d'auteur ni d'éditeur.

ACTEURS :

CHARLOTTE CORDAY.
MARAT, représentant du peuple.
BARBAROUX, représentant du peuple.
VERGNIAUX, représentant du peuple.
ROBESPIERRE, représentant du peuple.
D'ARMANS DE CORDAY, *père de Charlotte.*
FATIME, gouvernante de Charlotte.
Le Président de la Convention nationale.
Les Membres de la Convention nationale.
Troupes de Gendarmes.
Foule de Citoyens.

La scène est à Paris, dans le Palais-National.

M. Quérard mentionne, sous le n° 33 de son article
bibliographique, une *tragédie de Charlotte Corday en
trois actes et en vers*, in-8°, 1795, qui doit être la même
que celle-ci ; seulement M. Quérard ne reproduit pas l'épigraphe, et indique cette pièce comme imprimée chez Pott,
à Lausanne. Il y aurait donc eu une édition faite en Suisse
ou un changement de titre. Aucune des deux éditions ne
renferme le nom de l'auteur.

L'auteur anonyme nous apprend par sa préface que c'est

avec intention qu'il a placé dans la journée du 31 mai la mort de Marat, qui n'arriva qu'au mois de juillet suivant : « Par ce moyen, j'ai eu occasion, dit-il, d'esquisser cette désastreuse journée, qui changea tout à coup la France libre en un théâtre de meurtres et de brigandages. »

La scène s'ouvre dans le Palais-National à Paris. Charlotte y est venue avec sa gouvernante. Elle laisse entrevoir dans un monologue la pensée qui l'obsède et le dessein qui la conduit :

> O nation française, ô ma chère Patrie !
> Sous le joug de Marat te verrais-je avilie ?
> . . . .
> Robespierre, Marat, quoi ! ces monstres cruels,
> Imposteurs, assassins, les plus vils des mortels,
> Ils seroient nos tyrans : juste Ciel que j'implore,
> Idole des grands cœurs, Liberté que j'adore,
> Protégez mon pays, si fécond en vertus,
> Armez tous les enfans du poignard de Brutus;
> Que je puisse moi-même offrir à ma patrie
> Mon bras, mon faible bras, mon courage et ma vie !

Fatime, sa confidente, s'étonne de la résolution qu'elle a prise

> De quitter ses foyers, ses amis et son père !

Elle suppose qu'entraînée d'abord par la réputation de Barbaroux,

> Jeune républicain dont Marseille s'honore,
> Courageux, éclairé, grand homme à son aurore,

elle aurait ensuite puisé dans des entretiens avec lui, un sentiment qui serait partagé. Charlotte la détrompe :

> Si l'amour en ces lieux égarait ma jeunesse,
> Je t'aurois sans détour avoué ma foiblesse;

Je le confesse même avec sincérité,
Si mon cœur par l'amour pouvoit être dompté,
Barbaroux que j'estime en eût reçu l'hommage ;
Ses talens, ses vertus, sa fierté, son courage,
Et la haine qu'il porte à des tyrans cruels,
Me l'ont fait distinguer du reste des mortels.

. . . .

. . . .

Fatime répond :

Je sais que la nature a mêlé dans votre âme
Un mâle caractère aux vertus d'une femme ;
Attachée à vos pas dès vos plus jeunes ans,
J'observois se former vos nobles sentimens.

. . . .

Vous me vantiez souvent ces ennemis des Rois,
Ces Romains généreux, défenseurs de leurs droits,
Qui pour la liberté brûlant du plus beau zèle,
Bravaient tous les périls et s'immolaient pour elle.

. . . .

Mais cette liberté, pour nous être si chère,
Doit-elle posséder votre âme toute entière ?

CHARLOTTE.

La Liberté, Fatime, a reçu tous mes vœux ;
Elle seule m'anime et m'arrête en ces lieux ;
En d'autres temps peut-être à Barbaroux unie,
L'amour eût fait ici le bonheur de ma vie ;
Mais je cherche à présent, et je cherche en son sein
L'énergique vertu d'un cœur républicain,
Cette rare vertu qu'en Barbaroux j'honore,
Importe à mon pays, qui n'est pas libre encore.
Ce n'est pas un hymen en ces temps orageux
Qu'elle peut conseiller à des cœurs généreux,
C'est la mort des tyrans ! Sous leur joug sanguinaire,
Dois-je envier le titre et d'épouse et de mère ?
Serait-ce pour les voir, au gré de leur courroux,

Me ravir mes enfans, égorger mon époux ;
Pour les voir chaque jour accumulant les crimes,
S'abreuver à l'envi du sang de leurs victimes ;
Pour voir un peuple injuste, égaré, furieux,
Avide de ce sang, ruisselant sous ses yeux,
De ses maîtres nouveaux adorant la puissance,
Confondre à chaque instant le crime et l'innocence,
Se montrer implacable en sa férocité,
Et même en l'invoquant tuer la Liberté?

La scène se termine par cette déclaration de Charlotte :

Je sens que je suis née en ces momens d'orage,
Pour montrer aux Français l'exemple du courage,
Pour donner l'épouvante à des monstres cruels,
Pour frapper un tyran et venger les mortels ;
Tu t'étonnes, Fatime, et tu conçois à peine
Le profond sentiment qui m'anime et m'enchaîne.
Tu n'imagines pas que ma timide main
Jamais de nos tyrans ose percer le sein.
Mais si je vois ici la Liberté trahie,
Si le Sénat ne peut défendre la Patrie ;
Si ses vrais défenseurs, victimes des tyrans,
Se consument pour elle en efforts impuissans,
Au chef des factieux le jour même funeste
De mes hardis desseins t'expliquera le reste.

Ces vers sont les seuls de la pièce dignes de ce nom. Ils sont écrits avec quelque verve, et ne manquent pas d'une certaine couleur dramatique, si on les compare à la poésie du temps, si pâle et si nauséabonde. Mais il serait impossible d'extraire une seule citation du surplus de cette tragédie, qui devient aussi faible de style que de composition.

Charlotte s'entretient longuement avec Barbaroux, qui lui révèle tous les dangers dont la Convention était menacée. Marat se présente, et sa figure fait fuir Charlotte. Il vient pour entraîner Barbaroux dans son parti, et celui-ci repousse énergiquement ses avances. Tel est le premier acte.

Au second acte, le théâtre représente le lieu des séances de la Convention : on est au 31 mai. La statue de la Liberté est couverte d'un voile. Charlotte et Fatime assistent à la séance. Marat attaque avec fureur le parti girondin, et excite le peuple des tribunes contre les députés dont il demande la proscription. Au milieu du tumulte, Charlotte Corday paraît à la barre et demande la parole, qui lui est accordée !

L'auteur, confondant la journée du 31 mai avec celle du 2 juin, suppose que la Convention se retire devant l'insurrection. Charlotte rencontre Marat qui s'entretient avec Robespierre dans une des salles du palais, et elle le tue.

Au troisième acte, elle est dans sa prison. Son père vient la voir. Puis Barbaroux, chargé de fers, est amené près d'elle. Bientôt les autres députés proscrits sont conduits dans la même prison. Là on apporte le cadavre de Marat, et Charlotte est conduite à l'échafaud.

La violation de la vérité historique semble avoir paralysé le talent qui apparaissait dans les premières scènes. C'est le sort commun de tous les auteurs qui n'ont pas compris que la réalité était ici plus dramatique que la fiction, et que la grandeur de l'histoire tuerait tous les travestissements qu'ils pourraient essayer d'y introduire.

XIII.

CHARLOTTE GORDAY *oder* MARAT'S EMORDUNG, *dramatisirt*, etc. (CHARLOTTE GORDAY *ou* L'ASSAS-

SINAT DE MARAT, *mis en drame. Dédié à la Sérénis-
sime Princesse* LOUISE DE HESSE-DARMSTADT. —
Frankfort-sur-le-Mayn, chez GEORGES-LOUIS MACKLOT.
1797.)

Ce drame a paru sans nom d'auteur. D'après Meusel, il
fut composé par le baron René-Léopold-Christian-Charles
de Senkenberg. Ce renseignement est dû à M. F. L. Hoffmann, bibliophile et érudit allemand qui a publié dans les
Feuilles de littérature et de critique de Hambourg du
13 septembre 1856 un article rectificatif du numéro du *Quérard périodique* consacré à la bibliographie de Charlotte de
Corday. (V. le *Quérard périodique*, t. II, p. 440 et 556.)

Cette pièce ne paraît avoir été jouée sur aucun théâtre.
L'auteur, qui garde l'anonyme, raconte dans la préface
qu'après avoir lu la mort de Marat dans le *Moniteur* et les
autres journaux français, ce tragique événement saisit si
fortement son imagination qu'il perdit le sommeil, et qu'en
deux matinées il traça sans désemparer le drame de *Charlotte Corday* ou *Corday.* Le manuscrit resta trois ans sans
être publié. Il l'offre au public tel qu'il l'a composé sous le
coup de sa première impression. Il n'a pas voulu rendre sa
pièce plus intéressante en supposant à Charlotte un amour
contraire à la vérité de son caractère bien connu : il est
démontré qu'elle a agi en dehors de toute passion person-
nelle. Il a cependant cru pouvoir lui donner Bougon pour
confident, parce qu'il a remarqué que c'était à lui qu'elle
avait envoyé du fond de sa prison un souvenir et un éloge.
(V. sa lettre à Barbaroux.) On peut donc admettre sans
invraisemblance qu'elle lui eût confié le projet qu'elle portait dans son sein. La scène du poison et celle du confesseur
sont supposées, mais le surplus de la pièce est rigoureuse-

ment conforme au récit des journaux et aux détails fournis par l'interrogatoire de Charlotte devant le tribunal.

Scène I. — Charlotte est seule ; elle lit la Gazette nationale (le *Moniteur*). Quand elle a fini sa lecture, elle jette la feuille à terre, la foule aux pieds et s'écrie : « Marat ! toujours Marat ! l'indigne qui trompe le peuple, qui n'aspire qu'à la dictature au prix de la ruine générale ! N'est-ce pas lui qui a fait assassiner un Roi dont le seul crime était d'être trop bon ? n'est-ce pas lui qui a déchaîné contre nous toutes les puissances de l'Europe ? O Marat, Marat ! les honnêtes gens du pays, les esprits du ciel, les souverains de l'enfer, jaloux que tu sois plus digne qu'eux des flammes éternelles, tous te maudissent ! Charlotte Corday te maudit aussi, et la malédiction d'une Corday, c'est la vengeance ! Depuis longtemps mon sang s'est allumé à la lecture de tes forfaits ; aujourd'hui il bouillonne ! Mort à l'infâme ! Le poison, le poignard, la balle, la ruse ou la violence, la main d'un homme ou celle d'une femme, qu'importe ? tout est bon contre celui qui n'a délivré la France du despotisme royal que pour y substituer une oppression plus intolérable encore ! Qu'il meure ! c'est Corday qui le dit, et une Corday ne manqua jamais à sa parole... »

Scène II. — M. de Corday désire voir sa fille heureuse ; il voudrait qu'elle songeât au mariage : il lui propose pour époux Bougon-Longrais, Procureur général près le Directoire du département du Calvados, Bougon, qui aime Charlotte et qu'elle-même estime. Charlotte repousse cette proposition : elle ne peut songer au bonheur au milieu des maux de la Patrie. Bougon sera toujours son ami ; son époux, jamais. Elle n'a qu'une pensée, c'est de passer en Angleterre, et de venir, comme une nouvelle Jeanne d'Arc, à la tête des Anglais (*sic*) délivrer la France des huit cents tyrans qui l'oppriment. « Plus bas, lui dit M. de Corday, ou tu appellerais sur ta tête l'inexorable guillotine ! — Et que m'importe, répond Charlotte, croyez-vous que je la craigne ? Je me placerais avec joie sous son glaive... La planche fatale serait le seul lit de fiancée que j'ambitionnerais, si ma mort pouvait faire le bonheur de ma Patrie! »

M. de Corday ne peut rien gagner sur l'esprit de sa fille. Celle-ci s'éloigne en annonçant à son père son prochain départ et en lui faisant ses adieux.

SCÈNE III. — Charlotte veut acheter du poison, et ne peut en obtenir qu'avec peine, puis elle le jette, parce qu'elle réfléchit que le poison n'est pas une arme noble.

SCÈNE IV. — Entretien entre Charlotte et Bougon : elle lui avoue qu'elle l'aimerait, si le sort lui permettait de songer à un époux, mais elle est réservée à d'autres destinées ; elle lui confie alors, après s'être fait promettre le secret sous serment, son projet d'immoler Marat au milieu de la Convention. Bougon connaît trop le caractère de Charlotte pour essayer de la fléchir. « Hélas ! s'écrie-t-il douloureusement, votre père avait bien raison de dire qu'il avait en vous une fille extraordinaire. Puissiez-vous du moins, comme l'héroïne d'Israël, survivre à votre entreprise et jouir pendant de longues années de la gloire que vous aurez conquise. »

Il lui demande le baiser suprême des adieux. Elle refuse. « Après, dit-elle, je serai ta femme en Angleterre, ou ton amie dans les régions de l'immortalité. Jusque-là, je ne puis te donner un baiser qui me rappellerait peut-être à l'amour de la vie, alors que ma destinée est de n'aimer que la mort... Adieu !... »

SCÈNE V. — Achat d'un poignard chez un coutelier de Paris.

SCÈNE VI. — Intérieur de Marat. Monologue de ce dernier. Il se laisse aller à ses pensées ambitieuses. — Charlotte se présente à la porte. Refus de l'admettre. Elle insiste. Le domestique rapporte à Marat que la personne qui demande à être admise auprès de lui est jeune, belle, distinguée, et qu'elle a la voix la plus douce, mais quelque chose d'inquiet, d'agité. — Marat hésite ; il a des pressentiments funestes, cependant il se décide à faire entrer l'inconnue.

SCÈNE VII. — Charlotte Corday est introduite auprès de Marat. Après un rapide entretien, elle le frappe, et se laisse arrêter sans résistance ; seulement, quand on veut la désar-

mer, de crainte qu'elle n'attente à ses jours, elle jette son poignard au loin, en disant que celle qui a su venger son pays
saura bien mourir.

Scène VIII. — Interrogatoire de Charlotte dans la prison :
— c'est l'interrogatoire de l'audience transporté sur la scène
et placé à la Conciergerie au lieu du tribunal.

Scène IX. — L'audience. — La défense de Chauveau-Lagarde.
Lettre de Charlotte à son père.

Scène X. — Le cachot des condamnés. Charlotte et le prêtre.
« Je viens, dit celui-ci, au nom de l'humanité pour vous faire
comprendre la grandeur et l'énormité de votre crime et vous
réconcilier avec Dieu. »

Charlotte. — Mon crime? Mais quel crime ai-je donc
commis ?

Le Prêtre. — Ciel! l'effroi a troublé sa raison; elle ne sait
plus ce qu'elle a fait... N'avez-vous pas tué Marat?

Charlotte. — Oui, certes !

Le Prêtre. — Et l'assassinat n'est-il pas un crime?

Charlotte. — Sans doute; mais je n'ai pas assassiné, j'ai
puni.

Le Prêtre. — (*A part.*) Elle n'est pas folle pourtant. (*A
Charlotte.*) L'autorité seule a le droit de punir.

Charlotte. — Et où est aujourd'hui l'autorité?

Le Prêtre. — Dans la Convention...

Charlotte. — ... La Convention, j'y vois des tigres et des
bourreaux, mais pas un magistrat; et quand le pouvoir est
dans la main du crime, chaque citoyen devient lui-même
l'autorité.

« Mais, objecte le Prêtre, qu'arriverait-il si tout homme
pouvait s'arroger à son gré le titre de juge?

— L'anarchie, répond Charlotte, dans un État bien organisé,
et l'ordre peut-être dans un État bouleversé par l'anarchie
comme l'est la pauvre France. »

Le Prêtre. — Cependant, vous ne pouvez le nier, votre
conscience vous dit que vous êtes un assassin.

Charlotte. — Non, mon Père... Ne connaissez-vous pas un
livre où l'on voit une femme enfoncer un clou dans la tête de
l'adversaire de son pays? où une autre coupe la tête à l'ennemi

de son peuple?... Étaient-elles revêtues du caractère de l'autorité, ou n'étaient-elles que de simples filles d'Israël? Et ce
livre, est-ce l'histoire d'une nation païenne, ou celle du peuple
de Dieu?... Moi, je n'ai pas donné le pain de l'hospitalité à
l'homme que j'ai frappé comme Jahel; je n'ai pas logé sous sa
tente comme Judith.

Le Prêtre. — O Charlotte, Charlotte, combien vous vous
abusez! Sisara et Holopherne étaient des ennemis déclarés
du peuple hébreu, Marat était votre concitoyen.

Charlotte. — Eh bien, le voleur domestique est plus dangereux que celui qui vient du dehors; le citoyen qui se fait le
tyran de son pays doit être plus sévèrement puni que l'enva-
hisseur étranger qui se présente les armes à la main..... Dites
à ceux qui vous ont envoyé que je les remercie. Avant de me
convertir, il faudrait me convaincre que j'ai commis un
crime.

« Puisse le Souverain Juge, dit le Prêtre, voir en vous une
Jahel ou une Judith! »

Et il se retire.

La dernière scène se passe entre Charlotte et le bourreau.
Elle écrit la lettre à Doulcet de Pontécoulant. Le bourreau
s'étonne de tant de calme et de courage : il n'a jamais vu personne marcher ainsi à la mort.

« C'est, dit-elle, que je ne suis pas une criminelle. Je n'ai
jamais haï personne, si ce n'est l'ennemi de mon pays,
l'homme que le Tout-Puissant a livré entre mes mains pour
le punir... Je vais demander mon salaire comme l'ouvrier qui
a accompli sa tâche et fini sa journée; je vais rejoindre, dans
les espaces célestes, tous ceux qui depuis le commencement du
monde ont souffert la mort pour la patrie... Encore une douleur d'un instant, et mon âme aura rejoint les leurs!... Viens,
partons!... »

Cette pièce n'est qu'une esquisse rapidement ébauchée.
On doit regretter que l'auteur n'ait pas revu ce premier jet,
qui avec quelque travail serait peut-être devenu une œuvre
remarquable.

Il est d'abord un fait très-singulier, c'est que l'écrivain
allemand ait deviné si juste en représentant Bougon-Longrais
comme l'homme que Charlotte de Corday aurait pu aimer.
Son induction, il le dit lui-même, était basée sur le passage
de la lettre à Barbaroux, où Charlotte prévoit que Bougon-
Longrais s'affligera de sa mort. Cette induction est aujour-
d'hui justifiée par la découverte de documents qui n'étaient
pas connus en 1793 et qui sont même, en partie inédits. Je
suis convaincu que si Charlotte de Corday a *distingué*, a
préféré quelqu'un, ce n'est ni Belsunce, ni Barbaroux, ni
Boisjugan de Mingré, ni tout autre, mais seulement Bougon-
Longrais. Encore n'irais-je pas au delà de la nuance d'une
sympathie affectueuse. Quoi qu'il en soit, il est remarquable
que l'anonyme ait vu en ceci plus juste que tant d'auteurs
contemporains. Il aura pensé, et avec raison, que le souvenir donné par Charlotte de Corday à Bougon-Longrais
dans la situation d'esprit où elle se trouvait indiquerait chez
une femme un certain degré d'attention, une de ces préfé-
rences qui se traduisent quelquefois par un mot, et ce mot
se trouve dans sa lettre à Barbaroux. On voit aussi par les
termes mêmes de cette lettre que Charlotte savait bien quels
étaient les sentiments de Bougon-Longrais pour elle. C'est
ce que nous allons voir par les documents émanés de Bougon
lui-même.

Voici le passage de la lettre de Charlotte à Barbaroux
qui est relatif à Bougon-Longrais :

Je vous prie, Citoyen, de faire part de ma lettre au Citoyen
Bougon, procureur général syndic du département. Je ne la
lui adresse pas pour plusieurs raisons; d'abord je ne suis pas
sûre que dans ce moment il soit à Évreux, je crains de plus
qu'étant naturellement sensible, il ne soit affligé de ma mort;
je le crois cependant assez bon Citoyen pour se consoler par

l'espoir de la paix; je sais combien il la désire, et j'espère qu'en la facilitant j'ai rempli ses vœux. (V. *Dossiers du procès de Charlotte Corday*, 1re annexe.)

Cette lettre, dans la pensée de Charlotte de Corday, était destinée à être publiée : on comprend donc la réserve avec laquelle elle s'exprimait, et l'on aperçoit facilement que chacun des mots qu'elle emploie a une portée significative, une valeur secrète et sous-entendue. C'est ce qu'avait très-judicieusement entrevu M. de Senkenberg. Les documents qui sont venus confirmer son induction sont au nombre de trois :

1° M. Frédéric Vaultier, de Caen, dans les notes si précieuses qu'il a laissées sur Charlotte de Corday, dit :

Bougon-Longrais, secrétaire général du département du Calvados en 1791, puis procureur général syndic en 1792. — C'était un jeune homme de manières tout à fait distinguées, plein de talent et d'activité, d'un extérieur aimable et d'une élocution des plus faciles (quoique peut-être un peu empâtée), d'un esprit solide et cultivé. A l'époque de l'insurrection, et longtemps auparavant, Bougon avait été en relation d'amitié et de correspondance littéraire et politique avec mademoiselle de Corday. C'est à lui qu'elle empruntait les ouvrages de philosophie moderne dont la lecture avait pour elle un attrait si décidé.

Mesnil, autre administrateur du département, avait affirmé à M. Vaultier :

« Qu'à Lisieux, au retour de la campagne de Brécourt, Bougon lui avait communiqué une vingtaine de lettres par lui reçues de Charlotte et toutes relatives à des sujets de littérature et de politique. »

Nous avons trouvé dans les Archives municipales de Caen un passe-port délivré à Bougon-Longrais le 13 juin 1793.

Le signalement que contient ce passe-port donne un aperçu
de sa personne. En voici le texte :

Passe port aelivré au citoyen J. C. Hypolite Bougon, *Procureur général Syndic du Département du Calvados, natif et
domicilié à Caën, âgé de vingt-sept ans :*

> Taille de cinq pieds trois pouces,
> Cheveux blonds,
> Yeux bleus,
> Nez gros aquilain,
> Menton rond,
> Visage oval.
> Pour aller dans l'intérieur de la République.

Le portrait de Bougon-Longrais au physionotrace existe
dans les collections de MM. Léon de la Sicotière et Charles
Renard, de Caen. Nous le reproduirons, et il trouvera sa
place parmi les figures qui appartiennent à l'histoire de
Charlotte de Corday.

2° Les dix-huit lettres possédées par Bougon-Longrais
pouvaient avoir été saisies sur lui lors de son arrestation et
se retrouver dans le Dossier conservé à Rennes, lieu de sa
condamnation.

Ces lettres n'y étaient pas : mais il s'en est rencontré
une sur laquelle nous ne comptions pas et qui, sans avoir
l'intérêt qu'aurait offert la correspondance de Charlotte, est
néanmoins de la plus grande importance. C'est la lettre
d'adieux écrite par Bougon-Longrais à sa mère le matin
même du jour où il fut exécuté.

> De la prison de Rennes, le 5 janvier 1794,
> le dernier de mes jours, à huit heures du
> matin.

Ma tendre et respectable mère,

Dans quel moment je vous écris ! Qu'allez-vous apprendre...!

Ne soyez plus inquiète de mon sort, bientôt il va être terminé! Ah! ma mère, que votre courage ne vous abandonne pas dans ces instants cruels; le mien est inaltérable et brave la mort et les bourreaux.

Qui l'eût cru que les soins que vous donniez à mon enfance, que l'exemple si cher de vos vertus, que les travaux de ma jeunesse, que mes efforts suivis de quelques succès, que cette carrière brillante qui semblait s'ouvrir devant moi, que ce témoignage fréquent de l'estime et de l'amitié publiques, ne dussent me conduire qu'à ce terme fatal, l'échaffaud. L'échaffaud! Mais ce nom, jadis si affreux, ne rappelle plus maintenant l'idée de l'infamie et du crime. Depuis les malheurs de la France, il a été trop de fois honoré et annobli.

Je ne vous parlerai ni de mon jugement ni de mes juges; bientôt un tribunal supérieur prononcera sur leur sentence et calmera mon ombre irritée. Ils doivent lire cette lettre; j'en ai dit assez.

Les citoyens de Caen, ceux du Calvados, en se rappelant quelle fut parmi eux ma conduite et quels furent les derniers actes de mon administration, sauront quel crime l'on m'impute. Ma signature aux arrêtés relatifs à l'insurrection départementale du mois de juillet dernier, voilà la cause ou plutôt le prétexte de ma mort.

Au reste, j'ai entendu les motifs de mon jugement; la seule faveur que je demande à mes juges, c'est de les faire imprimer comme ils les ont lus.

Mais prêt à rentrer dans le sein de l'Éternel, ces tristes détails s'échappent aisément devant moi et font place à des considérations plus puissantes.

Non, ma mère, il n'en coûte pas à votre fils de quitter la vie; depuis longtemps elle avait cessé d'avoir des charmes pour moi. Éloigné de vous, privé des personnes qui m'avaient été les plus chères, ne voyant plus pour ainsi dire dans les Français que des hommes lâches ou féroces, témoins les proscriptions sanguinaires qui poursuivent les vertus, le courage et les talents au milieu de la terreur qui glace toutes les âmes et éteint tous les sentiments généreux, sans espoir de voir bientôt finir cette crise terrible, que me reste-t-il à désirer, si ce n'est de mourir !

Encore si dans mes derniers instants j'avais pu, comme ma chère Cordais, m'endormir au sein d'une illusion douce et trompeuse, et croire au retour prochain de l'ordre et de la paix dans ma patrie... Mais non, j'emporte avec moi l'idée déchirante que le sang va couler à plus grands flots !

Oh ! Charlotte Cordais ! oh ! ma noble et généreuse amie ! toi dont le souvenir occupa sans cesse ma mémoire et mon cœur, attends-moi, je vais te rejoindre ! Le désir de te venger m'avait fait jusqu'à ce jour supporter l'existence. Je crois avoir assez satisfait à ce devoir sacré ; je meurs content et digne de toi.

Adieu, ma tendre mère, adieu ! L'instant approche, on me presse, on m'enlève jusqu'à la douceur de m'entretenir plus longtemps avec vous. Adieu !... je vous embrasse, vous et mes amis fidèles qui sont tous encore présents à ma mémoire et auxquels je consacre, ainsi qu'à vous, tous mes sentiments, tous mes hommages et mon dernier soupir.

Signé : Ch. Hy. Bougon-Longrais,
Ex-Procureur général syndic
du Calvados.

(Archives de la Cour d'appel de Rennes, d'après une copie certifiée de M. le greffier en chef de la Cour.)

Cette lettre remarquable n'a pas besoin de commentaires, ou du moins ils ne seraient pas ici à leur place. L'apostrophe à Charlotte de Corday dans ce moment suprême dit assez quels étaient les sentiments de Bougon-Longrais pour elle :

Les partageait-elle ? et dans quelle mesure ?

C'est ce que pourrait dire le document suivant.

3° En 1868, il a été vendu aux enchères publiques à Londres une collection d'autographes, parmi lesquels figurait une lettre de Charlotte de Corday à Bougon-Longrais, *l'homme qu'elle aimait à Caen.*

Cette collection était celle de sir Henri Nottingham : l'article qui rendait compte de cette vente était de M. Philippe Burty.

Nous avons fait de vains efforts pour obtenir de plus amples renseignements. Quoique notre demande ait été accueillie par M. Burty avec la plus grande bienveillance, nous n'avons pu savoir ce que cette lettre est devenue. Nous faisons appel à tous ceux qui s'intéressent aux recherches historiques pour nous venir en aide et compléter cette annonce si curieuse quand on la rapproche de la lettre de Bougon-Longrais, *l'homme* que Charlotte aurait *aimé*.

La scène entre Charlotte et le confesseur, sans être vraie, est très-admissible et nous semble fort heureuse, en ce qu'elle a permis à l'héroïne d'ouvrir son âme et à l'auteur de nous en faire sonder les mobiles. Le point de vue auquel l'auteur allemand s'est placé pour la justification de l'action de Charlotte de Corday est le seul qui soit juridique et vrai, philosophiquement et historiquement.

« Je n'ai pas assassiné Marat, dit Charlotte, je l'ai puni. — Mais, objecte le prêtre, le droit de punir ne repose que dans les mains des pouvoirs publics. — Sans doute, réplique Charlotte, mais quand ces pouvoirs sont livrés à des bourreaux, quand ces mains sont celles du crime, l'individu reprend ses droits et il redevient juge, il est lui-même l'autorité. »

Ces principes sont justes, et il impossible de disconvenir que quand les pouvoirs sociaux sont tournés contre la société elle-même par ceux qui en sont dépositaires, les individus ont le droit de s'armer à leur tour pour se défendre et faire cesser cet état de choses, qui, sans cela, n'aurait pas de limites. C'est le retour à l'état de nature par suite de l'anarchie qui brise le pacte social.

Cependant il est une objection fréquemment répétée et qui trouve ici une réponse parfaitement judicieuse : « Où s'arrêtera-t-on, dit le prêtre, dans cette voie, et qu'arrivera-t-il si chacun s'érige en juge ? »

« L'anarchie dans un État bien organisé, l'ordre peut-être dans un État livré lui-même à l'anarchie. »

Ce mot a sa profondeur : pour que des actes semblables à celui de Charlotte de Corday soient légitimes, il faut que le pouvoir porte une atteinte violente à la vie, à la liberté, aux droits les plus sacrés des personnes auxquelles il doit protection. Dans ce cas, si la société est entre les mains de brigands, il est évident que l'en délivrer c'est faire chose juste et nécessaire.

Cette manière de poser le problème n'est pas d'un esprit vulgaire, et il ne serait pas surprenant que sous le voile de l'anonyme se cachât quelque nom, quelque homme éminent de l'Allemagne philosophique.

Nous avons dit en outre que c'était le point de vue historiquement vrai, et en effet c'est Charlotte elle-même qui parle ainsi dans son adresse aux Français.

« O France ! ton repos dépend de l'exécution de la loi : je n'y porte point atteinte en tuant Marat condamné par l'univers; il est hors la loi... Quel tribunal me jugera? Si je suis coupable, Alcide l'était donc lorsqu'il détruisait les monstres. » (*Dossiers*, etc., p. 61.)

Et ces idées étaient conformes au droit des gens; ainsi on lit dans de Vattel, t. II, ch. IV, § 3 :

« Pour ce qui est des monstres, qui, sous le titre de souverains, se rendent les fléaux et l'horreur de l'humanité, ce sont des bêtes féroces dont l'homme de cœur peut avec justice purger la terre. Toute l'antiquité a loué Hercule de ce qu'il délivra le monde d'un Antée, d'un Busiris, d'un Diomède. »

Telles étaient les idées ayant cours alors; ainsi Remi, député à la Convention, avait dit lors du procès du Roi : « Apprenez aux peuples à punir les tyrans d'une manière digne d'eux. Hercule ne s'amusait pas à faire un procès en forme aux brigands qu'il poursuivait, il en purgeait la terre : c'est celle de Scévola et de Brutus. »

Aussi la Convention, dans l'article 27 de sa Déclaration des Droits de l'homme, écrivit-elle ces principes : *Que tout individu qui usurperait la souveraineté soit à l'instant mis à mort par les hommes libres.* Et dans l'article 34 : « Il y a oppression contre le corps social lorsqu'un seul de ses membres est opprimé. » (Acte constitutionnel et Déclaration des Droits du 24 juin 1793.) Reste la question de savoir quand il y a usurpation de la souveraineté, quand il y a oppression du corps social. L'expulsion violente et l'arrestation de vingt et un députés de la Convention étaient-elles un cas de ce genre? et Marat était-il justiciable de ce droit confié ou plutôt de ce devoir imposé à tout homme libre? Tel est le problème. Aussi Charlotte a-t-elle dit : « Quel tribunal me jugera? » Nous répondons : « Celui de l'histoire. »

XIV.

CHARLOTTE CORDAY *ou* LA JUDITH MODERNE, *tragédie en trois actes et en vers.* — A Caen, à l'imprimerie des *Nouveautés.* 1797.

PERSONNAGES :

MARAT, député.
CHARLOTTE CORDAY.
EUGÉNIE, amie de Charlotte.
OCTAVIUS, brigand de ce nom et confident de Marat.
D'AIGLEMONT, prétendant à la main de Charlotte [1].
ERNEST, citoyen de Caen.
Habitans de la ville de Caen.
Soldats du parti de Marat.
Dix Vieillards de la ville de Caen.

La scène se passe aux deux premiers actes dans la ville de Caen,
qui est censée déclarée en état de rébellion, et le troisième acte
au camp des ennemis qui assiégent la ville.

Cette tragédie, ornée d'une gravure de Mermant formant frontispice, se trouve sous deux formats différents, l'un in-8°, l'autre in-18. La gravure représente Charlotte avec un manteau, une tunique, les cheveux bouclés tombant sur les épaules, les bras nus et un poignard à la main. Dans le fond, la tente d'un camp est entr'ouverte. Au bas on lit ces vers inscrits dans un cartouche :

Tandis que l'on trembloit au seul nom de Marat,
De ce monstre cruel j'ai su purger l'État ;

[1] L'auteur dit dans sa Préface (p. IX) : « Il est aisé de reconnoître dans d'Aiglemont l'illustre personnage qui fut supposé avoir secondé Charlotte dans l'exécution de son projet. » Nous avouons n'avoir pu deviner quel était cet *illustre personnage* désigné par l'auteur anonyme. M. Charles Renard, de Caen, si versé dans la bibliographie de la Révolution, particulièrement de la ville qu'il habite, n'a rien pu découvrir ni sur l'auteur de cette tragédie ni sur ce d'Aiglemont.

> J'osai braver la mort, et par ce sacrifice,
>   Du Siècle j'ai bien mérité;
> Mais si ce Siècle ingrat ne me rend pas justice,
>   Je l'obtiendrai de la postérité.

L'auteur de cette pièce n'est pas connu : il ne craignait pas d'afficher les sentiments les plus royalistes, et dès lors il est facile de comprendre qu'il ait gardé l'anonyme. Quoiqu'il régnât à cette époque une grande liberté, un retour au régime de la Terreur n'était pas impossible; le 18 fructidor était même considéré comme une réaction terroriste. On comprend donc que l'auteur, qui fait dire à Charlotte :

> Nous ne combattons point pour ravir des trésors,
> Mais pour défendre Dieu, *Louis* et la Patrie,

ne tînt pas à signer son œuvre. Aussi au-dessous de la dédicace on ne trouve que plusieurs lignes de points.

CHARLOTTE, je dédie cet ouvrage à tes mânes. . . . .
. . . .
. . . .
. . . .

La Préface est intéressante au point de vue de l'histoire littéraire; elle montre comment on comprenait à cette époque l'art théâtral et quelle place on y donnait à la vérité, qui est aujourd'hui la première préoccupation lorsqu'on traite un sujet historique.

« Le dévouement de Charlotte Corday, dit cette préface, est un de ces traits dont les enfants de Melpomène enrichiront sans doute un jour le théâtre. On peut appeler l'héroïne de cette tragédie *la Judith de notre siècle*. » Et ceci posé, l'auteur refait l'histoire de la Révolution sur le modèle de l'histoire sainte. Caen devient une nouvelle Béthulie, Marat un second Holopherne, plus sanguinaire et plus hideux que son prédécesseur. Il ne pouvait être représenté sur la scène, assassiné dans sa baignoire, et pour se conformer au précepte de Boileau, l'auteur suppose que « Marat, à l'exemple des mille et un proconsuls qui ont désolé le pays, menace les habitans de Caen des châtimens les plus atroces, parce que cette ville refuse de reconnoître les lois de la République. Déjà même il a fait empoisonner les sources qui leur fournissent de l'eau ; le siége est devant Caen comme il l'a été devant Marseille, Nantes, et toutes les villes de la Vendée. Marat est prêt à se rendre maître de Caen et à faire égorger tout le monde indistinctement, lorsque Charlotte forme le dessein généreux de sauver ses concitoyens en plongeant un poignard dans le sein du brigand. Le succès couronne sa haute entreprise, et la gloire immortalise son nom. »

Voilà le plan que l'auteur a suivi et les moyens qu'il a employés à peu près pour joindre à l'unité de temps les unités de lieu et d'action. « Quelques personnes lui reprocheront *peut-être* d'avoir altéré les faits ; mais une tragédie n'est point la narration d'un événement ou d'un trait quelconque : il est permis au poëte d'ajouter ou de changer selon que l'exigent les convenances théâtrales. Si celui de Charlotte Corday fût arrivé il y a deux cents ans, cette observation serait inutile. »

Ceci dit sur sa théorie, voici maintenant comment l'auteur l'applique : Charlotte est veuve d'un officier mort pour *son Roi*. D'Aiglemont prétend à sa main. Charlotte lui remet l'épée de son époux, et lui laisse entrevoir quelle sera la récompense de sa victoire sur Marat. D'Aiglemont part à la tête des guerriers de Caen, qui ont à leur tête un drapeau blanc sur lequel on lit : « Guerre aux hommes de sang : LOUIS, JUSTICE, HUMANITÉ. » Mais d'Aiglemont est vaincu, fait prisonnier, et pour comble de honte, Marat ne daigne pas le garder, et le renvoie chargé de fers en lui disant :

> Retourne, va creuser toi-même ton cercueil
> Dans cette heureuse ville où se plaît ton orgueil ;
> Je saurai me venger quand je l'aurai soumise.
> Jusques aux pieds des murs, gardes, qu'on le conduise...

C'est alors que Charlotte conçoit la pensée

> De tenter à son tour une affreuse conquête.

Il faut, dit-elle à sa confidente,

> Il faut quitter ce seuil, il faut orner ma tête
> De fleurs, de diamans, de rubis précieux ;
> De ces frivolités qui fascinant ses yeux,
> Contre Marat enfin me prêteront des armes[1].

EUGÉNIE.
Eh quoi ! vous oseriez, sur la foi de vos charmes...
CHARLOTTE.
Marcher cette nuit même au camp des ennemis.
. . . .
Notre salut le veut, le Ciel me le commande ;
Ma vertu m'y contraint, et mon *Roi le demande.*

Charlotte part avec sa suivante Eugénie ; elle harangue en passant les dix vieillards de la ville (*presbyteros civi-*

---

[1] Unxit se myro optimo, et discriminavit crinem capitis sui, et imposuit mitram super caput suum, et induit se vestimentis jucunditatis suæ, induitque sandalia pedibus suis, assumpsitque dextraliola, et lilia, et inaures, et annulos, et omnibus ornamentis suis ornavit se. *Judith,* cap. x, v. 3.

tatis, c. x, v. 6.) Marat la reçoit dans sa tente, et comme ce Montagnard dont la véritable Charlotte parle dans sa lettre à Barbaroux, il lui offre à première vue sa fortune et sa main. Il tombe même à ses genoux. Charlotte feint d'être confuse :

> Tant d'honneurs à la fois ! devois-je le prévoir !...
> Agréez les transports de ma reconnoissance,
> Et soyez sûr, Marat, de mon obéissance.

MARAT.

> Je ne commande pas : mon amour trop ardent
> S'est expliqué peut-être un peu trop vivement.
> Vous devez pardonner au zèle qui transporte.
> Mais pressons notre hymen, permettez que je sorte,
> Que j'aille de la pompe ordonner les apprêts ;
> Demain, sans différer...

D'Aiglemont arrive là, on ne sait trop pourquoi. Charlotte le congédie, et quand l'heure est venue, elle se rend dans le pavillon où Marat l'attend impatiemment. Son confident Octavius lui dit :

> . . . . Marat, impatient,
> Et toujours consumé de l'ardeur la plus tendre,
> (Il montre le pavillon où Charlotte doit entrer.)
> Dans ces lieux, près de lui, vous invite à vous rendre.
> (Charlotte entre seule dans le pavillon.)

Chœurs.—Attaque des habitants de Caen.—Arrivée de d'Aiglemont à la tête d'un corps de troupes. Il s'écrie :

> Amis, sauvons Charlotte et frappons le brigand !

CHARLOTTE, tenant encore à la main un poignard ensanglanté,
sort du pavillon et fait entendre ces paroles de triomphe :

> Voyez-le baigné dans son sang !

D'AIGLEMONT.

> La crainte est encor dans mon cœur,
> Charlotte, achevez votre ouvrage.

Charlotte.

Que l'hymen en ce jour
Récompense votre courage,
Récompense votre amour !

Couplet final du chœur.

L'auteur de cette pièce a tout calqué sur l'Écriture sainte, sauf le mariage dont l'histoire de Judith ne parle pas et qui est tout à l'avantage de la Judith moderne.

L'auteur annonce dans la Préface qu'il n'a entendu traiter pour cette fois que le dévouement de Charlotte; que son interrogatoire et sa mort doivent être l'objet d'un autre ouvrage... de manière à faire revivre un jour Charlotte Corday (il devrait dire Charlotte d'Aiglemont) dans le cœur de tous les honnêtes gens. On ne peut regretter beaucoup qu'il n'ait pas tenu parole.

Tel n'était pas pourtant le goût des contemporains. Ainsi un auteur d'un certain mérite, qui a laissé des éphémérides sur cette époque, écrivait en 1797 :

« C'est aussi une plume exercée qui s'est occupée de *Charlotte Corday* ou *la Judith moderne*. La gravure qui la représente est très-jolie, le dialogue est vif et animé; mais l'histoire a été singulièrement altérée. Au reste, *ce ne serait pas un crime* si les malheurs particuliers de Charlotte étaient dignes du cothurne; mais la fière Melpomène rejette toutes ces infortunes bourgeoises pour ne gémir que sur les révolutions des empires et les grandes catastrophes des Rois. » (*Souvenirs et Mélanges littéraires*, etc., par M. de Rochefort (Labouisse). Paris, 1826. 1ᵉʳ vol., p. 162.

---

[1] De nouvelles recherches nous ont appris qu'en 1789 et années précédentes le Lieutenant particulier civil et criminel au Bailliage et Siége présidial de Caen était un M. d'Aigremont. Peut-être est-ce à lui qu'il était fait allusion par l'auteur de la *Nouvelle Judith?*

XV.

CHARLOTTE CORDAY, *Trauerspiel in fünf Acten mit Chœren*, etc. (CHARLOTTE CORDAY, *tragédie en cinq actes avec chœurs, ornée d'un portrait sur cuivre* [1]. — Hambourg, 1804, chez B. G. Hoffmann.)

Cette pièce avait été attribuée à A. W. Schlegel par M. Quérard, dans l'article de *la France littéraire périodique* qu'il avait consacré à Charlotte de Corday [2]. Mais M. F. L. Hoffmann, de Hambourg, ayant démontré, dans les *Feuilles de littérature et de critique*, que cette attribution était une erreur, M. Quérard publia la rectification suivante, qui fait connaître le véritable auteur de la pièce :

« Ce drame, dit-il, a été composé par une dame de Hambourg, née le 8 décembre 1758, morte le 10 mai 1840, madame Angèle-Christine Westphalen, née de Axen, épouse du négociant et sénateur Jean-Ernest-Frédéric Westphalen, dont la maison était le point de réunion de beaucoup d'hommes spirituels et où étaient accueillis avec la plus affectueuse hospitalité les émigrés français les plus marquants, parmi lesquels se trouvaient le duc d'Orléans, Louis-Philippe, depuis Roi des Français, qui se donnait pour un Américain, afin de rester inconnu ; le général Dumouriez, etc. »

[1] Ce portrait est gravé par Rosmœsler. C'est la reproduction du portrait exécuté par Duplessis-Bertaux pour les Tableaux de la Révolution française.

[2] P. 443. « Charlotte Corday, etc., *pièce estimée* qui paraît avoir pour auteur A. W. Schlegel, qui deux ans auparavant avait déjà publié *Lacrymas*, tragédie. »

« Christine Westphalen est aussi l'auteur d'un poëme dramatique intitulé *Petrarca* (Hambourg, 1806), qui a paru également sous le voile de l'anonyme, et de beaucoup d'autres poésies. » (*La France littéraire périodique,* vol. II, p. 566.)

PERSONNAGES :

JEAN-FRANÇOIS CORDAY (pour Jacques-François).
CHARLOTTE GODIER, son épouse (Gaulier).
CHARLOTTE, } leurs enfants.
ANTOINE,   }
ADAM LUCHS, de Mayence, docteur en philosophie.
CHAUVEAU-LAGARDE, avocat à Paris.
MARAT,   }
ROBESPIERRE,   } Représentants du peuple.
DANTON,   }
SAINT-JUST,   }
Le Président du Tribunal révolutionnaire.
Juges.
Accusateur public.
La Servante de Charlotte.
ANNE, vieille gouvernante de Marat.
ÉTIENNE, cuisinier de Marat.
ANDRÉ, laquais de Chauveau-Lagarde.
Geôliers de la prison, huissiers du tribunal.
Officier, garde, peuple, prisonniers, serviteurs.
Prologue.   }
Épilogue.   } Le Génie de la Vérité.
Chœur.

L'action se passe tour à tour dans une habitation de campagne,
à Caen et à Paris.

PROLOGUE.

Des nuages s'élèvent au fond du théâtre. Du sein de ces nuées
on voit lentement descendre

LE GÉNIE DE LA VÉRITÉ.

Que celui qui ne sent pas son cœur battre ardemment pour la vertu héroïque qui s'immole par un sacrifice volontaire,

Que celui qui n'est pas capable de soutenir la vue effroyable
du Vice,

Que celui-là s'éloigne d'ici : car l'hydre du Vice va appa-
raître à l'instant, dans toute sa sombre horreur, auprès de la
Vertu au souffle angélique.

Mais, ne craignez rien, restez ; les lieux où va se livrer ce
combat, ce combat terrible, sont inviolables et sacrés.

La pitié et l'indignation gonfleront les cœurs tour à tour,
parce que l'une et l'autre (la Vertu et le Vice?) auront une fin
funeste, parce que l'une et l'autre auront une fin glorieuse.

Qui provoqua cette lutte? Ne me le demandez pas. Oh! laissez-moi me taire, et ne consultez que votre sentiment intime
pour rendre hommage à la vérité [1] !

Scène I. — Un jardin à Caen. — M. et madame de Corday
attendent leur fille qui doit revenir de Paris ; leur inquiétude.
Ils s'éloignent.

Scène II. — Charlotte de Corday en habit de voyage. —
Strophes en petits vers.

Tableau des maux causés par la soif sanguinaire de Marat.
« Où est le sauveur? où est-il, ô ma patrie! Tu saignes, sous
ces coups profonds et répétés, et tu répandras ton sang jusqu'à
la mort, si la main d'un ange ne vient pas pour te sauver ! »

Scène III. — Charlotte et ses parents. — Nouvelle peinture
plus développée de la Terreur qui règne à Paris. — M. et madame de Corday cherchent à calmer l'imagination de leur fille [2].

[1] Comparez le prologue de *Clio* dans la *Charlotte Corday* de
Ponsard :
Je suis l'impartiale histoire, etc.

[2] Le frère de Charlotte de Corday fait le tableau des excès commis
par les proconsuls de la République : Carrier à Nantes, Collot-d'Her-
bois à Lyon, Ronsin dans la Vendée. Ce dernier, dit-il, prend le titre
de Ministre général, comme jadis Richelieu. — Maillard, lui, préférant
le titre de Président du Tribunal des journées du 4 septembre, préside
encore à toutes les boucheries ! O horreur inouïe ! (Scène ix.)
« Maillard nennt lieber sich den Obersten
Des Richters jener Tage, praesidirt
Bey jeder Metzelei! O unerhœrt ! »
Nous avons trouvé dans les Registres du Comité de Sûreté générale,
1793 (Archives nationales), n° 1968, une plainte d'un citoyen Bachelet

ACTE SECOND.

La scène s'ouvre dans une rue de Paris. On aperçoit quelques rares passants, puis des gendarmes conduisant des condamnés à la guillotine, au milieu des huées du peuple, seul bruit qui rompt le silence mortel des rues.

Adam Lux et Chauveau-Lagarde se rencontrent; ils se reconnaissent, ils ont été élevés ensemble. Lux est venu à Paris pour effacer la trace de profonds chagrins; il ne trouve autour de lui que les plus sombres tableaux. A ce moment même passe un cortége de prisonniers dont Chauveau lui fait connaître les noms : Madame Roland, Picot-Limoëlan [1]..... (*sic*). Pour se consoler de cette horrible réalité, il ne reste à Lux qu'à se réfugier dans les domaines inaccessibles de l'idéal et de l'imagination. Ici s'engage entre Lux et Chauveau une longue conversation philosophique sur l'enthousiasme et le positivisme. Lux défend les rêves sublimes du possible; Chauveau invoque les droits de la réalité. Sans doute Adam Lux était de la nature la plus enthousiaste, et avait écrit une thèse intitulée : *Enthusiasmus philosophicè consideratus,* sur l'enthousiasme. Mais un tel entretien pouvait-il trouver place dans les circonstances données? Lux ne connaît pas seulement Chauveau-Lagarde! Antoine de Corday, le frère de Charlotte, a été élevé avec eux, en sorte qu'une liaison ancienne et intime

contre Maillard, Président du Tribunal du Peuple le 2 septembre, aux prisons (*sic*).

Les Mémoires de Buzot disent aussi (p. 304) : « Il existe un acte daté du 9 septembre dans lequel Maillard prend le titre de *Juge* souverain de ces fameuses journées et d'autorité constituée pour le Peuple. » Mais les Mémoires de Buzot n'ont été publiés qu'en 1823 par M. Guadet, et les papiers du Comité de Sûreté générale étaient restés inexplorés jusqu'à ce jour. Comment madame de Westphalen pouvait-elle être instruite à Hambourg d'une circonstance si peu connue en France? Peut-être par les émigrés français qui fréquentaient sa maison et que leur rang mettait en position d'être informés de particularités secrètes non encore livrées au public. (V. ci-dessus, p. ccxxv.)

[1] Picot-Limoëlan avait figuré dans le procès de la machine infernale et de Georges (1804), époque à laquelle ce drame était écrit.

unit ces trois personnages, qui ne se sont jamais connus. Voici donc la fable qui commence à se mêler à l'histoire! Adam Lux parle de Charlotte Corday avec feu; il est facile d'entrevoir qu'il l'aime, et que c'est là le mot d'un mystère qu'il confiera plus tard à Chauveau-Lagarde.

Scène II. — Monologue de Chauveau-Lagarde sur Adam Lux, le rêveur, épris du merveilleux en toutes choses.

Scènes III à V. — Intérieur de la famille de Corday, repas du soir. Charlotte est prête à partir pour l'Angleterre; elle fait à ses parents des adieux exprimés dans les termes les plus poétiques : « Par le soleil qui se couche là-bas; par l'étoile du soir qui se lève, poursuivant sa carrière immortelle, cette image de l'amour immuable, je me souviendrai de vous à tout jamais! Vous serez le soleil, et moi l'étoile... »

Le père de famille répond à ces élans romanesques par des recommandations plus positives; il tremble pour les jours de Charlotte. Celle-ci jure qu'un glaive nu ne lui ferait pas peur; qu'elle a vu à Paris les femmes jouer du couteau... En même temps elle en saisit un sur la table, et fait le geste de porter un coup[1]. — M. de Corday père engage sa fille à se calmer. Il charge son fils Antoine, qui doit accompagner sa sœur en Angleterre, de prévenir leur oncle de Londres que les choses vont bien; que trente mille citoyens marchent sur Paris, décidés à mourir ou à sauver la République. Ce mot décide des résolutions et du sort de Charlotte. — Trente mille hommes vont exposer leur vie; la sienne ne peut entrer en balance avec tant d'existences! Sa mission lui apparaît avec clarté; la volonté du destin est manifeste, sa main en sera l'instrument! Rien ne pourra lui ravir les palmes qui l'attendent. — Adieux. — Départ de Charlotte.

---

[1] Cette invention est directement contraire à la vérité. On connaît la réponse de Charlotte à Fouquier-Tinville qui lui disait : « Il faut que vous soyez bien exercée à ce crime! — Oh! le monstre! il me prend pour un assassin! » Cette réponse, telle qu'un coup de foudre, termina la séance. Note de Chauveau-Lagarde. — Ségur, *Les Femmes*, vol. III, p. 55. On sait aussi l'horreur que fit éprouver à Charlotte la vue du couteau qu'un huissier lui présentait comme pièce de conviction. (Même note.)

Scènes VI et VII. — Lux et Chauveau-Lagarde. — Lux confie à Chauveau-Lagarde le secret dont il lui avait annoncé la révélation. Ce grand secret, c'est le projet qu'il a conçu de tuer Marat; Chauveau-Lagarde l'en détourne. Marat, suivant lui, n'est pas la tête de son parti; il n'en est que la main puissante, mais servile. Il faudrait frapper plus haut, et à quoi bon? Ne serait-ce pas couper la tête de l'hydre et multiplier le monstre au lieu de le détruire? D'ailleurs, Lux n'est pas intéressé dans la querelle, puisqu'il n'est pas Français. Ce mot provoque de la part de Lux une belle réponse et un beau vers :

Wo Unglück droht, da ist mein Vaterland.
Où règne le malheur, là je vois ma patrie.

Lux insiste pour que son ami l'introduise auprès du Tribunal révolutionnaire. Refus absolu de Chauveau.

Scène VIII. — Robespierre, Danton, Saint-Just et Marat sont réunis dans la maison de ce dernier. Ils se consultent sur ce qu'ils doivent faire des Girondins. — Robespierre propose de simuler un assassinat commis sur Marat, de l'attribuer à la Gironde, et de motiver ainsi la mise en jugement de ses membres [1]. Marat accepte ce plan avec joie : on sent percer en lui l'envie d'acquérir une nouvelle popularité pour se faire nommer dictateur. On arrête ensuite une nouvelle liste de proscription. Discussion entre Robespierre et Danton. Saint-Just cherche vainement à les apaiser. Marat se plaint d'être souffrant, et congédie l'Assemblée; resté seul, il se réjouit de la division de ses rivaux et s'apprête à en profiter. Semblable à Sixte-Quint, il jettera le masque quand il en sera temps, « et alors, malheur à toi, peuple, s'écrie-t-il; je serai sévère, plus sévère que lui (Sixte-Quint), et je régnerai comme lui, quoique sur un trône d'une autre espèce [2]. »

Chœur.

---

[1] Voyez dans la tragédie de *Charlotte Corday,* par Salle, acte IV, scène v, p. 73, une invention semblable. Ces fictions avaient alors cours sur les théâtres de tous les peuples, en Allemagne et en Angleterre, aussi bien qu'en France.

[2] Comparez cette scène à celle où Ponsard a mis en présence Robespierre, Danton et Marat. Acte IV, scène vii, viii et ix.

ACTE TROISIÈME.

SCÈNE I. — Charlotte se présente chez Marat; elle a eu le soin de se faire précéder par une lettre. Elle est introduite sans difficulté. Elle frappe Marat hors des yeux du spectateur, puis elle revient sur la scène. Ses premières paroles sont bien en situation. Le sang qui coule jusqu'à elle lui fait horreur... Mais aussitôt reviennent les subtilités métaphysiques; le *Moi* (*Mein Ich*) est en contradiction avec l'intimité de *Mon être* (*mit Meinen innern Selbst*) : « Cette même main qui depuis mon enfance n'avait servi que l'humanité, cette même main a dirigé un fer homicide! Mais non, cette œuvre n'est pas la mienne : elle est celle de la Providence!... Personne ne vient... Les Euménides n'ont-elles donc pas ici de voix? Je pourrais fuir; mais loin de moi cette pensée déshonorante! »

Charlotte ne s'échappera pas en silence et dans les ténèbres comme un vulgaire assassin : libres ont été sa pensée, sa résolution, son action; elles doivent être visibles comme la lumière du soleil... Elle demande pour juges le monde et l'humanité. Elle se livre aux gens de la maison de Marat, qui l'arrêtent.

SCÈNE IV.—Chauveau-Lagarde dans son cabinet. Lux vient lui faire part du moyen qu'il a trouvé pour s'introduire auprès de Marat : il a corrompu à prix d'or la gouvernante de Marat, qui lui a livré ses habits pour qu'il pénètre sous ce costume jusque dans l'intérieur de l'Ami du peuple. Chauveau-Lagarde cherche de nouveau à détourner Lux de son projet; mais celui-ci y tient, et veut venger les mânes de Lavoisier, Condorcet et Bailly. (Anachronisme : leur mort est, comme on le sait, très-postérieure à celle de Charlotte de Corday.) Longue discussion philosophique. L'entretien est interrompu par le domestique de Chauveau-Lagarde, qui vient apprendre à son maître que Marat est assassiné. Reproches d'Adam Lux, qui se plaint à Chauveau de ce qu'il l'a empêché d'accomplir cette grande action; mais ces reproches deviennent bien plus vifs encore lorsqu'on sait que c'est Charlotte de Corday qui a tué

Marat. Lux fait promettre à Chauveau de défendre Charlotte et de la sauver, ou tout au moins de fléchir ses juges. « Attendrir le tribunal ! répond Chauveau, autant vaudrait chercher à éteindre les torrents enflammés du Vésuve. La Thémis de la Révolution a depuis longtemps arraché son bandeau pour être plus aveugle encore, les yeux ouverts. »

Cependant il promet de consacrer toutes les puissances de son être à la défense de Charlotte, et Lux cherchera de son côté par tous les moyens possibles à assurer le salut de la captive.

ACTE QUATRIÈME.

Scènes I à V. — Le Tribunal révolutionnaire. — Reproduction de l'interrogatoire de Charlotte, du plaidoyer de Chauveau. — Peu d'additions aux réponses de Charlotte. Il en est une qui mérite d'être citée :

Le Président. — Comment cette pensée t'est-elle venue?

Charlotte, *avec enthousiasme.* — Oh ! demande plutôt comment un rayon d'en haut tombe sur la terre !

Charlotte est condamnée. — Désolation de Chauveau. Lux l'engage à ne pas perdre courage. En effet, il trouve moyen de pénétrer dans la prison auprès de Charlotte, et il lui propose de changer de vêtements avec lui, et s'engage à la faire évader. Elle refuse obstinément, et demande à Lux de réserver ces moyens pour son frère, prisonnier à l'Abbaye. Lux, au paroxysme de l'enthousiasme, se jette aux genoux de Charlotte : « Fille sublime, divine ! comment te nommerai-je ? Tu vas habiter les sphères célestes où j'irai bientôt te rejoindre... Rien ne sépare les esprits unis dans le ciel. »

Charlotte Corday se livre au bourreau. Celui-ci remplit son office. — Charlotte revêt la chemise rouge en disant : « La victime fut toujours parée pour l'autel. »

On l'emmène. — Chœur.

ACTE CINQUIÈME.

Scènes I et II. — Chauveau-Lagarde dans son cabinet.

Antoine, frère de Charlotte, vient lui raconter comment il est venu à Paris pour accompagner sa sœur Charlotte. — Il a été séparé d'elle fortuitement dans la rue ; enlevé, plongé dans un cachot, il ignore le destin de sa sœur. — Chauveau regarde à sa montre : il est sept heures. « Son sort, dit-il alors, est accompli !... A cette heure même elle a terminé son rôle héroïque sur la terre. — O Dieu ! reprend Antoine, tu dors donc,... et tes foudres ? »

Scènes III et IV. — Lux revient de l'exécution ; il en raconte les détails, le courage de Charlotte, son calme, l'insulte faite à la tête par la main du bourreau. Il rapporte ensuite le précis des lettres que Charlotte lui a remises et lui a recommandé de faire parvenir à Barbaroux et à son père, et en analyse le contenu.

L'auteur a placé dans la bouche de Lux une partie de la brochure publiée par celui-ci sur Charlotte de Corday. Au milieu de ses discours, un officier se présente, et, au nom de la République, arrête Lux, citoyen de Mayence.

Scène V. — Les funérailles de Marat[1] : sur le devant de la scène, le Génie de la Liberté apparaît et prononce des strophes formant un épilogue qui rappellent le prologue et l'expliquent :

« Voyez le Vice dans la pompe de la victoire ! Voyez la perle qui lui a été sacrifiée ! . . . . . Elle tomba victime de sa haute vertu. Le bonheur de l'humanité fut son but sublime. Éclat de la jeunesse, doux lien du cœur, elle a tout immolé pour combattre le combat du devoir contre le destin.

» Pleurez-la, mais non avec des larmes de honte : Charlotte a effacé le préjugé du supplice, elle a sanctifié l'échafaud !

» Quant à lui (Marat), son triomphe fut l'apogée de la honte...

» Oubliez les ombres de ces temps effroyables ! une lumière plus belle va en sortir !... »

. . . .

---

[1] On voit que la mode de représenter des funérailles sur la scène régnait alors en Allemagne aussi bien qu'en France. (V. ci-dessus, p. CLXV.)

XVI.

TRAGÉDIE DE CHARLOTTE CORDAY

PROJETÉE PAR SCHILLER.

Le journal *le Publiciste* du 7 thermidor an XII (26 juillet 1804) contenait cette annonce : « On vient de publier à Hambourg une tragédie en cinq actes avec des chœurs, intitulée *Charlotte Corday.* »

A la même époque, on trouve dans la *Correspondance entre Gœthe et Schiller* le billet suivant que ce dernier écrivait à son illustre ami :

« Enfin ! une *Charlotte Corday !* Je prends le volume » avec doute et inquiétude, et cependant ma curiosité est » grande ! SCHILLER. » (*Correspondance entre Gœthe et Schiller*, t. II, n° 966.)

Schiller ne dit pas expressément que la tragédie de

---

[1] « Endlich ! eine Charlotte Corday, die ich zwar mit Zweifel und Bangigkeit in die Hand nehme, aber doch ist die Neugier gross. » SCHILLER. (*Briefwechsel zwischen Schiller und Gœthe*, zweiter Band, n° 966. 1856.)

Le billet ne porte pas de date, mais il se place entre le 19 juin 1804 et le 25 juillet de la même année.

Gœthe devait partager plus ou moins les sentiments de Schiller à l'égard de Charlotte; car on le voit plus tard attentif à ce qui se publie sur elle, signaler à sa date le livre des *Cent et un*, et dans ce panorama confus distinguer l'article intitulé : UNE MAISON DE LA RUE DE L'ÉCOLE DE MÉDECINE (t. I, p. 467), article dans lequel Gustave Drouineau a parlé de Charlotte de Corday en termes touchants. (V. *Bibliographie étrangère*, AUSWOERTIGE LITTERATUR, dans les Œuvres complètes de Gœthe, vol. XXIX, p. 99, de l'édition en trente-six volumes. 1867, Stuttgard, librairie de Cotta.)

Charlotte Corday dont il parle soit celle dont nous nous occupons; mais tout porte à croire que c'est de cette pièce qu'il s'agit ici. La phrase de Schiller indique bien une publication qui vient de paraître, et la tragédie de madame Westphalen sortait à la même époque (juillet 1804) des presses de B. G. Hoffmann, à Hambourg.

Au contraire, les expressions de Schiller n'auraient pu s'appliquer à la tragédie de Zschokke, qui remontait déjà à dix ans, ni au drame de M. de Senkenberg, qui est de 1797.

Ce billet, quoique trop laconique, est fort intéressant.

Schiller ouvre le volume avec doute et inquiétude. Pourquoi? Peut-être à cause des tentatives précédentes qui ne l'avaient pas satisfait. Puis à côté de ce doute qui arrête sa main, il y a la curiosité qui le pousse à ouvrir le livre. Cette curiosité ne disait-elle pas déjà quelle était la sympathie du grand poëte pour le sujet, presque pour l'héroïne, surtout lorsqu'on rapproche de ce sentiment l'exclamation si expressive : « Enfin! une *Charlotte Corday!* » Il suffirait de ces lignes pour faire penser que Schiller aurait eu l'intention de donner un pendant à sa *Jeanne d'Arc*; mais nous avons à cet égard plus que de simples présomptions. Le fait est établi de la manière la plus certaine, Schiller avait conçu le projet d'une tragédie sur Charlotte de Corday. Sa mort, arrivée le 9 mai 1805, l'a seule empêché de donner suite à une idée qu'il devait avoir à cœur, si l'on en juge par le billet écrit à Gœthe.

Schiller inscrivait très-régulièrement sur son agenda ses dépenses, les lettres qu'il recevait ou écrivait, ses visites faites ou à faire, les fêtes de famille à souhaiter, les travaux qu'il exécutait ou projetait. Ces tablettes, tenues avec ordre, mais d'une manière large et tracées à grands traits, ont été publiées en 1865 par madame Émilie von Gleichen-Rusz-

wurm, née de Schiller, sous le titre de Schillers Calen-
der, etc. ; elles s'étendent du 18 juillet 1795 au 29 avril
1805, et s'arrêtent dix jours avant la mort du grand écrivain. Elles sont suivies d'une liste dressée par Schiller lui-
même, contenant l'indication des ouvrages dramatiques qu'il
projetait ; de ce nombre se trouve *Charlotte Corday.* Voici
un extrait de cette liste, qui se compose de trente-deux
articles :

> *Henri IV ou Biron ;*
> *Charlotte Corday,* Tragœdie ;
> *Rodolphe de Habsburg ;*
> *Henri le Lion de Brunswick ;*
> *Le Comte de Kœnigsmarck ;*
> *Monaldeschi ;*
> *Rosamund ;*
> *La Fiancée de l'Enfer ;*
> *Elfride.*

Les pièces qui ont été exécutées et représentées sont
biffées et portent la date de leur création. Ainsi *Wal-
lenstein* (1797-1799), *Marie Stuart* (1799-1800), *la
Pucelle d'Orléans* (1800-1801), *les Frères ennemis de
Messine* (1803), *Guillaume Tell* (1804), sont rayées
comme des œuvres finies dont Schiller n'a plus à s'occuper ;
Charlotte Corday est malheureusement au nombre de
celles qui sont restées à l'état de projet.

Le mot de *Tragédie* apposé en regard du nom de *Charlotte Corday* montre que Schiller, qui n'employait pas ce
mot indifféremment, voulait donner à ce sujet la forme la
plus élevée et la plus sévère de l'art dramatique.

La mort l'empêcha de mettre son projet à exécution :
combien il eût été curieux de posséder une pièce dans la-

quelle on aurait vu moins de dix ans après la mort de Marat
le caractère de Charlotte de Corday interprété par le génie de
Schiller ! Nous ne pouvons qu'exprimer des vœux pour que
les fragments qu'il aurait pu laisser inachevés soient recueillis
et publiés avec soin.

C'est une tâche digne de madame de Gleichen, et qu'elle
accomplira, si tant est qu'elle soit possible ; elle compléte-
rait ainsi l'œuvre qu'elle a entreprise, et qu'elle appelle
ingénieusement « un pont jeté entre l'existence idéale de
Schiller et sa vie positive [1]. »

C'est peut-être ici le lieu de rappeler que le 26 août 1792
l'Assemblée nationale avait spontanément décerné le titre
de *citoyen français* à Schiller, ainsi qu'à Klopstock, Wash-
ington, Priestley et quelques autres contemporains illustres,
« comme ayant par leurs écrits et leur courage servi la cause
de la Liberté et préparé l'affranchissement des peuples »,
d'où l'Assemblée concluait « qu'ils avaient dès lors *cessé
d'être des étrangers* pour la France, et devaient concourir
à l'œuvre nationale qui allait fixer les destinées des Français
et préparer peut-être celles du genre humain.... » (*Moniteur* du 28 août 1792, n° 241.)

N'oublions pas de dire que ce noble décret avait été rendu
sur la proposition de GUADET. Ce qui le rattache directement,
comme on voit, à notre livre, placé sous le patronage de ce
nom généreux. En chantant les deux héroïnes les plus pures
de notre histoire, Schiller aurait donc payé la dette person-
nelle de la reconnaissance en même temps qu'il acquittait
celle de l'humanité envers des figures presque sœurs qui
seront toujours l'emblème du dévouement patriotique.

[1] La *Revue Germanique*, en rapportant le passage ci-dessus de la
correspondance entre Schiller et Gœthe, s'était demandé s'il s'agissait
d'un projet de drame sur Charlotte Corday. (V. t. III, p. 542, 1859.)
La publication des notes intimes de Schiller a répondu à la question
par l'affirmative.

. II.

PÉRIODE MODERNE.

1804-1867.

De 1804 à 1829, c'est-à-dire pendant vingt-cinq ans , il n'a été composé, à notre connaissance, aucune pièce sur Charlotte de Corday. Cette lacune est facile à comprendre. L'Empire était absolument hostile à la Révolution. La censure si ombrageuse des Fouché et consorts n'aurait pas souf- fert sur le théâtre une composition en l'honneur des répu- blicains anciens ou modernes. Napoléon avait en outre des raisons personnelles pour craindre le tyrannicide, il n'aurait certainement toléré sur la scène ni la représentation des *Brutus*, ni celle de *Charlotte de Corday*. Ceci n'est pas de notre part une simple supposition, nous ne parlons qu'après vérification faite : de 1804 à 1815, ni le *Brutus*, ni la *Mort de César* de Voltaire ; ni le *Guillaume Tell* de Lemierre n'ont paru sur l'affiche du Théâtre-Français.

La Restauration partageait les répugnances de l'Empire contre les souvenirs républicains, et, il faut le dire, elle était fondée à craindre le poignard des fanatiques en présence des attentats si récents de Sand et de Louvel. Aussi lorsqu'en 1829 MM. Victor Ducange et Anicet Bourgeois conçurent la pensée de prendre Charlotte de Corday pour héroïne de l'un de leurs mélodrames , cette représentation devint un événement non-seulement littéraire, mais politique.

La censure opposa des difficultés presque insurmontables à la mise en scène de l'œuvre projetée. Quel était le plan primitif? On ne pourrait le dire exactement; mais ce que l'on sait, c'est que tout ce qui était de nature à rappeler les événements révolutionnaires fut interdit d'une manière absolue. Le silence le plus rigoureux fut imposé sur le nom des principaux personnages : Charlotte devint mademoiselle Darmans; Marat, Marcel. Le drame s'appela *Sept heures.* Les acteurs durent composer leurs rôles, *moitié selon les désirs des auteurs, moitié selon les ordres que leur intimait une louable prudence. (Courrier des théâtres.)*

Ce n'est pas tout : pour plus de déguisement, on intercala, nous ne savons comment, un tableau représentant les *Adieux de Louis XVI à sa famille*... (*Figaro* du 25 mars 1829.) « Et cependant, dit spirituellement le *Corsaire*, l'ouvrage ainsi modifié par la censure paraissait encore un fantôme *à ces Parques dramatiques*..... vous auriez cru qu'il s'agissait d'une Conspiration des poudres, d'un 31 mai ou d'un 18 brumaire.

« Nous savons de bonne part, ajoute-t-il, que le soir même de la première représentation, pendant qu'on jouait déjà le premier acte, l'administration était encore aux prises avec les autorités, et bien peu s'en est manqué que le rideau ne tombât, au beau milieu de la pièce, au nez du public, par ordre supérieur. »

On ne saurait se montrer très-sévère à l'égard d'un ouvrage né au milieu de pareilles circonstances; mais, quelle que soit la part faite à l'indulgence, il faut reconnaître que, suivant l'expression d'un journal, « les auteurs ont poussé la complaisance pour la censure jusqu'à la complicité. » (*Débats.*)

En effet, le mélodrame de MM. Victor Ducange et Anicet Bourgeois à propos de Charlotte de Corday est conçu dans le système, encore régnant en 1829, des romans

de Ducray-Duminil et des drames de Guilbert de Pixérécourt. C'est un mélange de scènes familières jusqu'à la trivialité, et de sentiments exaltés jusqu'à l'emphase, avec un
mépris égal pour la vraisemblance de l'invention et la vérité
de l'histoire.

XVII.

SEPT HEURES, mélodrame en trois actes, par MM. Vic-
TOR DUCANGE et ANICET BOURGEOIS, musique de
M. ALEXANDRE PICCINI, divertissement de M. CO-
RALY, etc., représenté pour la première fois, à Paris,
sur le théâtre de la Porte Saint-Martin, le 23 mars 1829.

PERSONNAGES :	*ACTEURS :*
M. d'Armans..............	M. MOESSARD.
Le comte de Senneville.........	M. DEFRESNE.
M. Renneval, magistrat........	M. THÉRIGNY.
Un agent supérieur, sous le nom de MARCEL...............	M. FRÉDÉRICK LEMAÎTRE.
Baudry, son secrétaire.........	M. JEMMA.
M. Dumont, } M. Vincent, } frères de d'Armans....	....
Bruno, paysan..............	M. SERRES.
Jean Perrin, garçon de ferme.....	M. PIERSON.
Pierrelet, autre paysan.	
Un Joueur de marionnettes.	
Lariolle, paillasse.	
Villageois, maréchaussée, peuple.	
Madame d'Armans...........	MADAME SIMON.
Mademoiselle d'Armans, sa fille....	MADAME ALLAN-DORVAL.
Marianne, gouvernante........	MADAME SAINT-AMAND.
Servantes, marchandes, villageoises, peuple.	
Danse, etc.	

La pièce est divisée en trois actes et huit tableaux.

Au lever du rideau, le théâtre représente un intérieur de

cuisine, avec une vaste cheminée et un escalier conduisant
aux appartements supérieurs. On est dans le château de
M. d'Armans, au milieu des préparatifs d'un grand dîner.
Tandis que les domestiques causent entre eux, *un indigent*,
personnage obligé dans ces sortes de compositions (voir la
Cœlina de Ducray-Duminil), accablé de fatigue, s'introduit dans la cuisine et s'assoit dans l'un des coins de la
cheminée. Bientôt les domestiques, qui ne s'étaient pas
d'abord aperçus de sa présence, le pressent de questions. Il
répond qu'il a froid, qu'il a faim, et qu'il désire parler à
M. d'Armans. Mme et Mlle d'Armans se présentent; M. d'Armans les suit, les domestiques se retirent, le mendiant ôte la
fausse barbe qui le déguisait : on reconnaît en lui M. de
Senneville, émigré. Tableau.

M. de Senneville est venu remplir en France une mission
pour la cause du malheur, mais il est arrivé trop tard : les
amis sur lesquels il comptait n'étaient plus..... Seul, dénoncé, poursuivi, sans guide, sans secours, il tente de re-
gagner la frontière..... Il refuse une hospitalité qui pourrait être mortelle pour *l'homme sensible* qui la lui offre.
Insistance de celui-ci : M. de Senneville reste au château.
— Entretien entre lui et Mlle d'Armans..... Charlotte confie
ses infortunes à l'ami de son père : elle allait s'unir à un
jeune avocat nommé Ferdinand, mais, hélas! quelques af-
faires de famille retardent la cérémonie. Un étranger vient
habiter ce village pour remplir les fonctions d'agent supérieur de la Convention. Il professait la médecine, il était de
l'Helvétie..... Il s'éprend d'une folle passion pour Charlotte
et d'une jalousie furieuse contre Ferdinand..... Le jour où
l'hymen allait être célébré (autre souvenir de *Cœlina* et
d'*Isoline*), le médecin suisse (on a facilement reconnu qu'il
n'est autre que Marat) fait arrêter le fiancé de Charlotte.....

p

Il le condamne à mort..... Il est tout à la fois son juge et son bourreau. Il y a un an, jour pour jour, que mademoiselle d'Armans pleure la mort de son fiancé.

Les scènes suivantes représentent le festin de famille qui avait été préparé. — Le maire de la commune, M. Renneval, y prend part; mais au milieu du repas, il est prévenu par un messager que l'Agent supérieur arrive. C'est Marcel (Marat) qui a été informé par Bruno, le *traître* de la pièce, de la présence d'un personnage suspect dans la maison de M. d'Armans. Il se présente à la tête d'une colonne de troupes; mais, pour déguiser ses desseins, il force le village à célébrer une fête. — Danse. — Une foire de village. — Un Savoyard et sa femme exécutent un pas de leur pays. — Des baraques de polichinelles sont dressées devant le château. — Pendant ce temps, des soldats cernent le bourg de tous côtés. Marcel va opérer une perquisition chez M. d'Armans; mais Perrin, le *contre-traître*, le *niais* traditionnel, chargé de déjouer les menées de Bruno, fait évader M. de Senneville en le plaçant dans la baraque de Polichinelle. Bruno lui-même aide à rouler cette baraque qui obstruait le passage, et M. de Senneville se trouve sauvé de la main même de celui qui voulait sa perte!

ACTE II. — La scène capitale est celle ou Mlle d'Armans et Marcel se trouvent face à face. — Mlle d'Armans sait que M. de Senneville, quoique échappé du château, n'a pu gagner la campagne; elle se résigne à demander une audience à Marcel, pour faire suspendre la perquisition jusqu'à ce qu'un signal convenu lui ait appris que M. de Senneville est hors de danger. — Elle s'humilie, en apparence du moins, devant lui. — Marcel triomphe : « Tu m'écoutes donc, » enfin? — Sais-tu que ta conquête est l'unique plaisir » que l'amour m'ait donné; — tes dédains ont porté mes

» désirs jusqu'au transport..... Combien veux-tu de grâces?
» Parle..... Je condamne et j'absous!..... Tant de femmes
» sont venues à mes genoux solliciter des grâces et ne les
» ont pas obtenues..... Je t'en accorde, à toi, pour un ins-
» tant de bonheur [1]. » Mlle d'Armans se jette à ses pieds.....
La cloche du couvre-feu se fait entendre : c'est le signal
convenu..... — Mlle d'Armans se relève alors et brave
Marcel..... lorsqu'on entend des coups de feu..... M. de
Senneville seul est parvenu à s'échapper, M. d'Armans est
arrêté.

Au tableau suivant, le proconsul a fait venir un tribunal (*sic*) pour juger M. d'Armans..... L'ex-noble est condamné!..... Sa fille demande alors sa grâce à Marcel; mais
celui-ci, trompé une première fois, craint de l'être une seconde, et veut assurer sa conquête et sa vengeance. Il
remet à Mlle d'Armans un billet portant sursis à l'exécution,
et il ajoute ces paroles significatives : « Cette nuit même
» tu viendras chercher la grâce de ton père. »

Acte III. — Le troisième acte nous paraît purement et
simplement inintelligible. — En effet, Charlotte de Corday
se rend dans la chambre de Marcel à l'heure indiquée,
c'est-à-dire la nuit. — Elle vient acquitter le prix mis à la
grâce définitive de M. d'Armans, et exige que cette grâce
soit écrite et signée; puis, cela fait, et au moment où Marcel
éteint les lumières de sa chambre à coucher, elle le frappe
d'un grand coup de poignard et se laisse arrêter. On se demande — et il nous est impossible de comprendre — comment Mlle d'Armans, qui se sacrifie pour obtenir la grâce de
son père, anéantit à l'instant même le résultat qu'elle avait

---

[1] Cette scène rappelle celle de la tente dans la *Judith moderne*
(v. ci-dess., p. ccix); mais Marat, déguisé en Holopherne, se montre
plus moral et plus galant que sous les traits de Marcel.

obtenu. Quelque complaisance qu'on suppose au spectateur, quelque licence que l'on accorde à l'auteur, l'absurde a une limite qui nous paraît avoir été ici dépassée. Avant de donner la mort à Marcel, Mlle d'Armans devait s'assurer que la grâce octroyée avait reçu son effet, et que le condamné était en liberté et en sûreté; — mais assassiner Marcel avant que M. d'Armans eût la vie sauve, c'était évidemment envoyer celui-ci au supplice : dès lors, il était bien inutile de demander sa grâce. Les énormités du dramaturge n'ont donc même pas la logique de leur invraisemblance.

La pièce se termine par un tableau qui lui a donné son nom. Il est *sept heures*, les grilles de la Conciergerie s'ouvrent, et Charlotte Corday marche à l'échafaud. — Trois mots et autant d'erreurs qu'il serait puéril de relever dans une pièce qui n'est qu'un long mensonge et un défi à la vérité historique.

Ce drame, si informe qu'il soit, eut un grand retentissement; il donna lieu aux appréciations les plus diverses, les plus contradictoires. On peut en juger par les comptes rendus que tous les grands journaux consacrèrent à la première représentation, et dont voici le tableau et l'analyse sommaires.

Le *Constitutionnel*, sous la date du 30 mars 1829 et la rubrique *Nouvelles des Théâtres*, dit :

« Les auteurs du mélodrame intitulé *Sept heures* se défendent du projet qu'on leur prête d'avoir voulu ressusciter Marat et Charlotte Corday. En effet, ce serait une étrange idée que celle de donner à *l'héroïque Furie du Calvados* [1] un autre

---

[1] Ce passage de l'article du *Constitutionnel* inspira à M. Frédéric Vaultier une sorte de protestation qu'il a consignée dans une des notes précieuses appartenant aujourd'hui à M. Léon de la Sicotière. Voici

véhicule que le puissant, que le terrible amour du pays, et calomnier un homme tel que Marat serait une entreprise plus étrange encore. Tout ce que MM. Ducange et Bourgeois ont voulu, c'est montrer l'empire de la volonté sur des répugnances qui sont invincibles; c'est prouver que, malgré la faiblesse et la compassion si naturelles aux femmes, un caractère énergique peut les rendre capables d'actes qui exigent un cœur d'acier et un bras de fer. Cette leçon est développée avec art par les auteurs et répétée avec talent par madame Dorval. Mais pourquoi déshonorer une conception neuve et hardie par un de ces tableaux

> que l'art judicieux
> Doit offrir à l'oreille et reculer des yeux. »

Ainsi les auteurs allaient jusqu'à nier qu'ils eussent voulu représenter Charlotte de Corday et Marat, jusqu'à prétendre qu'ils n'avaient entendu faire qu'une étude philosophique sur le cœur humain et le caractère des femmes !

Le *Corsaire*, n° du 30 mars 1829, va nous expliquer la nécessité de ces dénégations, et en même temps l'inutilité des réticences imposées par la censure. Il débute ainsi :

« Après le drame RÉPUBLICAIN de *Sept heures*, la Porte-Saint-Martin nous donnera *la Morte du faubourg Marceau* (*sic*). Cependant le succès de la pièce de MM. Anicet Bour-

cette note, qui n'a pas été reproduite dans la publication des *Souvenirs* de M. F. Vaultier, faite en 1858 par Georges Mancel :

« Charlotte Corday qualifiée ridiculement l'*héroïque Furie du Calvados* dans un numéro du *Constitutionnel*, Paris, 1829, à l'occasion du mélodrame de SEPT HEURES.

» Rien dans Charlotte Corday ne ressemble à une furie. Son action fut conçue et exécutée avec un égal sang-froid. Elle se laissa arrêter sans se défendre, sans s'irriter, sans montrer le plus léger trouble. Le sacrifice de sa vie était si bien résolu, qu'elle ne paraissait pas le sentir.

» Les lettres écrites de sa prison n'expriment ni regret, ni haine, ni colère. La satisfaction d'un grand succès obtenu y couvre toute autre impression. Sa liberté d'esprit y est complète et va presque jusqu'à l'enjouement. »

geois et Ducange est loin de faiblir, car tous les amateurs
d'émotions fortes, depuis la porte Antoine jusqu'au faubourg
Denis voudront admirer le très-dramatique scélérat fieffé
Mar...cel. »

Puis dans le n° du 1ᵉʳ avril du même journal, paraît un
second article, intitulé :

THÉATRE DE LA PORTE-SAINT-MARTIN.

CHARLOTTE CORDAY.

« La salle ne peut contenir la foule qui se précipite tous les
soirs devant les bureaux de la Porte-Saint-Martin pour voir
Charlotte Corday sous les traits de madame Dorval, aujour-
d'hui une des bonnes actrices du boulevard, etc., etc. »

Tel est le résultat auquel aboutissaient toutes les précautions de la police, tous les déguisements qu'elle avait impo-
sés aux auteurs.

Aussi le *Courrier des Théâtres* disait-il, dans l'article fort
étendu qu'il consacrait à la pièce (25 mars 1829) :

« Tout le monde a incontestablement reconnu les personnages de l'époque choisie dans ce dessein. »

Mais il ajoutait :

« Le procès du père de la jeune Dermans (*sic*) offre également une partie de l'intérêt éternel qui s'attache à la plus
désastreuse des condamnations. Le dévouement de l'avocat
Renneval rappelle complétement celui d'un homme dont le
nom est immortel et qui expia de son sang une vertu si
héroïque. »

En sorte que le même drame, que les uns représentaient
comme républicain, rappelait pour les autres des souvenirs

royalistes, le dévouement de M. de Malesherbes et le 21 janvier. Il faut dire qu'à cette époque on était plus avide d'allusions politiques que de vérité archéologique, car le *Courrier des Théâtres* termine son compte rendu en déclarant que la mort du principal personnage *est aussi historique* que possible, et le tableau final d'un magnifique effet.

Toutefois, le sentiment de la véritable critique commençait à s'éveiller.

Le *Courrier français*, n° du 26 mars, article de Moreau, proteste contre la falsification des faits, qui ont été arrangés, selon lui, « de manière à satisfaire beaucoup trop la *Gazette de France* et la *Quotidienne*. Les jeunes gens prendraient, en écoutant le drame de MM. Ducange et Anicet, une bien fausse idée de l'époque que ces messieurs ont voulu peindre. Rien ne ressemble moins à Marat et à Charlotte Corday que les deux personnages représentés par Frédérick et Mme Dorval. »

Le *Journal des Débats*, n° du 26 mars 1829, persifle d'abord la censure, qui se charge de faire respecter les grandes notabilités révolutionnaires et prend sous sa protection Marat et sa mémoire. Puis le rédacteur retombe sur MM. Ducange et A. Bourgeois, « qui ont voulu aussi donner leur soufflet à la raison et à l'histoire, en faisant Marat amoureux de Charlotte, conformément au vieux principe que le tyran doit toujours être épris de la victime. »

La critique la plus sérieuse, l'article le plus remarquable, nous paraissent se trouver dans le *Figaro*, n° du 25 mars 1829.

« Dieu nous garde de dire tout ce qu'il y a d'indulgence au fond de notre âme pour la résolution hardie d'une jeune fille qui va poignarder un tyran, et qui, sûre de son bras, sûre de périr sur l'échafaud, ne voit que du patriotisme dans cet assassinat. Si ce trait héroïque fait vibrer une corde puissante au fond de notre être, s'il nous transporte en imagination dans ces vieux et nobles temps de la république romaine, s'il réveille en nous un sentiment de grandeur, toujours est-il qu'en faire l'apologie, c'est marcher sur des charbons ardents, et que l'admiration pour l'héroïne doit être un mystère de notre pensée. Nous ne pouvons que lui vouer un culte du fond de notre conscience. Nous pouvons croire que Charlotte Corday fit bien, nous ne pouvons le dire... En prononçant contre Sand, on a prononcé contre Charlotte Corday; notre joie de voir périr Marat aurait l'air d'un ricochet pour Kotzebue. Dieu nous en garde. La condamnation de l'*Album* [1] *national* ferme la bouche du *Figaro*. »

Après avoir signalé les interminables longueurs du drame de MM. Ducange et A. Bourgeois et le vice du dénoûment du drame, l'article continue ainsi :

« Auteurs, pourquoi sortir de la vérité? Le cadavre d'un amant vous semble-t-il plus pathétique que les angoisses de la patrie? Héroïne patriote, et non pas vierge chagrine, frappant comme Horatius Coclès et se dévouant comme Decius, n'est-elle pas plus belle, plus sublime, plus théâtrale? Pourquoi gêner une action si libre? Pourquoi des périls si pénibles qui ne servent qu'à énerver l'histoire, qu'à faire une miniature d'un fait gigantesque, qu'une pièce intriguée d'un événement dont toute la grandeur est dans sa simplicité?

» Et Marat, n'était-il donc qu'un *Don Miguel,* qu'une espèce de Papavoine en monomanie? Où est dans ce drame l'homme qui tuait par catégories avec une si affreuse bonne foi? qui faisait de la liberté systématiquement avec la guillotine?... Marat s'imbut froidement d'un principe absolu et en

---

[1] Nous n'avons pu trouver dans la collection de l'*Album* la trace de cette condamnation, et à cette époque la *Gazette des Tribunaux* n'existait pas encore. Le *Courrier Français* fut condamné en 1868 pour avoir fait l'apologie d'un acte reputé crime par la loi, en justifiant l'assassinat de Kotzebue par Sand. (V. *le Droit* des 27 juin et 18 juillet 1868.)

tira intrépidement les conséquences. Il s'éleva jusqu'à Satan, mais il ne tomba jamais au-dessous de Caligula. Et de ce républicain farouche on en fait un chauffeur amoureux! De ce géant, un nain! D'une célébrité qui fait frémir, un obscur scélérat! Si vos pinceaux trop maniérés ne peuvent retracer les grandes effigies, pourquoi y attenter? »

Ces lignes étaient déjà bien hardies! Chacun de ces mots était brûlant! Mais ce qui fit éclater l'orage, ce fut le nom de Don Miguel qui était prononcé. Il faut rappeler qu'à ce moment le Portugal était en proie à la guerre civile; les deux frères luttaient moins pour le trône que pour le principe de gouvernement. La *Quotidienne* s'était prononcée avec violence en faveur du parti absolutiste. Les attaques dirigées contre Don Miguel la mettaient dans une véritable fureur.

C'est ce qui donna lieu à l'article suivant, imprimé en gros caractères, avec un titre à sensation :

« MARAT ET LA PHILANTHROPIE LIBÉRALE.

» Vous allez juger si nos hommes de liberté et de démocratie sont conséquents dans leur conduite. Il y a quatre jours, vous les avez vus pâles, tristes, éplorés, couverts de crêpes funèbres et psalmodiant de longues plaintes à propos d'un roi qui laissait faire justice dans ses États. Cette tristesse hypocrite était accompagnée de lâches dénonciations contre nous, contre notre caractère d'hommes, contre notre dignité d'écrivains [1]...

---

[1] La colère de la *Quotidienne* pouvait aussi avoir été allumée par un article du *Journal des Débats* du 22 mars 1829, qui, après avoir raconté l'exécution des sept condamnés de l'affaire Freire, d'Oporto, et avoir accusé Don Miguel d'être allé se repaître de la vue des têtes coupées et exposées pendant trois jours, ajoutait : « Ce prince, qui sait récompenser le mérite, a accordé dernièrement des croix de l'Ordre du Christ à quelques-uns des rédacteurs de *la Quotidienne*. » *Inde iræ.*

» Il fallait donc à ces gens-là un dédommagement de leurs larmes hypocrites... Un instant, le ministère fut embarrassé pour savoir ce qu'on leur donnerait : argent, honneurs, dignités, pouvoir, jusqu'aux petites familiarités domestiques qui mettent un journal au niveau d'un lévrier... Heureusement qu'on trouva encore un délicieux cadeau : ce cadeau précieux, c'est *Marat !*

» A ce beau nom de Marat, la foule se précipite; on va donc le revoir ! Voilà donc la Révolution française reconquise, on va donc applaudir de nouveau à ses sans-culottes, à ses faubourgs, à ses hordes sanglantes. Approchez-vous, citoyens, la tribune est dressée, les tables civiques sont dressées, l'échafaud est dressé; arrivez, formez-vous en rond, chantez la *Carmagnole*, chantez les refrains patriotiques, embrassez-vous, Marat paraît !

» Et tous ces hommes qui la veille s'apitoyaient sur des crimes imaginaires, tous ces citoyens paisibles qui versaient d'abondantes larmes sur les atrocités qu'on leur racontait pour les divertir, ils arrivaient à la Porte-Saint-Martin, et ils reconnaissaient Marat, et ils disaient presque avec un sourire : « Voilà le grand Marat ! »

» Et ces crimes de la Terreur, dont ils savaient la vérité..., ils les contemplaient sans larmes, sans effroi, sans pitié; de toutes les larmes abondantes qu'ils versaient sur la prétendue tyrannie du Portugal, ils n'en ont pas conservé une seule pour les malheurs réels de la France; dans tout cela, ils ne voient que Marat et sa grande âme...

» Vous comprenez donc combien d'atroce hypocrisie recouvre toutes ces déclamations et quelle croyance on doit y ajouter : hier, ils calculaient les tortures des rebelles portugais, ils comptaient les coups de hache qu'ils avaient reçus, les gouttes de sang qu'ils avaient répandues, ils analysaient, ils commentaient, ils augmentaient surtout cet horrible calcul;... aujourd'hui, vis-à-vis de Marat, ils affaiblissent ses crimes, ils diminuent le nombre des victimes, ils protégent le héros de leur zèle, ils en font un être à part...

» Ils ajoutent à leur plaidoyer : Ce n'est pas là Marat; le grand Marat n'a jamais été amoureux; Marat était poussé par un instinct de liberté, c'est une espèce d'implacable destin qui a pesé sur la France...

» Trop heureux qu'ils n'aillent pas encore une fois arracher sainte Geneviève de son sanctuaire pour y placer ce grand Dieu de 93 ! »

Puis après être revenu sur le contraste que présentent des hommes qui pleurent des crimes de leur création (c'est-à-dire les exécutions du Portugal), et regardent d'un œil sec le plus étrange fanfaron de meurtre qui ait épouvanté le monde, l'auteur s'écrie en terminant :

« N'est-ce pas l'histoire de ce fougueux Diderot qui pleurait à un conte qu'il se faisait à lui-même, et ces gens-là ne pourraient-ils pas s'écrier comme lui : O mes amis, Robes-pierre, Danton et Marat sont trois grands drames! » J. J. (*Quotidienne* du 26 mars 1829 [1].)

La politique avait donc fait invasion dans le domaine du théâtre. Marat reconnu sous le masque de Marcel était comparé par les uns à Don Miguel, par les autres à Satan en personne. Le drame de *Sept heures* était devenu un champ de bataille où tous les partis se rencontraient. Tels étaient les entraînements de la politique d'alors. Mais revenons au point de vue littéraire, et terminons par une citation empruntée à une revue rédigée par des hommes compétents, appartenant plutôt à la nouvelle école qu'à l'an-cienne [2]. Le *Mercure de France,* au dix-neuvième siècle,

---

[1] La *Gazette de France* resta muette sur le mélodrame de la Porte-Saint-Martin. Plus tard seulement, en 1831, à propos de la pièce des Français, elle dit rétroactivement : « Peut-être a-t-on fait sur Char-lotte Corday tout ce qu'il était possible de faire dans le mélodrame de *Sept heures,* joué il y a deux ans à la Porte-Saint-Martin, avec les développements, les effets et les émotions qui appartiennent à ce genre de théâtre. » (Numéro du 26 avril 1831.)

[2] *Mercure du dix-neuvième siècle,* in-8°, par MM. Artaud, Bert,

après un examen sérieux de la pièce, arrive à cette conclusion sur le drame de *Sept heures* (t. XXIV, p. 616) :

« En dépit d'une foule de justes critiques, ce drame est construit de manière à vivre longtemps au boulevard et à faire époque...

» Il y a dans cette pièce des éléments de force et des inspirations tout à fait dignes de Shakespeare. Telle est la scène où Charlotte Corday quitte l'écharpe noire qu'elle porte depuis la mort de son amant et s'arme pour aller au rendez-vous que Marat lui a fixé : « Je suis pâle! » s'écrie-t-elle devant son miroir; puis elle ajoute avec joie : « Tant mieux, il croira » que j'ai peur! »

» Le jeu admirable de madame Dorval dans ce rôle dont la création atteste le talent; le masque de Frédérick, qui reproduit les traits, la physionomie de Marat, non de l'homme politique à la tribune de la Convention, mais de l'homme souffrant et exténué qui lutte contre la maladie qui le consume, quelques scènes d'un effet terrible, une foule de mots énergiques et des décors magnifiques font de cette représentation un événement. Il y a des traits gravés à l'eau-forte : ils révèlent un talent qui peut buriner d'une main ferme des créations dignes des théories de l'école moderne; le style est d'une grande simplicité. Ce progrès, car c'en est un, annonce l'époque très-prochaine où le faux goût si reproché au boulevard, le goût déclamatoire, cessera de tenir la place de la vigueur et de l'énergie sur nos théâtres populaires. »

Des inspirations dignes de Shakespeare!

Le style d'une grande simplicité!!

Et ces appréciations ne sont pas isolées. Le *Corsaire*, dont le compte rendu est remarquable au point de vue historique, ne craint pas de féliciter MM. V. Ducange et A. Bourgeois « du respect de l'art dont ils ont fait preuve

Berville, Félix Bodin, Dulaure, Em. Dupaty, Léon Tiessé, Tissot, Sénancourt et autres.

à un degré *éminent*, de la scène *éminemment shakespea-rienne*, de la toilette, de la bénédiction maternelle, etc.

Nous avons vu au dix-huitième siècle (1769) Grimm identifier Shakespeare et Sedaine. (V. ci-dessus p. LII, n° 2.)

Vingt ans plus tard, en 1789, Grétry fait de Sedaine le continuateur de Shakespeare. (*Essais sur la musique,* vol. III, liv. XVII.

Au dix-neuvième, en 1829, on blasphémait encore ce grand nom en l'associant avec celui d'obscurs dramaturges. Telle est parfois la lenteur du progrès!

Le jeu des acteurs est le point sur lequel les critiques sont unanimes. Frédérick et madame Dorval, déjà connus mais encore à leurs débuts, jetèrent dans cette pièce les fondements de la grande réputation qu'ils ont acquise au théâtre.

« Frédérick, disent les *Débats*, a bien compris le rôle de Marat. Il lui a donné un caractère de scélératesse sombre et farouche qui rendrait Charlotte excusable aux yeux de quiconque n'oserait pas l'admirer. Ce personnage de Charlotte n'a pas cessé d'exciter pendant tout le cours de la représentation les plus vifs applaudissements. Madame Dorval n'a pas seulement attendri le public par cette expression déchirante qui l'a tant de fois ému. Sans tomber dans l'exagération, elle a fait preuve d'une énergie qu'on ne lui connaissait pas encore. C'est à elle surtout que doit revenir le succès qu'a obtenu et qu'obtiendra la pièce. Son talent ennoblit le genre auquel il est consacré; il honore le théâtre dont plus que tout autre il doit assurer l'existence et la fortune. »

M. Jules Janin écrira plus tard, à propos de la création du rôle de Charlotte de Corday par madame Rose Chéri : « Elle n'a pas vu madame Dorval, j'en suis sûr, dans un mélodrame intitulé *Sept heures*. Elle n'a pas vu ce geste énergique, cette menace vivante, cet éclair, cet orgueil, cette femme vraiment terrible. »

Enfin, il n'est pas jusqu'au *Courrier des Théâtres* qui, malgré ses rigueurs intéressées, ne se joigne à ce concert d'admiration et n'accorde une part dans le succès au vertueux Moëssard.

« Tout ce qu'on peut dire de bien d'acteurs à talent, on le doit à Frédérick, à Moëssard, à madame Dorval... Frédérick est l'homme vivant qu'il a voulu reproduire, et cela sans que le goût y soit sacrifié à la sévérité historique... Madame Dorval est également son personnage. Une tête charmante en même temps que méditative, un costume des mieux imaginés, et toujours un profond sentiment des situations, voilà ce que nous offre cette étonnante actrice... La vertu, l'honneur, respirent sur le visage que s'est fait Moëssard; on croit voir ce qu'il veut être. C'est déchirant! »

Charles Maurice attendri, c'était en effet un triomphe précieux, s'il ne fut pas trop chèrement payé.

Le mélodrame de *Sept heures* tint l'affiche de la Porte-Saint-Martin pendant deux mois consécutifs. Il ne céda la place qu'à *Marino Faliero*. Il fit ensuite le tour de la province et de l'Europe. (V. *infrà*, p. CCLV.)

La pièce imprimée eut deux éditions en 1829 [1], et une troisième en 1839 [2]. Bien plus, l'œuvre de MM. Ducange et A. Bourgeois eut les honneurs d'une traduction allemande, en 1832. Ce sera l'objet de l'article suivant.

[1] Paris, Bezou, in-8° de 90 pages. La deuxième édition diffère de la première en ce que le troisième acte est divisé en huit tableaux au lieu de sept.

[2] Paris, Barba et Delloye. Cette reproduction est comprise dans *la France dramatique au dix-neuvième siècle*.

XVIII.

CHARLOTTE CORDAY, *oder* Marat's Tod. *Dramatisches Gemœlde aus der franzœsischen Revolution
in 5 Abtheilungen,* nach Victor Ducange, frei bear-
beitet von Ludwig Meyer, etc. — CHARLOTTE
CORDAY *ou* la Mort de Marat. *Tableaux dramatiques de la Révolution française, en cinq parties,*
librement arrangés d'après Victor Ducange par Ludwig
Meyer, actuellement membre du théâtre de ville à
Leipzig. Donnés pour la première fois, le 25 février 1830,
sur le théâtre de ville d'Aix-la-Chapelle; et ensuite représentés à Berlin, Baden, Cologne, Dusseldorf, Leipzig, Francfort, Magdebourg, Kœnigsberg, etc. Leipzig, 1833, chez Otto Wigand.

A en croire le titre, l'auteur allemand aurait remanié
librement l'œuvre de Victor Ducange. Malheureusement, il
n'en est rien, et ses prétendus arrangements se réduisent à
quelques modifications insignifiantes pour le fond du drame.
Ainsi les noms de convention exigés par la susceptibilité de
la censure française ont été remplacés par les noms vrais.
M. d'Armans est appelé M. de Corday d'Armans, sa fille,
Charlotte, et Marcel redevient Marat, Député envoyé en
mission. — La scène se passe près de Paris. — La pièce
est divisée en cinq actes au lieu de trois, et le dernier tableau, la marche de Charlotte à l'échafaud, est supprimé. —
Du reste, mêmes énormités, mêmes contre-sens historiques,
même faiblesse de style et de pensée. La pièce paraît ce-

pendant avoir eu du succès, puisqu'elle a été jouée sur les principales scènes de l'Allemagne. Mais ce succès s'explique aisément : on voyait là avant tout des tableaux de la Révolution française, et sans regarder s'ils s'appliquaient exactement à l'épisode du 13 juillet 1793, il suffisait pour que le public s'y intéressât qu'ils fussent tirés de la dramatique époque de la Terreur. Il est à regretter que Ludwig Meyer ne se soit pas davantage émancipé des traditions de V. Ducange, et qu'il se soit borné à une imitation servile au lieu de la libre interprétation qu'il avait promise.

XIX.

CHARLOTTE CORDAY, *drame en cinq actes et en prose* de Regnier Destourbet [1]. — Paris, Dumont et Barba, 1831, in-8°.

PERSONNAGES :	*ACTEURS :*
Marat, houppelande dont les revers sont doublés de poil, pantalon de peau, bottes molles à la hussarde, une casquette. . . .	Beauvalet.
Corday, père de Charlotte, vêtu de noir, culotte et bas de soie..	Saint-Aulaire.

[1] Hippolyte Regnier *d'Estourbet*, né à Langres en 1804, mort à Paris en 1832, a laissé plusieurs romans publiés sous le pseudonyme de l'abbé Tiberge, nom de l'ami de Desgrieux dans *Manon Lescaut*. Le plus piquant est intitulé *Louisa ou les Douleurs d'une fille de joie*, 1830, 2 vol. in-12; il ne manque ni de grâce ni de sensibilité. Il avait composé en outre des drames soi-disant historiques d'une assez mince valeur : 1° *les Septembriseurs*, scènes historiques, Paris, 1829, in-8°; c'est un recueil de dix drames dont le titre indique suffisamment le sujet : *la Mairie, l'Abbaye, les Carmes, la Salpétrière, Bicétre, un Souper chez Venua, la Mort de Marat, la Mort de Danton, la Mort de Robespierre*; 2° *Charlotte Corday*, Paris, 1831, in-8°; *les Girondins*, scènes historiques, 1832, in-8°. (Note de M. Léon de la Sicotière.)

Gorsas, ami de Corday. Même mise que le
   précédent.   Guiaud.
Adam de Lux [1], député, officier de la garde
   nationale. Au premier et au cinquième
   acte, *costume militaire;* au quatrième, *le
   hausse-col;* au second et au troisième, *habit
   de ville.* . . . .   Bouchet.
Antoine, vieux domestique de M. de Cor-
   day. Mise plus simple que celle de son   Samson.
   maître; habit gris. . . . .   Faure.
Un Commissaire de la Commune, écharpe,
   habit de ville.
Charlotte Corday, *longs cheveux tombant
   sur les épaules.* Au quatrième acte, *un
   chapeau de paille;* au cinquième, *le bonnet.* Brocard.
La Marquise, maîtresse de Marat. . . . . .   Mante,
Henriette Gorsas, amie de Charlotte. . . .   Anaïs.
Gardes nationaux et hussards.
Hommes et femmes en habit de bal.

La scène se passe à Paris.

Acte Ier. — La scène s'ouvre à Paris, dans le salon de
Gorsas, qui donne une fête patriotique en l'honneur du général Dumouriez. La salle est décorée de fleurs, de tro-
phées avec des inscriptions à la gloire du vainqueur de
Valmy et de Jemmapes. Il y a bal; l'orchestre exécute
une *contredanse du temps.*

Gorsas est l'ami de M. de Corday d'Armans; Henriette, sa
fille, est la camarade d'enfance de Charlotte. Adam de Lux,
député à la Convention et officier de la garde nationale (!),
est au nombre des invités. Il est épris de Charlotte, mais
celle-ci *est folle* (*sic*) du général Dumouriez. Marat se pré-

---

[1] Mezeray parle, sous la date de juin 1602, de Edme Malain, Baron
de Lux, Lieutenant au gouvernement de Bourgogne. (V. *Abrégé chronologique,* t. III, p. 441.) Mais rien n'indique qu'Adam Lux se ratta-
chât à cette famille. Son acte de baptême que nous avons sous les
yeux semble attester que ses parents appartenaient à la bourgeoisie
et non à la noblesse. Ils demeuraient à Obernbourg (Électorat de
Mayence), où naquit Jean-Adam Lux le 27 décembre 1765.

sente *en casquette* pour demander compte au général d'un acte de despotisme. C'est la scène qui eut lieu réellement chez Talma [1]. Marat insulte M. de Corday. Charlotte se précipite sur l'épée d'Adam Lux pour défendre son père. Gorsas finit par mettre Marat à la porte.

Le second acte se passe à Caen, où M. de Corday est retourné avec sa fille. Lux fait le voyage pour lui demander la main de Charlotte. M. de Corday l'accueille avec faveur, et agrée « sa recherche, qui, dit-il, ne peut être qu'infiniment honorable pour sa fille et pour lui. » Il lui ouvre sa maison, l'invite à venir même en son absence, et l'autorise en un mot à se présenter auprès de Charlotte comme un prétendant accepté.

De Lux profite de la permission qui lui est donnée pour voir Mlle de Corday ; mais auprès d'elle il semble oublier ses projets de mariage pour ne songer qu'à la politique, à la lutte engagée entre la Montagne et la Gironde, et à l'influence fatale de Marat. Charlotte, restée seule, s'étonne de la popularité d'un tel homme « qui n'échappe au ridicule que par l'horreur ». Tout à coup elle entend un chant plaintif sous sa fenêtre : c'est une jeune fille vêtue du costume de la Savoie, une guitare au bras (*sic*). La malheureuse! elle n'a pas mangé depuis vingt-quatre heures! elle implore du secours. Charlotte la fait entrer. C'est Henriette, qui tombe dans ses bras.

Son père a été dénoncé par Marat, sa tête est mise à prix ; il a dû fuir Paris et venir chercher un asile auprès de son ami. Il est resté caché dans un village voisin de Caen. De Lux (*sic*) s'informe de l'état de la capitale ; il apprend

---

[1] V. le récit de cette scène présenté par Marat à la Société des Jacobins. *Journal des Débats de la Société* du 19 octobre 1792, n° 285, et *Mémoires* de Buzot, p. 53, édition Guadet.

par Henriette qu'au moment où elle est partie toutes les maisons étaient pleines de soldats et qu'on était dans l'attente d'un grand événement.

Charlotte, qui commençait à aimer de Lux comme son fiancé, lui déclare qu'il ne peut plus rester auprès d'elle, que son poste est à Paris..... De Lux part. Charlotte *renonce à lui* pour ne plus songer qu'aux dangers de ses parents, de ses amis, et se consacrer à leur défense.

Au troisième acte, Gorsas est venu chercher un asile chez M. de Corday.

Il lit à haute voix, devant Henriette sa fille et devant Charlotte, un livre où se trouve ce passage :

« C'est une réflexion philosophique et religieuse que pour châtier les tyrans, Dieu presque toujours emploie le bras d'une femme, comme s'il voulait laisser deviner dans la faiblesse de l'instrument la force de celui qui l'emploie. Judith dans le camp d'Holopherne a délivré les Juifs assiégés; Lucrèce, en se frappant d'un poignard, a délivré la république romaine; Jeanne d'Arc, en mourant sur un bûcher, a chassé les Anglais de notre pays. »

Ces lectures, les imprécations contre Marat qui les accompagnent, fortifient la résolution naissante de Charlotte : comme Judith et Jeanne d'Arc, elle se dévouera pour son pays.

Bientôt Barbaroux, Lanjuinais, et un troisième Girondin qui n'est pas nommé, viennent rejoindre Gorsas à Caen. Lux, de son côté, écrit à M. de Corday pour lui donner des détails sur la journée du 2 juin. L'irritation contre Marat, le dieu de la Montagne, est à son comble.

Charlotte ne balance plus. Elle fait retenir une place à la diligence et part pour Paris.

Le quatrième acte montre l'intérieur de Marat. Simonne

Évrard est remplacée par une marquise qui feint d'être une patriote, et sous ce masque habite chez Marat. Elle lui sert de compagne et se livre avec lui à des entretiens philosophiques. — Charlotte arrive; elle demande une entrevue seule à seule avec l'Ami du Peuple, et elle le frappe d'un coup mortel. On va chercher la garde. — Adam de Lux, qui commande le poste, accourt pour arrêter l'assassin; — mais, ô surprise! il se trouve en face de Mlle de Corday!

Charlotte est interrogée sur place, et les réponses que l'auteur a placées dans sa bouche sont celles qu'elle fit devant le Tribunal Révolutionnaire.

Le cinquième acte se passe dans la prison. Un commissaire de la Commune de Paris notifie à Charlotte de Corday l'arrêt (*sic*) du Tribunal Révolutionnaire.

Elle demande à voir M. de Lux.

Il vient lui annoncer qu'il est décidé à la délivrer. Des hommes courageux ont juré de mourir pour elle et de la soustraire au supplice.

Charlotte lui tend la main et refuse tout en le remerciant.

« Dieu me jugera, dit-elle, mais les dieux doivent me punir, car j'ai sauvé mon pays par un meurtre, et le meurtre, quel qu'en soit le but, est un crime que la société doit venger. Il faut d'abord que mon sang coule sur l'échafaud, c'est un sacrifice que demande la liberté. Ainsi, Monsieur, je vous défends de chercher à me sauver. »

Le père de Charlotte parvient à pénétrer dans la Conciergerie. La lettre que Charlotte lui écrivit est mise en dialogue.

Le bourreau se présente: Charlotte consent bien à marcher à la mort, mais elle ne veut pas qu'on l'attache. Le commissaire insiste, parce qu'il sait qu'il y a un complot formé pour enlever la condamnée. Celle-ci se débat.

Lux veut alors défendre sa fiancée ou mourir avec elle. Il demande qu'au lieu de dresser l'échafaud on lui élève des statues. On l'arrête. — La toile tombe.

Les invraisemblances choquantes qui déshonorent cette pièce ne sont pas susceptibles de commentaires. L'auteur a prêté à ses personnages le caractère, les mœurs, le langage de la société parisienne pendant les premières années de la monarchie de Juillet.

Gorsas, ami de M. de Corday, Lux, député de Mayence, devenu M. de Lux, officier de la garde nationale et membre de la Convention, le mouvement du Calvados supprimé, et Charlotte de Corday agissant sans cause et sans but!!

Les vulgarités accessoires de l'invention et la faiblesse du style [1] rendent ce drame à peine supportable à la lecture, et cependant il a été représenté sur cette même scène où, vingt ans plus tard, devait être jouée la belle tragédie de Ponsard, sur le Théâtre-Français!

Feuilleton du *Journal des Débats* du 25 avril 1831.

« Ce mélodrame est d'une si grande simplicité, il est conçu, écrit et joué dans un système tellement naïf, que je suis réduit, ne voulant pas m'en remettre à mon jugement personnel, à faire l'analyse complète de cette pièce, qui ne ressemble à

---

[1] Une simple citation dira si notre jugement est trop sévère. Acte III, scène II :

HENRIETTE. — Ah, ah! une lettre d'amoureux; je suis bien curieuse d'entendre ce qu'il dit.

M. DE CORDAY. — Ah! vous aimez les lettres d'amour, petite fille?

HENRIETTE. — Vous ne pouvez vous en faire une idée. Tenez, à la pension, nous jouions au mariage; si vous saviez les jolies lettres que j'écrivais à ma future! il y avait de ces demoiselles qui pleuraient en les lisant. Même un jour j'ai été privée de sortir, parce qu'une sous-maîtresse avait trouvé une de mes lettres qui était si bien, si bien, qu'elle a dit que c'était une horreur.

rien de ce que nous avons vu en fait de dédain pour les traditions, soit de l'histoire, soit du drame, soit du roman. »

Après avoir raconté la pièce, M. Jules Janin ajoutait :

« Voilà mot à mot le Marat du Théâtre-Français. A ce Marat, je préfère, même comme intérêt tragique, le *Légataire universel;* au moins celui-là sort de sa léthargie, et son réveil inquiète, déjoue des projets et met des fortunes en danger. Marat, dans tout le cours de la pièce, est parfaitement immobile et innocent; il ne gêne personne, il n'offense personne, il donne même une pension à une pauvre mère de famille dont les biens ont été confisqués. Marat est un bonhomme, qui souffre et qui se plaint, qui est mené comme un enfant par sa maîtresse, et dont le plus grand défaut est d'avoir un langage quelque peu emphatique et grossier. C'est un bon bourgeois mal élevé qui a lu une mauvaise traduction de Tacite et qui a la pierre, rien de plus.

» M. de Lux, et vraiment son caractère méritait mieux (Lux si beau dans l'histoire!), est un niais qui ne sait pas ce qu'il veut, qui n'ose rien, qui ne fera rien, et qui s'est figuré qu'il est amoureux.

» M. de Corday père est un honnête bourgeois qui s'évanouit quand il n'a plus rien à dire; facile moyen, comme nous le savons, de rendre une scène pathétique ou un plaidoyer éloquent.

» Et le Paris de la Montagne, où est-il? Se douterait-on dans cette pièce que l'infâme guillotine est en permanence dans les rues, que le Roi a été mis à mort, que la Vendée se soulève, que la guerre civile est flagrante, que la France est livrée aux tribunaux révolutionnaires, que Lyon succombe brûlé par le feu et noyé dans le sang, que la Terreur est là flagrante, brutale, le sourire à la bouche, foulant aux pieds le trône, l'autel, les tombeaux, tout ce qu'un pied de brigand peut fouler? En vérité, c'est pitié d'avoir tant d'innocence dans le cœur, tant de calme dans la tête, tant de sang-froid dans l'expression, et de faire un drame de MARAT!

» ... Beauvalet, forcé de faire un moribond et de mourir à petit feu, perdra tout le charme de son tocsin guttural.

» Mademoiselle Brocard, si jolie, si désireuse de bien faire, si à l'aise quand elle se trouve dans une passion humaine et qu'elle joue un rôle de femme, reculera d'effroi devant ce rôle républicain de Charlotte Corday; elle ne concevra pas cet amour antique, ce fanatisme tout moderne; sa voix douce et flûtée ne saura pas prononcer ce mot de Liberté; sa main si blanche laissera tomber le poignard trop lourd pour son bras; c'en est fait en même temps de Charlotte Corday et de mademoiselle Brocard, et, en vérité, c'est dommage pour toutes deux. »

. . . .

Un seul passage de la pièce a trouvé grâce devant le critique, c'est celui-ci :

« Il y a cependant un très-beau mouvement et très-dramatique, et qui n'a pas été compris : c'est la manière dont Charlotte révèle son sublime projet. Son père est là qui parle : « Oh! si j'avais un fils! — CHARLOTTE. Si vous aviez un fils! mon père? — Il se battrait avec Marat! — Les lâches ne se battent pas, mon père! — Alors il le tuerait de son épée, » dit le père; et Charlotte, hors d'elle-même, embrasse son père. Cela est fort beau, cela révèle un avenir dramatique; mais, en vérité, pour cinq actes, c'est trop peu. » J. J.

Le *Constitutionnel*, n° du 25 avril 1831. — SPECTACLES. — Théâtre-Français. — Drame en cinq actes et en prose de M. Regnier Destourbet.

« La foule s'était portée hier à la Comédie française. Le nom de Charlotte Corday, glorieusement historique, et celui de Jean-Paul Marat, tristement célèbre, promettaient au spectateur une de ces distractions instructives dont il est avide et qui réveillera sa curiosité assoupie toutes les fois qu'une main habile saura mettre en jeu ce ressort des émotions énergiques et des sympathies nationales. Par malheur, M. Regnier Destourbet, qui s'était essayé dans le *Schœnbrünn* de la Porte-Saint-Martin, n'est pas encore maître dans cet art difficile; sa *Charlotte Corday* n'est qu'une véritable ébauche d'apprenti. »

Courrier français du 25 avril 1831.

« Charlotte Corday, née à Saint-Saturnin, en Normandie, de parents nobles, et, ce qui vaut le mieux, descendant en ligne directe du grand Corneille (d'après une *Généalogie de la famille de Corneille* publiée par M. Lepan), eut occasion de voir dans la ville qu'elle habitait les chefs du parti républicain qui avaient été obligés de quitter Paris après le 31 mai 1793...

» Nous ne reprocherons pas à l'auteur quelques anachronismes, quelques démentis à l'histoire; l'eût-il encore moins respectée, ces anachronismes fussent-ils plus nombreux, il aurait gagné sa cause si par l'habile enchaînement des scènes, une heureuse progression d'intérêt, un style animé, naturel, il avait su captiver l'attention des spectateurs. Mais rien n'est préparé ni motivé dans son drame. Les personnages entrent et sortent sans qu'on sache pourquoi.

» La plupart des actes sont vides d'action et remplis de détails oiseux, quand ils ne sont pas burlesques. » (Article Moreau.)

Le *Courrier des Théâtres* ne fait que reproduire en moins bons termes la critique des *Débats*, du *Constitutionnel* et du *Courrier français*. (N° du 25 avril 1831.)

Le National (feuilleton du 25 avril) « regrette l'exploitation faite par le théâtre de la Révolution de 89 et des formidables événements de 1793. Charlotte Corday ouvre la liste... Les Girondins, Danton, Robespierre, monteront successivement sur la scène comme des ombres tristes et sanglantes... Ces têtes arrivant ainsi une à une, offertes successivement au public, pourront-elles être d'un grand secours pour l'amuser et le distraire?... Il faut que tout s'épure au creuset du temps, il faut que les hommes et les événements se dégagent en s'éloi-

gnant dans le passé de toutes les impuretés matérielles qu'on
voit trop quand on est trop près... »

On comprend, en effet, que certaines évocations des
mauvais jours de la Terreur pouvaient nuire à la politique
d'un journal qui défendait la République, dont le spectre
rouge a toujours été le plus grand ennemi.

La *Gazette de France*, au contraire, après un regret
donné au drame de *Sept heures*, faisait entrevoir, non
sans une certaine satisfaction secrète, la République se cachant derrière les drames révolutionnaires.....

« La Révolution de juillet a passé avec son lourd niveau
sur la littérature dramatique comme sur tout le reste; elle a
égalisé tous les genres, exagéré tous les moyens. Il n'y a plus
de théâtre!... il n'y en aura de longtemps; et qu'importe
alors que la Comédie française se transforme en Théâtre de la
République. » (Numéro du 26 avril.)

Enfin le *Mercure de France*, se dégageant des préoccupations de la politique, des espérances des uns, des regrets
des autres, publia un article judicieux auquel nous emprun-
tons quelques lignes élégantes.

« ... Quelle admirable figure que celle de la Judith française! Quel personnage que celui de Marat! M. Regnier a eu
le tort de nous retenir dans *l'intérieur* de Charlotte comme
dans celui de l'Ami du Peuple. Le spectateur s'attendait à être
transporté sur la place publique, dans la Convention, au Tribunal révolutionnaire, et surtout il lui fallait la grande machine de 93, la guillotine!... Tel n'a pas été le point de vue
de l'auteur : il était donc impossible que sa pièce ne fût pas un
malentendu de cinq actes entre le public et lui. » (*Mercure
de France au dix-neuvième siècle*, 1831, t. XXXIII, p. 232.)

Le succès fut vivement contesté. Le nom de l'auteur ne

fut prononcé qu'avec peine. La pièce passa cependant, grâce
sans doute au jeu des acteurs, et elle se soutint sur l'affiche
du 25 avril au 4 juin. Elle fut remplacée par le drame de
Camille Desmoulins. On a vu qu'elle avait été imprimée
et publiée chez Dumont et Barba.

XX.

CHARLOTTE CORDAY, *Tableaux dramatiques*, par
madame LOUISE COLET. — Paris, Berquet et Petion.
1842. 1 vol. in-8° [1].

Madame Louise Colet a *publié*, sans les faire jouer,
deux drames tirés des annales de la Révolution, l'un sur
Charlotte de Corday, l'autre sur madame Roland. Dans
une préface remarquable, elle présente modestement ces
drames comme de simples esquisses tentées à titre d'essai.

« La postérité, dit-elle, s'est faite vite sur les événements
de cette époque. La Révolution et l'Empire sont nos âges
homériques. Là se trouve notre poésie vraiment nationale :
épopées et drames jailliront dans l'avenir de ces deux sources
fécondes... »

Madame Louise Colet a joint l'exemple au précepte : elle
a puisé aux sources qu'elle indiquait, et elle a enrichi les
tableaux dramatiques qu'elle publiait de notes excellentes,
d'autographes inédits, de portraits originaux qui prouvent
qu'avant tout elle s'est inspirée de l'histoire.

[1] Il existe aussi une édition in-folio ou in-4°, suivant Quérard,
papier colombier vélin, tirée seulement à vingt-cinq exemplaires des-
tinés aux grandes bibliothèques de l'Europe. (V. *Constitutionnel* du
21 août 1842, et une deuxième édition in-8° dans les *Chants des
Vaincus*, Paris, 1846, René.)

Par sa date, le drame de madame Louise Colet procède de la *Biographie de Charlotte de Corday* par Louis Dubois. On voit, en effet, par les pièces justificatives qui suivent le texte, que l'auteur était en rapport avec l'historien de Charlotte (p. 168) : elle a donné de nombreux extraits tirés de son ouvrage, et elle y a ajouté d'amples citations empruntées aux *Mémoires* de madame Roland ; le fac-simile d'une lettre de Charlotte de Corday au Comité de Sûreté générale, inconnue jusqu'alors et du plus haut inté-rêt ; un portrait de Charlotte gravé d'après une peinture à l'huile appartenant à M. de Saint-Albin [1].

Au premier tableau, les Girondins sont à Caen. Ils dé-libèrent et sont divisés. Barbaroux se déclare contre Wimpf-fen, qu'il soupçonne de trahison. Guadet et Buzot repous-sent ces soupçons ; ils veulent que, sous la conduite de ce

---

[1] Voici ce que M. de Mirecourt a raconté sur ce portrait dans la biographie qu'il a consacrée à madame Louise Colet, p. 33 :

« Un jour, elle apprend que certain bourgeois de la rue Saint-Louis possède un magnifique portrait de Charlotte Corday peint par David.

» Aussitôt elle demande l'adresse du propriétaire de ce tableau, court lui rendre visite, et obtient de contempler l'image de la stoïque répu-blicaine.

» Charlotte est représentée en camisole rouge au moment où elle va monter à l'échafaud.

» Une violente émotion saisit madame Colet, ses yeux se mouillent de larmes, et le jour même, sous l'impression causée par cette magnifique peinture, elle compose un de ses plus remarquables poëmes : *Charlotte Corday*, tableau dramatique en vers, qui obtient à son auteur d'universels éloges. »

Il est possible que la pensée de prendre l'acte de Charlotte Corday pour sujet d'une tragédie ait été inspirée par le portrait appartenant à M. de Saint-Albin et aujourd'hui à l'un de ses fils, M. Philippe de Saint-Albin ; mais les documents qui accompagnent cette pièce prou-vent que, loin d'être improvisée, elle fut longuement élaborée et pré-parée par les études les plus consciencieuses. Ajoutons que le portrait, dont M. Philippe de Saint-Albin a bien voulu nous montrer l'original, n'est pas de David ; ce n'est pas non plus une magnifique peinture, quoique ce soit une toile très-curieuse.

général, l'armée fédéraliste marche sur Paris. Charlotte
Corday paraît en ce moment : elle est déjà connue des Girondins; elle vient leur annoncer son départ pour Paris.
Elle trouve moyen de leur demander indirectement leur
opinion sur Marat.

Buzot, Petion, Guadet, Barbaroux s'efforcent à l'envi
de tracer le portrait le plus hideux de l'Ami du Peuple.
« Voyez, s'écrie Barbaroux,

> Voyez dans ses écrits ses préceptes sanglants :
> De ses crimes futurs il déroule les plans.
> Niveler par la mort, telle est sa politique;
> Et quand de l'utopie il passe à la pratique,
> Le rêveur insensé devient un assassin,
> Une fièvre homicide alors brûle son sein;
> Comme des jours de fête il prépare d'avance
> Ces massacres réglés qui déciment la France.
> Quand les Septembriseurs aiguisent leurs poignards,
> Il est là, l'œil ardent et les cheveux épars.
> Sa voix des carrefours fait rugir la tribune.
> Il déchaîne les clubs, soulève la Commune,
> Et, traînant dans le sang la Révolution,
> Monte de crime en crime à la Convention !

Charlotte s'étonne qu'on laisse vivre un tel monstre. Elle
fait entrevoir par des mots ambigus la grande résolution
que déjà elle avait prise avant cet entretien, et dans laquelle elle vient de s'affermir.

> Dans la France avilie il n'est donc pas un homme?
> Marat vit ! Chaque jour son œuvre se consomme.
> Il vit, et pour frapper ce cœur de réprouvé
> Pas un bras résolu ne s'est encor levé !

Le second tableau nous montre Charlotte dans sa chambre,
à Caen. Elle va partir. Elle s'émeut au souvenir de ses parents. Mais elle ouvre la *Bible* qu'elle lisait au couvent

et elle tombe sur l'épisode de Judith [1]. Elle lève les yeux, et elle aperçoit le portrait du grand Corneille, son aïeul.

> O toi qui m'instruisis à ces vertus romaines,
> Corneille, noble sang qui coule dans mes veines,
> Gloire de ma famille, oh ! reviens ici-bas,
> Viens de mon faible cœur apaiser les combats !
>
> . . . .
>
> . . . Si tu revivais dans nos temps sanguinaires,
> Ton cœur s'indignerait des publiques misères.
> En place d'une lyre, homme vraiment Romain,
> Le poignard de Brutus viendrait armer ta main.

C'est la première fois que la parenté entre Corneille et Charlotte de Corday apparaît dans un drame. Elle avait déjà été signalée par les érudits. (Odolant Desnos, en l'an V; Lepan, en 1817; M. Taschereau, en 1828. V. ci-dessus, p. CCLXIV.)

Les auteurs dramatiques ne s'étaient pas encore emparés de cette donnée féconde. Madame Colet en a eu la primeur, parce qu'elle a su s'inspirer de Louis Dubois. Mal-

> . . . . . . Ma vieille *Bible !*... Autrefois au couvent,
> Dans le cloître désert, je la lisais souvent.
> Voyons !...
>> (Elle ouvre la *Bible*.)
> Toujours Judith ! toujours la même page !
> C'est étrange ! Pour moi Dieu marqua ce passage, etc.

Une note de madame Louise Colet indique Couet de Gironville, l'un des biographes de Charlotte, comme étant ici son autorité. C'est une erreur. Couet de Gironville ne dit rien de semblable; il cite beaucoup d'héroïnes de l'antiquité, Palmyre, Daphné, Épicharis..., mais il ne prononce pas le nom de Judith.

M. Esquiros a revendiqué contre M. de Lamartine la paternité de cette idée, qui serait une pure création de sa part. (V. *Charlotte Corday*, par M. Esquiros, p. 11, à la note, édition des *Veillées populaires*, Bry aîné, éditeur.) A Caen, on nous a affirmé que c'était une tradition fort ancienne, antérieure aux recherches de M. Esquiros. Nous aurons plus tard à discuter cette question biographique. Ce qui est certain, c'est que la priorité de la publication appartient à M. Esquiros.

heureusement il avait fait lui-même fausse route, et il l'a induite en erreur sur un point essentiel. Charlotte de Corday n'était pas seulement la *petite-nièce* de Corneille, elle était sa *petite-fille en ligne directe* au cinquième degré.

Au troisième tableau, Charlotte est à Paris, dans l'hôtel de la Providence. — Au tableau suivant, elle est au Palais-Royal, où elle achète le couteau fatal.

Madame Louise Colet a représenté Charlotte attendrie à la vue d'un enfant qui joue dans le jardin du Palais-Royal ; il sourit et tend les bras à la jeune fille. Celle-ci est émue, sa résolution chancelle, il y a là un contraste saisissant... Aussi un critique a-t-il pu dire que ce moment était le plus pathétique de la pièce. Madame Colet est encore la première qui ait mis cette scène au théâtre [1]. Elle a été plus tard reprise par divers, notamment par Ponsard, et nous aurons à en suivre le développement, à montrer le chemin étrange que peut parcourir la légende, les écarts auxquels elle aboutit.

Nous passons ensuite (cinquième tableau) dans la demeure de Marat.

Un monologue de l'Ami du Peuple nous ouvre le secret de son âme et de ses desseins. Les vers sont beaux, mais ils ne sont pas tracés d'après nature. Nous regrettons que

---

[1] Cette scène est empruntée à M. Esquiros, qui la donne comme historique et la place le 12 juillet, vers le soir. (V. *loc. cit.*, p. 15.) Il ajoute que l'enfant qui jouait avec Charlotte introduisit ses petits doigts fureteurs sous son fichu *rouge* et en tira le sinistre couteau. Or, ce couteau n'a été acheté que le samedi matin 13 juillet, jour de la mort de Marat. (V. *Interrogatoire de Charlotte Corday du 16 juillet* 1793, Dossier, p. 50.) Il n'y a pas d'ailleurs de témoin possible pour un pareil fait. Il faudrait supposer qu'il a été raconté par Charlotte elle-même, et elle n'en a rien dit.

l'auteur n'ait pas eu sous les yeux le journal de Marat; elle
ne lui aurait pas fait dire :

> Bientôt à cette terre il faudrait dire adieu.
> Le néant vient après!... Mais s'il était un Dieu?
> S'il devait me juger? ah! j'aurais peur peut-être.

Marat n'avait ni les doutes d'Hamlet ni ses craintes. La
dernière ligne de l'Ami du Peuple, le matin du 13 juillet,
est une invocation au poignard de Brutus, qu'il aurait voulu
diriger contre les monarques de l'Europe [1]. On sent quel parti
un écrivain dramatique travaillant, comme madame Colet,
d'après les sources, pouvait tirer d'un pareil rapprochement.
Le poignard de Brutus entrant sous le fichu de Charlotte de
Corday chez Marat, et se levant sur lui au moment où il l'in-
voquait contre le roi de Prusse! c'était là une donnée bien
autrement puissante qu'une réminiscence de Ducis.

Le sixième tableau n'est que la mise en scène des réponses de l'accusée devant le Tribunal révolutionnaire, et le
septième, qui représente le trajet funèbre sur la charrette,

[1] Marat reprochait avec violence à Carra, envoyé près de Dumouriez en septembre 1792, de n'avoir pas coupé la retraite *au Despote
Guillaume* et de ne l'avoir pas emmené captif à Paris. Carra se défendait en disant que le roi de Prusse avait levé le camp trop vite pour
qu'on pût le prendre. Alors, répliquait Marat, il fallait le poignarder.
V. *le Publiciste de la Révolution française*, par MARAT, *l'Ami du Peuple,*
du samedi 13 juillet 1793.

« Deux mots à Carra : Tu demandes des preuves, Traître, les voici dans
tes réponses même. Tu dis que tu n'arrivas que le 30 septembre, que le
lendemain les ennemis levèrent le camp..... Que faisois-tu donc? Est-ce
ainsi qu'agissoient les Consuls Romains, que parfois tu veux singer. Où
étoit *le poignard de Brutus?* »

On se rappelle que la mort de Marat est du samedi 13 juillet. Il fut
donc frappé le jour même où il avait signé de sa main cette singulière
évocation du poignard de Brutus.

se termine à la place de la Révolution, par ces vers que prononce Charlotte :

> « Regardez ! à la mort je monte le front haut :
> Le crime fait la honte et non pas l'échafaud. »

L'amour de Barbaroux et de Charlotte n'apparaît que dans le lointain, et quoique délicatement touché [1], et atténué autant que possible, il est encore regrettable, puisqu'il n'est pas dans la vérité, et que le mérite de l'auteur a été de rester scrupuleusement fidèle à l'exactitude historique.

Le *Constitutionnel*, dans ses numéros des 12 et 26 juin 1842, publia en feuilleton la préface de madame Colet et diverses scènes de son ouvrage, alors qu'il était encore inédit.

Le *Journal des Débats* du 1er septembre 1842 consacra au compte rendu de la même pièce un feuilleton signé de M. L. Alloury. Nous en donnons un extrait :

> « De ces deux compositions (*Charlotte Corday* et *Madame Roland*), la plus importante est celle qui a pour sujet *Charlotte Corday;* on voit que l'auteur y a mis tout son talent, toute son âme...
>
> » Madame Colet nous a donné Charlotte Corday pour ce qu'elle était, c'est-à-dire pour la petite-nièce du grand Corneille, pour une jeune fille de noble naissance, aux mœurs douces et délicates, à l'esprit cultivé, gracieux, avec une teinte de mélancolie et de causticité; en politique, rien qui ressemble au fanatisme grossier du temps, mais une admiration calme et

---

[1] V. 1er tableau, p. 14, et 4e tableau, p. 65 :

> L'amour, ce sentiment n'est-il pas dans mon âme ?
> Incertain, vague encor, mystérieuse flamme,
> Image qui me suit, rêve qui m'attendrit,
> Vision qui m'attache au destin d'un proscrit !
> Que l'exil avec lui serait doux ! Sa pensée
> Me trouble. ... Lui peut-être m'aimait !.....

réfléchie pour l'antiquité, pour J. J. Rousseau et pour l'éloquente et romanesque Gironde. Nulle vanité, nulle prétention à la gloire, même à celle de son dévouement : délivrer son pays, se résigner et mourir, voilà tout son rôle. En somme, il y a beaucoup d'art où de bonheur dans la manière dont l'auteur a su marier la candeur et la modestie de la jeune fille avec la fermeté, la constance et l'énergie de l'héroïne. C'est un caractère achevé.

» ... Mais ce que madame Colet a tenté de plus hardi, de plus périlleux, c'est de retracer dans toute leur hideuse nudité les mœurs populaires de 93.

» ... Nous avons le tableau complet d'une journée, y compris la guillotine, pour l'appeler par son nom. Le peuple de 93, le peuple de Marat, hurlant la *Carmagnole*, dansant autour de la fatale charrette, vomissant l'injure et le sarcasme sur la victime, et battant des mains au bourreau, voilà le chœur de cette tragédie! Eh bien, nous qui ne craignons pas les hardiesses littéraires, nous craignons l'effet de celle-ci; nous le craignons encore moins parce que ces souvenirs sont près de nous, que parce qu'ils sont tout simplement horribles. C'est au moins un scrupule que je soumets au goût exercé de madame Colet. Je doute que les mœurs de 93 puissent passer telles quelles sur la scène dans toute leur crudité comme elles sont dans l'histoire et dans le *Moniteur*. Je n'ai pas besoin d'apprendre à madame Colet que la vérité de l'histoire et la vérité de l'art ne se ressemblent pas tout à fait.

» La vérité du *Moniteur* est trop vraie, si on peut le dire. Pour la faire accueillir, le poëte est obligé de la refaire à son image et de lui donner l'auréole et le sceau divin de l'idéal. »

Nous nous permettrons de ne pas partager sur ce point l'opinion d'un critique aussi distingué que M. Alloury. Sans contester les droits de l'idéal, nous ne saurions admettre qu'en matière historique il existe une vérité *trop vraie*. C'est, hélas! le contraire qui n'arrive que trop souvent. Aussi, loin de blâmer madame Colet d'avoir suivi le *Moni-*

teur, nous la louerons d'avoir été au delà, d'avoir recherché les documents authentiques à une époque où ils étaient à peine connus, et d'avoir donné la préférence à la biographie de Louis Dubois sur le roman de M. Esquiros, quelque séduisant que fût ce roman.

Nous avons cherché d'autres comptes rendus dans les recueils littéraires du temps, nous n'en avons trouvé aucun dans la *Revue de Paris*, non plus que dans la *Revue des Deux-Mondes*.

Mais nous avons été plus heureux dans la *Revue Britannique*, dirigée alors par M. A. Pichot. Elle publiait les lignes suivantes dans sa Chronique littéraire, juin 1842 (5e série, vol. IX, p. 440) :

... « Madame Louise Colet a osé évoquer deux grands caractères de notre Révolution : *Charlotte Corday* et *Madame Roland* lui ont inspiré un double poëme. Il y a chez cette jeune et chaleureuse muse de notre midi une vive sympathie pour tous les héroïsmes. Elle comprend d'instinct le génie sous toutes les formes qu'il revêt dans la fiction et dans l'histoire : c'est le secret de tant de nobles pensées et de tant de beaux vers, dont quelques-uns ont obtenu des couronnes académiques. Mais ce qui nous charme dans le talent de madame Louise Colet, c'est que son enthousiasme pour la gloire n'étouffe pas sa sensibilité de femme. On l'admire quelquefois, on l'aime toujours. Nous l'avions déjà comparée à Félicia Hemans, et nous maintenons cette comparaison en lisant son nouveau volume. On a d'abord quelque peine à se faire à ce vers alexandrin traduisant le style révolutionnaire; mais cette traduction est faite avec tant de goût, les paroles historiques y sont reproduites avec une simplicité si sévère, que la rime n'en altère en rien la vérité. Lisez surtout l'interrogatoire de Charlotte Corday, cette Judith moderne.

. . . .

» Les pièces justificatives du nouveau volume de madame

Colet ont de l'importance, et les futurs historiens de la Révolution y trouveront de quoi glaner. »

La *Revue indépendante*, n° du 1ᵉʳ octobre, *Bulletin bibliographique*, p. 237, contenait aussi un article curieux.

Cette Revue, rédigée par Pierre Leroux, madame Sand, et dirigée plus tard par Pascal Duprat, avait été fondée pour et par la démocratie. (Hatin, *Bibl. hist. et crit.*, p. 41.) Elle professait hautement les idées de la Montagne. Elle ne pouvait donc laisser passer inaperçu l'ouvrage de madame Colet, et c'est surtout au point de vue des partis politiques qu'elle l'examine.

« Le livre de madame Colet est un superbe manifeste en faveur du parti de la Gironde... Madame Colet a chanté en vers énergiques l'âme et le bras de ce parti, madame Roland et mademoiselle Corday. Qu'une femme donc soit l'historien et le poëte de cette faction femelle, sans caractère, mais non pas sans poésie...

» Singulière destinée du parti girondin d'avoir eu pour poëte, pour politique et pour homme d'action, trois femmes. »

L'auteur de l'article, signé T., conteste la légitimité du tyrannicide... « A tant faire que de comprendre l'assassinat, dit-il, mieux valait comprendre la Révolution. »

Et il ajoute ce monstrueux paradoxe :

« Il est bien plus facile, même au point de vue du droit, de justifier les massacres de Septembre que le meurtre de Marat; car, dans le premier cas, c'est un acte public, concerté entre plusieurs hommes, et certainement accepté par l'opinion à ce moment-là [1]. »

---

[1] Sans vouloir discuter ici cette apologie atroce et dérisoire du massacre des Prisons, nous ne pouvons la laisser passer sans un démenti énergique. « Les massacres sont légitimés par un acte public. » —

T.

Le critique condamne aussi la mise en scène de Marat, commé étant fausse d'un bout à l'autre dans le livre de madame Colet.

« Il fallait bien justifier son héroïne et charger Marat. Ce n'est pas ainsi que M. Esquiros a interprété la Révolution dans son roman de *Charlotte Corday*. Il aime la femme qui meurt par conviction, comme une Romaine ou comme la digne fille de Corneille... mais il comprend aussi Marat, l'homme bouc émissaire de la Révolution, le martyr d'une idée supérieure à la conviction de Charlotte Corday.

» Si nous considérons le livre de madame Colet au point de vue littéraire, nous reconnaîtrons volontiers que son style est quelquefois vigoureux et original. Son vers est franchement

Lequel? — « Ils ont été ratifiés par l'opinion du moment. » — L'opinion, au contraire, n'a jamais transigé un seul instant avec les meurtriers : à Paris et dans la province, dans l'armée (V. Michelet, vol. VII, chap. 7, p. 196, *le peuple et l'armée eurent horreur du massacre*), et à la tribune (V. Discours de Salle, *Monit.* XV, p. 398, édition Plon), partout ils ont été flétris, poursuivis; plusieurs ont été condamnés et exécutés. Nous publierons leurs procès, le récit de leur mort; on verra s'ils ont invoqué *un acte public* pour se justifier d'avoir tué des prisonniers sans défense et mangé du cœur et du foie humain. Nous produirons les procédures qui établissent ces faits judiciairement par l'aveu même des coupables.

Quant à la comparaison entre Charlotte de Corday et les massacreurs de septembre, tout à l'avantage de ces derniers, le critique de la *Revue indépendante* ne pouvait être plus mal inspiré en jetant ce défi téméraire à la raison. Il ignorait sans doute qu'au nombre des victimes se trouvaient des hommes compromis dans l'affaire dite des *Troubles de Caen* (3 nov. 1791), et arrêtés sous les yeux de Charlotte, ses amis certainement, ses parents peut-être. En frappant Marat, elle ne vengeait pas seulement leur mort, mais elle empêchait le retour imminent de ces exécrables boucheries. C'est ce qui a fait dire à un contemporain, tout aussi démocrate en 1793 que la *Revue indépendante* en 1842, mais mieux informé et plus équitable :

« Le 2 septembre ne fut pas un jour ordinaire. Il eut plus de vingt-quatre heures, et peut-être la minute de l'assassinat de Marat fut-elle la dernière minute du 2 septembre. » (Lavallée, *Voyage dans les départements de la France*, Calvados, 1793, p. 40. — Sur Lavallée et ses opinions, V. la *Biographie des Contemporains* de Rabbe et Sainte-Preuve, *hoc verbo*.)

coupé et souvent pittoresque. La phrase est abondante et riche, mais elle manque de légèreté et de transparence. Cette fois encore le poëte de la Gironde, comme Charlotte et madame Roland, a montré les qualités mâles qui manquèrent toujours à leurs héros. »

L'ouvrage de madame Colet eut non-seulement les suffrages de la presse, mais les honneurs de la mode. Son livre avait paru en juin 1842. Deux mois après, la *Psyché,* le *Constitutionnel,* dans leur revue des modes, indiquaient le *Bonnet à la Charlotte Corday* comme faisant partie de la toilette des dames. (V. *Constitutionnel* du 7 août 1842.)

On nous assure qu'une nouvelle édition de cet ouvrage, épuisé depuis longtemps, se prépare chez Dentu, et paraîtra avec de nombreuses améliorations et augmentations.

XXI.

CHARLOTTE CORDAY, *drame en trois actes, mêlé de chants,* par MM. DUMANOIR et CLAIRVILLE [1], représenté pour la première fois, à Paris, sur le théâtre du Gymnase dramatique, le 14 juillet 1847, publié chez Michel Lévy. Paris, 1847, in-18 anglais.

Distribution de la pièce.

PERSONNAGES :	ACTEURS :
Henri de Belsunce, officier de l'armée vendéenne.	M. BRESSANT.

[1] Le citoyen Nicolaï, dit Clairville, qui jouait le rôle de Marat dans la pièce de Gassier Saint-Amand en 1793 (V. ci-dessus, p. CLIV), était le père de M. Clairville, le collaborateur de Dumanoir pour la *Charlotte Corday* du Gymnase.

Barbaroux, \
Louvet,   } députés girondins. . . . . . {M. Deschamps.
                                             {M. Landrol fils.
Wimpfen, général, commandant l'armée
    du Calvados. . . . .   M. Pastelot.
Chabot,
Drouet,   } membres de la Convention.   M. Monval.
Legendre,
Camusot, propriétaire. . . . .   M. Pérès.
Ribouillet, portier. . . . .   M. Landrol père.
Laurent Basse, commissionnaire. . . . . .   M. Bordier.
Madame veuve de Bretteville. . . . . . .   Madame Lambquin.
Charlotte Corday d'Armans. . . . .   Madame Rose Chéri.
Catherine Evrard, compagne de Marat.   Madame Anna Chéri.
Madame Richard, femme du geôlier. . .   Madame Marthe.
Un avocat.
Quatre députés girondins.
Soldats.
Hommes du peuple.

S'adresser pour la *musique* à M. Heisser, etc.

Acte Ier. — La scène représente une rue de Caen, madame de Bretteville brode à la porte de sa maison. — Charlotte, assise près d'une fontaine, tient un livre à la main; Barbaroux, Louvet et les autres Girondins forment un groupe au milieu de la rue et s'entretiennent à voix basse.

On entend le tambour : ce sont les volontaires de Caen qui partent pour rejoindre l'armée de Wimpffen sous les murs d'Évreux. — L'entretien s'engage entre les Girondins et madame de Bretteville; celle-ci, tout en se déclarant royaliste, leur avoue l'intérêt qui l'anime pour ces braves jeunes gens qui vont peut-être se faire tuer à Paris. On voit par sa conversation qu'elle suit avec sa mère les séances de l'assemblée de résistance, et qu'elle va écouter les discours de Barbaroux, qu'elle applaudit à ses éloquentes invectives contre Marat..... — Cependant Charlotte semble indifférente à tout ce qui l'entoure, plongée dans une lecture qui absorbe son attention. A peine peut-on lui arracher ces paroles : « Moi..... faible femme, quelle part m'est-il permis de prendre aux agitations de ce pays? Ma pitié aux victimes, ma sympathie aux proscrits..... c'est tout ce que je puis donner! » — Charlotte sort; Barbaroux veut savoir quel est le livre qu'elle lisait si attentivement : c'est la *Nouvelle Héloïse!*

Il est vrai que le volume n'est coupé qu'à une seule page.

« A son âge, dit madame de Bretteville, j'aurais tout lu! mais telle est l'insouciance qu'elle a rapportée du couvent.....

— Du couvent, reprend Barbaroux en souriant, vous voyez que nous avons bien fait de les supprimer. »

Alors madame de Bretteville prend la défense du couvent de l'Abbaye aux Dames, et elle est amenée à confier à Barbaroux qu'au moment où la Révolution éclata, sa nièce devait épouser M. Henri de Belsunce, neveu de la supérieure de cette abbaye; mais depuis huit mois M. de Belzunce a disparu..... sans que Charlotte ait laissé paraître le moindre regret. Madame de Bretteville confie à Barbaroux qu'elle la croit insensible, indifférente jusqu'à la sécheresse de cœur. — Barbaroux ne peut être de cet avis; un mystère doit se cacher sous cette apparence trompeuse. Sa curiosité est piquée, il surprend Charlotte absorbée dans une nouvelle lecture. Cette fois, c'est la *Bible* qu'elle lit, la *Bible* ouverte au Livre de JUDITH, avec ces mots soulignés au crayon :

« SEIGNEUR, CE SERA UN MONUMENT GLORIEUX POUR VOTRE NOM QU'IL PÉRISSE DE LA MAIN D'UNE FEMME ! »

Madame de Bretteville préfère naturellement cette lecture à la *Nouvelle Héloïse* et autres romans du même genre, et pour effacer cette épigramme qui retombe sur Louvet, elle prie celui-ci de l'accompagner jusqu'à l'église de Saint-Jean. Louvet lui offre son bras et s'éloigne avec elle après un petit air chanté en duo avec Barbaroux.

Scène iv. — Resté seul avec mademoiselle de Corday, qui le rappelle, Barbaroux se méprend sur ses intentions et lui adresse ce couplet, sur l'air de la *Vicomtesse Lolotte.* Nous ne citons que la fin :

> Du haut de votre ciel si doux,
> Ange, vous bravez nos querelles.
> L'orage qui gronde sur nous
> N'a pas même mouillé vos ailes.

Mais il s'est trompé, Charlotte n'a voulu que lui confier son dessein de se rendre à Paris, pour solliciter en faveur d'une de ses amies, mademoiselle de Forbins. Barbaroux, tout en n'approuvant qu'à demi sa résolution, lui promet une lettre de recommandation pour Duperret, et se retire.

Scènes v, vi. — Ici les événements se succèdent avec rapidité.

Le comte de Belsunce paraît, — enveloppé naturellement dans un grand manteau; — il apprend à Charlotte qu'il a été condamné à mort par contumace, par le Tribunal révolutionnaire de Paris.

« Mais pourquoi êtes-vous proscrit? Quel est votre crime? Quelle est la cause de votre départ subit? — La Vendée, répond Belsunce, où mon père mourant m'avait fait jurer d'aller défendre la cause du Roi. »

Il a obéi; mais, au siége de Nantes, il a failli frapper son frère qui sert la cause républicaine. Désormais il ne peut plus continuer cette lutte fratricide. Il est revenu, bravant la mort, pour passer quelques instants auprès de Charlotte. Leur entretien est interrompu. — Belsunce s'enfuit.

Scène vii.   Long monologue de Charlotte.

Scènes VIII, IX, X. — Les Girondins arrivent en désordre ; ils ont appris la déroute de Vernon. — Wimpffen paraît couvert de poussière. — Il avoue sa défaite. — Il propose sans détour, comme seul moyen de salut, de se jeter dans les bras de l'Angleterre, et de prendre pour chef un prince du sang.

Les Girondins rejettent cette proposition avec indignation. — Ils prennent immédiatement le parti de sortir de Caen avec le bataillon du Finistère qui retourne en Bretagne. — Ils partent.

Scène XII. — Au même instant Belsunce est reconnu, arrêté, traîné à l'échafaud.

Scène XIV. — Charlotte jure de le venger. — Elle invoque le Dieu de Judith, et la toile se baisse sur cette phrase :

« La terre n'a pu réunir deux époux, le Ciel réunira deux martyrs. »

Le second acte nous transporte à Paris, chez Marat. — Intérieur nu, annonçant activité et désordre. — Peu de meubles, mais des livres sont entassés le long des murs..... des journaux épars sur le plancher.....

Scènes I, II. — Scènes bouffonnes entre Laurent Bas, le commissionnaire, et le citoyen Langlois, perruquier, qui rase Marat. C'est un emprunt fait aux *Souvenirs de la Terreur* de Georges Duval[1].

Scènes III, IV, V. — Chabot, Drouet, Legendre,

---

[1] V. t. III, p. 354. « Quand nous entrâmes dans la chambre de Marat, un homme était au milieu brandissant un couteau ensanglanté... Il faisait l'oraison funèbre du défunt, et à la fin de chaque période menaçait la jeune fille (Charlotte de Corday)... C'était un nommé Langlois, perruquier, rue Dauphine..., l'un des principaux membres de la Commune..., guillotiné le 11 thermidor... » Ces détails sont faux. Le nommé Langlois, qui était membre de la Commune et périt après le 9 thermidor, était un serrurier.

viennent rendre visite à Marat malade. — Catherine Évrard confie à Chabot ses pressentiments et ses craintes; elle tremble chaque jour que Marat ne soit assassiné; une lettre reçue le matin et demandant une entrevue à l'Ami du Peuple est venue réveiller toutes ses terreurs.

Scènes VII, VIII. — En ce moment, Charlotte paraît, prête à demander compte au farouche tribun de Paris de la mort de Henri de Belsunce, condamné par le tribunal de Caen (scènes IX, X). Mais quelle est sa surprise! Henri de Belsunce arrive à son tour dans l'antichambre de Marat. — Son frère a obtenu sa grâce, et il vient demander celle d'un noble, coupable d'avoir donné asile à un Girondin proscrit.

Scène XI. — Charlotte lui avoue ses projets. — Elle voulait moins le venger qu'assurer le salut de tout un peuple! Mais il est sauvé, et dès lors elle hésite, car elle l'aime, elle est aimée de lui. Belsunce n'a pas de peine à la détourner d'une action qui n'a plus d'objet; il entre seul dans la chambre de Marat.. (Scène XII.)

Scène XIII. — Pendant ce temps, Laurent Bas apporte de l'imprimerie les feuilles du journal encore humides, il les laisse tomber à terre, et Charlotte lui offre obligeamment de les ramasser et de les ranger. — Laurent accepte et indique à Charlotte un cabinet où elle pourra s'acquitter de ce soin. — Elle en sort bientôt tenant un des journaux sur lesquels elle a lu la proscription de ses amis, de son père. — Elle se précipite dans la chambre de Marat et le tue. (Scènes XV, XVI, XVII.)

Scène XVIII. — Belsunce qui était sorti d'un autre côté revient pour être témoin de l'arrestation de Charlotte.

Il jure de la délivrer au prix de son propre sang.

Le troisième et dernier acte se passe tout entier dans la

prison. On assiste à l'interrogatoire de Charlotte. Le jugement est présenté sous forme de récit. (Scènes i, ii, iii.)

Scène iv. — Belsunce s'introduit dans le cachot de
Charlotte sous l'habit d'un homme du peuple. Il a préparé
l'évasion de la captive, en feignant de vouloir la massacrer
pendant le trajet, et la fera entrer dans une maison à double
issue. Une chaise de poste l'attendra et la mettra bientôt
hors de tout danger.

Scène viii. — Charlotte refuse, — quoiqu'elle ait appris que son père est en sûreté en Angleterre ; — elle ne
veut pas de la vie. Le meurtre qu'elle a commis demande
une expiation. « Son cœur est à Dieu, sa main au bourreau.
— Laissez-moi, dit-elle à Belsunce, laissez-moi ma mort,
laissez-moi *mon* échafaud. J'y monterai courageuse et j'y
paraîtrai grande, car je me souviendrai du bûcher de Jeanne
d'Arc ! »

Scènes ix à xiii. — Belsunce, désespéré, se fait alors
connaître comme officier de l'armée vendéenne et crie *Vive
le Roi.* — On se précipite sur lui. — A bientôt, dit-il à
Charlotte : « Elle répond. — Unis dans le ciel. » — On
l'emmène, et elle s'éloigne en montrant le ciel à son fiancé !

REVUE DES JOURNAUX.

I.

Feuilleton du *Journal des Débats* du 19 juillet 1847.
— Gymnase dramatique. Article de M. J. Janin.

« Mercredi passé, le soir, de huit à onze heures et demie,
au Gymnase-Dramatique, le théâtre des élégances et de l'esprit
de M. Scribe, nous avons assisté à un spectacle lamentable :

nous avons subi un drame affreux; mais ce drame, Dieu merci, manquait absolument de style, d'invention, d'intérêt, de pitié, de terreur, des plus précieux et des plus rares ingrédients de la tragédie. *Charlotte Corday*, et dans l'ombre, caché sous sa lèpre sanglante et clapotant dans cette eau croupie où il baigne ses plaies immondes, cet infâme Marat; ne voilà-t-il pas un beau spectacle à donner aux hommes réunis dans un théâtre d'heureuses chansonnettes, dont l'écho amoureux et jaseur répète encore tant d'aimables refrains de plaisir et d'amour!

» Tout d'abord quand on se trouve en présence de ces crimes abominables d'une affreuse époque, qui restera à jamais, quel que soit le génie qui la raconte, l'exécration amère de toutes les âmes honnêtes, quand on vous impose ces affreux héros des mauvaises journées dont le plus honnête homme est à coup sûr un bandit philosophe, qui coupent les têtes, politiques dont l'assassinat est la loi suprême, vieillards qui vivent de meurtres, jeunes gens emportés par leur jeunesse même (la jeunesse, cette chose si belle que c'est presque une vertu) au delà de tous les crimes; éloquence faite comme une déclamation, patriotisme qui prend le costume, les haillons, l'allure suspecte et la voie avinée du brigandage, vertus si terribles que les vertueux eux-mêmes en frémissent d'épouvante... oui, quand soudain, sous le vain prétexte de vous faire entendre un drame nouveau et de vous amuser une heure ou deux, on se voit jeté violemment dans cette anarchie étroite dont la borne fatale est un échafaud, on se demande à quoi bon ces violences et de quel droit nous ramener dans ces émotions de la terreur honteuses contre celui-là même qui les subit. En vérité, c'est vouloir abuser de la patience et de la crédulité de ce bonhomme sans énergie qu'on appelle le public de chaque jour!

» Ah! je comprends, et encore ai-je peine à le comprendre, qu'un poëte dramatique, mais là un vrai poëte, un homme sérieux, sérieusement épris de quelque fière image de notre grande Révolution, s'en vienne, dans une œuvre de longue haleine, motivée avec art, écrite avec talent, longtemps méditée, longtemps étudiée, nous raconter la vie et la mort de la

reine de France, par exemple, cette douloureuse tragédie à
laquelle on ne peut rien comparer dans l'univers des tragédies; ceci est le droit du talent, du génie, le droit poétique;
c'est la dernière consécration des personnages historiques;
mais improviser en se jouant une petite image de fantaisie,
nous montrer de petits bourreaux, de petites victimes, d'aimables terroristes, une guillotine en miniature comme les
citoyennes bien élevées en portaient à leurs oreilles en guise
de parures, mettre une sourdine à la *Marseillaise*, joncher de
fleurs artificielles les rues où passe le peuple, enjoliver les tri-
coteuses, teindre en belle pourpre ces bonnets affreux rouges
de sang humain, en un mot nous montrer une Charlotte
Corday du Gymnase, un Comité de salut public du Gymnase,
un Marat du Gymnase, Marat à l'eau de Portugal ! voilà qui
nous paraît intolérable! Point d'excuses pour un pareil avorte-
ment. En effet, comme cela est beau à voir, une jolie terreur
bien chaussée, en bas de soie, en jupon court!

» Ne plaisantons pas avec ces crimes, ne jouons pas avec
ces haches, ne fouillons pas dans ce feu mal éteint.... Pour le
vain palpitement d'un instant, gardons-nous, gardons-nous
bien de fouiller dans nos crimes d'hier. Silence! le tigre n'est
pas mort, il est accroupi dans son antre; ne le réveillez pas,
il pourrait vous dévorer!

» Cette malencontreuse tragédie du Gymnase a été bien mal
accueillie, mais toute justice lui a été rendue. Le public, qui
avait peur de ce qu'on allait lui dire, ne voulait rien entendre et ne voulait rien voir. Il a été distrait, quinteux, difficile; il a hué en détournant la tête, et même son silence avait
quelque chose d'insultant. J'ai vu souvent un auditoire plus
irrité, jamais plus cassant et de plus mauvaise humeur.

» Il faudrait, pour bien faire, ôter ce drame du théâtre, et
surtout il faut à l'avenir laisser la Révolution dans les livres [1].»

[1] A ce moment, le mot de République avait était été mis à l'ordre
du jour par diverses circonstances : la publication de M. de Lamartine
sur les Girondins, l'histoire de M. Louis Blanc, le banquet réformiste
du 9 juillet donné au Château-Rouge. Le *Journal des Débats* commençait ainsi son premier Paris du 16 juillet : « L'assistance des députés
du centre gauche au banquet républicain du 9 juillet a produit dans

II.

Feuilleton du *Constitutionnel* du 19 juillet 1847. — Théâtre du Gymnase. Article signé R. (probablement Rolle?).

« Le Gymnase s'est trompé, complétement trompé : il comptait sur un grand succès, et ce succès n'est pas venu.

» Nous avons dit la première raison de la disgrâce de ce drame de *Charlotte Corday*, elle est capitale et vient de l'inhabileté de l'œuvre. La seconde semble plus grave encore et plus irréparable, car elle est inhérente au sujet et même au personnage. On l'a toujours tenté vainement : les Judith ne réussissent pas au théâtre. Une femme vivant avec une pensée de meurtre pour toute passion, la cultivant dans le silence et dans l'ombre, et accomplissant l'assassinat, n'excitera jamais dans l'âme ces alternatives d'attendrissement et de pitié, cette source d'émotions et de larmes qui font le succès des œuvres dramatiques. Dans une femme, le fanatisme politique s'égarant jusqu'au meurtre froisse et gêne comme un fait contre nature : elle n'est plus femme; et qui peut admettre que Brutus porte un cotillon? La victime s'appelât-elle même Marat, qu'on serait encore tenté de pleurer ce pauvre Holopherne si méchamment mis à mort par Judith. Voilà pour le sujet. Sur la scène tragique, avec toute la gravité convenable, les poëtes n'ont jamais pu le faire accepter ni le rendre intéressant. Que sera-ce donc si vous avez l'idée malheureuse de transporter

la Chambre et au dehors une sensation profonde. » Et son numéro du 19 juillet, après avoir présenté la réunion comme ayant arboré le drapeau républicain en lutte ouverte avec le drapeau constitutionnel, se terminait par ces mots : « La présence de MM. Barrot et Duvergier de Hauranne n'était pas un acte *d'adhésion à la République* et une déclaration de guerre à la royauté; mais nous l'avons blâmée et nous la blâmons comme un grand scandale. » Ces faits donnent le sens des attaques violentes des *Débats* contre les souvenirs de la Révolution. C'était probablement un mot d'ordre donné.

cette Judith brandissant sa hache, cette Charlotte armée de son couteau, sur un théâtre comme le Gymnase, qui jusqu'ici n'a tué les gens qu'à coups d'épingles à broder; si vous faites intervenir l'assassinat politique dans ce délicieux petit boudoir où M. Scribe et ses colombes amoureuses roucoulent tendrement depuis vingt ans? Mettre du sang, et du sang de Marat, sur cette boîte à odeur, sur cette cassolette, faire du 93 en miniature! prenez garde, vous risquez de donner mal au cœur à votre public, à moins que vous n'échappiez au dégoût par le ridicule.

» Il y a autre chose à dire encore, — et c'est là notre troisième raison : — je n'admets pas qu'on puisse sans un grand danger prendre nos grands noms révolutionnaires, terribles ou touchants, pleins de sang ou pleins de larmes, de crimes ou de vertus, pour en faire aujourd'hui sous nos yeux un divertissement pour le théâtre et un prétexte de drame. Laissez ces personnages héroïques ou coupables, ces événements admirables ou effrayants, affreux ou sublimes, se fondre et se nuancer par le lointain. Ils ont besoin d'horizon pour être contemplés sans préjugés et sans douleur, et nous les touchons encore de trop près.

» D'une vaste et redoutable tragédie vous faites une parodie impertinente. La belle idée de mettre en duo Barbaroux, Pétion et Vergniaud! Comme cela est amusant d'entendre fredonner un air à ces têtes coupées!

» MM. Dumanoir et Clairville ont pu se convaincre que le parterre ne partageait pas sur ces questions leur coupable légèreté. Il a très-vertement sifflé les pasquinades que ces messieurs ont cru devoir appeler à leur aide pour égayer le poignard de Charlotte Corday et le sanglant voisinage de Marat. »

III.

Feuilleton de la *Presse* du 19 juillet 1847. — Théatres.
— Gymnase. — *Charlotte Corday*, vaudeville en trois
actes de MM. Dumanoir et Clairville. Article de
M. Th. Gautier.

« L'idée de mettre cette terrible histoire en vaudeville est
des plus saugrenues et ne peut avoir été inspirée que par le
grand succès de M. de Lamartine. Figurez-vous Barbaroux,
Petion, Louvet et les autres, chantant des couplets ; un chœur
de Girondins, sur un air connu, n'est-il pas une belle invention ?

» Il n'y a rien de dramatique, ou du moins de théâtral,
dans la vie de Charlotte Corday. Elle ne confia à personne son
secret, frappa le monstre auquel elle attribuait les malheurs de
la patrie, et mourut silencieuse comme elle avait vécu ; le
combat est tout intérieur. Charlotte Corday pourra être le
sujet d'un admirable récit ou d'une ode sublime : M. de Lamartine et André Chénier l'ont prouvé ; mais cette blanche
statue solitaire refusera toujours de se mêler aux groupes scéniques plus ou moins habilement arrangés par les dramaturges. Un grand poëte pourrait traduire en monologues
sublimes l'âme et les pensées de l'héroïque petite-fille de Corneille, mais là s'arrêterait sa puissance.

» Cette figure solennelle, faite pour le marbre, ne peut se
livrer devant une rampe de quinquets aux évolutions tumul-
tueuses du drame.

» Dans leur œuvre, MM. Clairville et Dumanoir nous font
voir Charlotte Corday à Caen, chez sa vieille tante, Mme de
Bretteville, lisant Plutarque, la Nouvelle Héloïse et la Bible à
l'endroit de Judith, écoutant les Girondins parler politique et
couvant déjà son projet ; puis, ils nous présentent l'intérieur
de la maison de Marat, où des femmes sont occupées à plier
le journal de l'Ami du peuple. Marat ne paraît pas, mais on

entend mugir sa voix à la cantonade; le jugement de Charlotte Corday forme fatalement le troisième acte.

» A travers tout cela serpente un amour romanesque pour M. de Belsunce, qui tâche de sauver Charlotte Corday, bien qu'il ait été massacré par la populace de Caen, ce qui produit un effet assez ridicule.

» Probablement ces messieurs, qui sont d'une habileté scénique proverbiale et que nul ne surpasse pour la charpente, n'auront pas trouvé l'action de Charlotte Corday assez *motivée;* ce n'est plus pour délivrer la France d'un scélérat que la courageuse fille arme sa main pâle d'un long couteau, mais bien parce que le nom de son amant se trouve sur une liste de proscription : c'est pour le venger.

» Charlotte Corday a-t-elle aimé quelqu'un? C'est un mystère que la tombe garde et que nul ne peut éclaircir. On a parlé de M. de Belsunce, de M. de Franquelin, dont le cercueil renferme, dit-on, des lettres et un portrait d'elle; mais rien de tout cela n'est prouvé. Le seul amant de Charlotte Corday est un amant posthume, Adam Lux, dont elle prit l'âme dans un regard suprême, et qui la suivit jusqu'à l'échafaud, où bientôt il monta enivré et joyeux comme sur un lit nuptial. « Je gravais dans mon cœur, s'écrie-t-il avec » une admirable éloquence de passion, cette inaltérable dou- » ceur au milieu des hurlements barbares de la foule; ce re- » gard si doux et si pénétrant, ces étincelles vives et humides » qui s'échappaient comme des pensées enflammées de ces » beaux yeux, dans lesquels parlait une âme aussi intré- » pide que tendre; yeux charmants, qui auraient dû émou- » voir un rocher! Souvenirs uniques et immortels, qui » brisèrent mon cœur et le remplirent d'émotions jusqu'alors » inconnues! Émotions dont la douceur égale l'amertume, et » qui ne mourront qu'avec eux! Qu'on sanctifie le lieu de » son supplice et qu'on y grave ces mots : « Plus grande que » Brutus! »

« Mourir pour elle, être souffleté comme elle par la main » du bourreau; sentir, en mourant, le froid du même cou- » teau qui trancha la tête angélique de Charlotte; être uni à

» elle dans l'héroïsme, dans la liberté, dans l'amour, dans la
» mort, voilà désormais mes seuls vœux [1]. »

» Etrange et merveilleux amour ! le plus pur, le plus im-
matériel qui ait jamais fait battre un cœur humain ; avec
quels tressaillements de bonheur, quelle ivresse céleste ces
deux âmes durent-elles se rencontrer dans ce monde où les
nobles esprits nagent vêtus de beauté et de lumière ! »

Les critiques furent donc unanimes dans leur arrêt,
et cet arrêt fut sévère et mérité. Ce n'est pas nous qui
viendrons y contredire. Évidemment le cadre du Gymnase
n'était pas de taille à contenir un pareil sujet. Par quelle
aberration avait-on été conduit à cette incursion du vaudeville dans l'histoire ? Était-ce pour obéir à la mode, qui était
aux sujets révolutionnaires, et lutter contre le *Chevalier de
Maison-Rouge*, qui était annoncé à l'avance [2], ou voulait-on
découper dans le caractère de Charlotte de Corday un rôle
propre à faire ressortir le jeu sympathique de Rose Chéri,
devenue récemment la femme de M. Montigny, le directeur
du Gymnase ? Nous l'ignorons : ce qui nous étonne, c'est
qu'une fois leur projet conçu, les auteurs, qui ne man-
quaient ni de talent ni d'habileté scénique, n'aient pas tiré
un meilleur parti des ressources qui étaient à leur disposition.

Qu'ils aient admis l'amour de Charlotte de Corday pour
M. de Belsunce, ils y étaient autorisés par une tradition fa-
buleuse, mais ancienne, et appuyée sur une autorité sinistre :

---

[1] Nous devons avertir que ce n'est pas le texte pur de la brochure
d'Adam Lux. (V. cette brochure, p. 4, 5 et 6.)

[2] Les deux pièces furent jouées presque concurremment. La première représentation du *Chevalier de Maison-Rouge* au Théâtre Historique est du 3 juillet, et celle de *Charlotte Corday* au Gymnase du
13 juillet 1847.

c'est Fouquier-Tinville [1] qui le premier a imaginé d'expliquer la mort de Marat par le meurtre de Belsunce, et d'attribuer à un acte de vengeance l'acte de Charlotte de Corday.

Seulement, ce point de départ adopté, il fallait être conséquent et rester fidèle jusqu'au bout à la donnée de la légende. Dans cet ordre d'idées, l'Ami du Peuple aurait été frappé parce que son journal aurait réclamé à grands cris la tête de M. de Belsunce, major du régiment de Bourbon, et excité contre lui la fureur de la populace caennaise. Charlotte, en le tuant, n'aurait voulu que lui demander compte du sang de son fiancé, du neveu de sa bienfaitrice, madame de Belsunce, l'Abbesse de Caen.

Rien n'est moins vrai [2], mais rien n'est plus logique, plus

[1] Lettre de Fouquier-Tinville au Comité de Sûreté générale :

« CITOYENS...

» Je vous observe que je viens d'être informé que cet assassin femelle (Charlotte de Corday) était l'amie de Belsunce, colonel, tué à Caen dans une insurrection, et que depuis cette époque elle a conçu une haine implacable contre Marat, et que cette haine paraît s'être ranimée chez elle au moment où Marat a dénoncé Biron, qui était parent de Belsunce, et que Barbaroux paraît avoir profité des dispositions criminelles où était cette fille contre Marat pour l'amener à exécuter cet horrible assassinat.

» *Signé :* FOUQUIER-TINVILLE. »

Lettre appartenant aujourd'hui à M. Feuillet de Conches.

[2] Marat n'a jamais demandé la tête de M. de Belsunce, par une raison fort simple, c'est que son journal n'a paru qu'un mois après le massacre de cet officier. Le premier numéro est du 12 septembre 1789 ; M. de Belsunce périt dès le 12 août de la même année. M. Henri de Belsunce n'était pas le neveu de madame l'Abbesse de Belsunce. Il était son parent éloigné, portait bien son nom, mais n'appartenait pas à la même branche de cette antique maison. Il était des vicomtes de Belsunce (de Macaïe), tandis qu'elle descendait des Belsunce de Castelmoron. Elle était décédée le 3 février 1787, et il ne vint en garnison à Caen qu'en avril 1789. C'est une question de savoir si M. Henri de Belsunce a connu non-seulement Charlotte de Corday, mais même l'Abbesse de la Sainte-Trinité.

admissible au théâtre. Il y avait là tous les éléments d'un scénario approprié au drame anodin du Gymnase.

Au lieu de cela, les auteurs imaginent de ressusciter en 1793 Belsunce mort dès le 12 août 1789, d'en faire un chef de Vendéens, et de le mettre chez l'Ami du peuple face à face avec Charlotte de Corday!

Alors, celle-ci n'a plus de raison de tuer Marat, le poignard lui tombe des mains. Chose étrange, ce n'est pas la première fois que cette faute a été commise. Nous l'avons déjà trouvée dans la pièce de Zschokke. (V. ci-dessus, p. cxci.) Pour sortir de cette situation, il faut recourir à des expédients de coulisses, un de ces cabinets providentiels qui ne se trouvent jamais qu'au théâtre, une liste de proscription que Charlotte trouve (en rangeant les journaux de Marat!), et le nom de M. d'Armans inscrit sur cette liste..... Charlotte oublie ce qu'elle vient de dire à l'instant même : « Marat peut d'un mot sauver la vie d'un malheureux, et j'allais tuer cet homme!.... je ne peux plus, je ne veux plus le tuer..... » (Scènes IX et XII.) Et, ceci dit, elle le tue (Scène XVII).....

Il y a trois directions différentes données à l'action principale, trois explications contradictoires de la pensée qui anime mademoiselle de Corday se succèdent coup sur coup.

D'abord, elle se place sous l'invocation de Judith qu'elle veut imiter; sa mission n'est pas la vengeance d'un homme, c'est le salut d'un peuple.

Ensuite, il ne s'agit plus du peuple, mais de venger la mort de son amant, qu'elle croit avoir été traîné barbarement au dernier supplice.

Enfin, cet amant n'étant pas mort, elle se dévoue pour sauver son père, son frère, etc....., n'importe qui!

On se demande pourquoi tant d'efforts en sens contraires, pourquoi torturer à ce point la vérité et la raison, alors qu'il était si facile de tracer un rôle simple, touchant, pathétique, en un mot, dans les moyens de l'artiste charmante qui devait jouer le rôle du personnage principal de la pièce ?

Tant d'incohérences injustifiables devaient finir par révolter un public habitué pourtant à bien des faiblesses pour les licences dramatiques. La pièce tomba, et, il faut le dire, moins encore par le faux goût du genre pratiqué au Gymnase que par le goût pour le faux poussé par les auteurs à ses dernières limites. On avait rêvé un triomphe pour Rose Chéri, elle ne recueillit que le blâme des uns et les injures des autres.

Voici ce qui fut pour elle le coup de pied de la fable que Charles Maurice se chargea de lui administrer :

« Il n'est personne, dit le *Courrier des Spectacles*, n° du 17 juillet, qui n'ait jugé d'avance qu'une héroïne sévère, noble, grande, historique et belle, ne pouvait trouver sa représentante dans une actrice de fantaisie, commune, étriquée, sans cachet, et privée des dons qui font le principal charme de son sexe en même temps que le premier avantage de l'artiste dramatique..... La science d'un caractère n'a pas même été indiquée par elle dans Charlotte de Corday, dont elle a fait une petite personne glacée, sucrée, minaudière, sans âme, sans par-delà, vaporeuse, presque coquette et grasseyante. Il est vrai que, Bressant excepté, elle était bien mal entourée, Bressant qui a de la scène, du goût, de l'élégance, et le sentiment d'un rôle. » A côté de cette ruade brutale, il faut placer une appréciation plus juste. « Madame Rose Chéri, dit l'*Entr'acte* du 15 juillet 1847, a été noble et digne, simple et touchante, comme toujours. » Notons que cet article n'a rien de banal, qu'il contient une appréciation très-remarquable du caractère de Charlotte de Corday.

La pièce se traîna sur l'affiche jusqu'au 17 août, c'est-à-dire pendant moins d'un mois, et ne reparut plus.

La *Charlotte Corday* du Gymnase donna lieu à plusieurs revendications qui ont leur intérêt pour l'historique que nous poursuivons. Madame Louise Colet écrivait au *Constitutionnel* du lundi 26 juillet 1847 :

« Monsieur,

» Permettez-moi de rappeler dans votre journal qu'en 1842 j'ai publié des tableaux dramatiques en vers sur *Charlotte Corday*. Tous les journaux rendirent compte de mon ouvrage, et le *Constitutionnel* en cita de grands extraits. L'an passé encore [1], M. Albert Aubert a parlé dans votre feuilleton avec une extrême bienveillance de la seconde édition de ce travail.

» Je m'étais efforcée de faire revivre dans ces scènes la jeune fille si belle et si pure qui puisa son exaltation et son courage dans le patriotisme et l'amour de l'humanité, et non point dans un sentiment plus tendre, ainsi que l'ont supposé quelques dramaturges et quelques romanciers. Pour moi, je me serais bien gardé de rien ajouter à cette noble et sereine figure. La fiction ne saurait lutter avec la vérité lorsqu'elle est aussi poétique.

» Qu'imaginer, en effet, de plus poétique que cette petite-nièce du grand Corneille qui, après avoir écouté de la bouche des Girondins exilés à Caen le récit des crimes de Marat, leur dit simplement : « Et vous le laissez vivre? » qui, ensuite, prête à abandonner la maison de la sœur de son père pour accomplir son généreux dessein, s'écrie devant le portrait de son grand-oncle :

Oh! si tu revivais, etc.

---

[1] Nous avons retrouvé cet article dans le *Constitutionnel* du 11 août 1846. Revue littéraire.

puis, dans son interrogatoire, déclare fièrement qu'*elle était républicaine avant la République*, et répond à un juré qui lui demande si elle pense avoir tué tous les Marat : « Celui-là » mort, les autres auront peur[1] ! » et qui enfin termine la lettre d'adieux qu'elle écrit à son père, avant de marcher au supplice, par ce vers de Thomas Corneille :

> Le crime fait la honte, et non pas l'échafaud.

» J'ai dû à la fidélité scrupuleuse que j'ai mise à peindre le caractère historique de Charlotte Corday l'accueil favorable que la presse fit à mon ouvrage, mais je l'attribue surtout aux notes qui accompagnaient mes vers : des communications bienveillantes m'avaient permis de publier la première des lettres et des documents inédits que j'ai été heureuse de retrouver dans l'*Histoire des Girondins* de Lamartine. Sous cette plume puissante, la belle figure à laquelle je n'avais pu donner qu'un souffle éphémère est redevenue vivante, et, désormais, il n'est plus permis d'y toucher qu'avec respect.

» La *Charlotte Corday* jouée au Gymnase, celle dont s'occupe M. Ponsard et celle que fait annoncer M. Constant Berrier, m'ont décidée, Monsieur, à réclamer la priorité du choix d'un sujet qui semble attirer comme à l'envi tant d'écrivains.

» Mes tableaux dramatiques n'ont pas été, il est vrai, représentés au théâtre, mais ils auraient pu l'être si j'avais consenti à insérer, ainsi que me l'ont demandé plusieurs directeurs, l'élément romanesque dans le rôle de Charlotte.

» Tel qu'il est, d'ailleurs, je n'ai point renoncé à la représentation de cet ouvrage ; c'est ce qui m'a déterminée, Monsieur, à vous adresser les explications qui précèdent.

» Recevez, etc.

» Louise Colet.

» 22 juillet 1849. »

---

[1] Nous nous félicitons de nous rencontrer ici avec madame Louise Colet (V. ci-dessus, p. LV). Lorsque nous avons écrit notre Préface, nous ne connaissions pas cette lettre, que nous n'avons trouvée qu'au cours de l'impression de la *Bibliographie dramatique*, après quatre mois de longues et laborieuses recherches.

Le 27 juillet, l'*Entr'acte* publiait ce petit entre-filet :

« Les réclamations continuent au sujet de *Charlotte Corday*. Madame Louise Colet a écrit hier à un journal pour rappeler l'attention sur une étude dramatique ancienne.

» Il y a quelque temps, c'était M. Constant Berrier qui se plaignait que l'on eût défloré ce sujet tragique.

» On a fait entendre des plaintes semblables au nom de M. Ponsard.

» Nous pensons n'être pas au bout des réclamations de ce genre. Il paraît que l'idée de mettre Charlotte Corday en scène a germé simultanément dans toutes les têtes. Puissent les lettres qui pleuvent dans tous les journaux détourner quelques personnes de donner suite à ce bizarre projet ! »

Il y avait donc déjà une réclamation de Ponsard et une autre de M. Constant Berrier. Nous n'avons pu trouver la première, et la seconde ne nous est parvenue qu'à l'état de citation dans l'article de M. J. Janin qu'on va lire.

XXII.

CHARLOTTE CORDAY, Tragédie, par M. Constant Berrier. (Inédite.) — (1840-1847).

Voici ce que nous savons de ce drame, qui ne nous était connu que par une lettre de l'auteur insérée dans le compte rendu du vaudeville joué au Gymnase. L'article est de M. Jules Janin.

« Un autre inconvénient de ces drames improvisés plutôt pour le caprice que pour le besoin d'un théâtre, c'est que cette improvisation même rend presque impossibles les œuvres sérieuses, les œuvres poétiques, la poésie, l'effroi des bourreaux, le châtiment des coupables, la consolation et l'auréole des créatures innocentes! Vous la chassez de la Révolution par l'abus même que vous faites de la Révolution et de ses héros. Je reçois à l'instant même une lettre d'un homme de mérite et de talent[1], qui se plaint, en termes très-amers, du gaspillage trop fréquent des plus nobles sujets de drame. Esprit sérieux, laborieux, dévoué à sa tâche, M. Berrier ne comprend pas que ce drame, auquel il a consacré cinq ou six années de sa vie, qu'il a disposé avec toute la sollicitude d'un ambitieux des honneurs littéraires, lui soit enlevé par un vaudeville! Il s'afflige, il s'inquiète, il s'irrite : « Où allons-» nous? s'écrie-t-il; qui nous régit? qui nous gouverne? à qui se » plaindre? à qui demander protection?... J'annonce une » *Charlotte Corday*, un drame qui a épuisé tout ce qui me » restait de sang, d'espoir, religieusement couvé depuis dix » ans; voici un couplet de chanson qui renverse mon édi-» fice. »

» M. Berrier a raison de se plaindre; il aurait tort de se laisser abattre. Dieu merci, ce sont là des obstacles d'un jour, et les belles œuvres resteront éclatantes et pures, nonobstant tout cet esprit de déprédation. Le vaudeville, pareil au sauvage, coupe l'arbre pour avoir le fruit : passe un poëte qui emporte cette palme coupée et qui la féconde sous le souffle patient de l'inspiration. »

(*Journal des Débats* du 19 juillet 1847, feuilleton de M. J. Janin sur la pièce de *Charlotte Corday*, donnée au Gymnase, par MM. Dumanoir et Clairville.)

L'existence de cette pièce était en outre constatée :

1° Par les lettres de madame Louise Colet rapportées ci-dessus, p. CCXCV, et ci-dessous, p. CCCXIX;

---

[1] M. Constant Berrier, l'auteur d'une *Françoise de Rimini* qui a réussi sur le théâtre de l'Odéon. (V. l'article qui lui a été consacré par la *Biographie* de Rabbe et Sainte-Preuve.) Il est signalé comme appartenant à l'école romantique et comme pouvant prétendre à prendre place parmi les écrivains distingués du dix-neuvième siècle.

2° Par le *Dictionnaire universel du théâtre* de Goizet, publication excellente qui mentionne parmi les pièces composées sur Charlotte de Corday le *drame inédit* de M. Berrier.

L'*Entr'acte* du 21 juillet 1847 nous donnait déjà quelques détails de plus :

« La réouverture de l'Odéon, fixée au 15 septembre, sera inaugurée par une tragédie nouvelle, intitulée *Charlotte Corday*. L'auteur est M. Constant Berrier, à qui la même scène doit déjà une *Françoise de Rimini*. M. Vizentini vient d'engager, pour représenter l'héroïne qui tue Marat, une jeune tragédienne, nommée mademoiselle Laurent, et qui possède, dit-on, la vigueur du talent, l'ampleur et la beauté qu'exige le caractère historique du personnage. »

Voici maintenant ce que nous sommes parvenus à savoir par M. Berrier fils, conservateur à la Bibliothèque Mazarine :

M. Vizentini n'ayant pas eu la direction de l'Odéon, fut remplacé par M. Lireux ou Boccage, avec lequel M. Constant Berrier était en dissentiment; il retira sa pièce : elle passa entre les mains de M. Hostein, qui devait la monter pour le théâtre de la Gaîté. Les événements de 1848 survinrent, et en janvier 1851, M. Constant Berrier mourut sans avoir vu représenter son œuvre. Ses héritiers recueillirent le manuscrit de leur père, et le possèdent encore. Dès 1833, celui-ci [1] avait publié des fragments de sa pièce dans un volume de poésies qu'il avait fait paraître sous le titre de *Sensations*. In-8°, Paris, chez Jules Berrier. 1833. — (Bibl. Nat., Y. 4. Poésie.)

---

[1] Il était Chef du bureau des sciences au Ministère de l'Intérieur.

Les scènes ainsi détachées sont au nombre de trois.
Elles sont intitulées : Les Girondins. Caen, 6 juin 1793
(p. 73). — Les Montagnards. Paris, 13 juillet 1793
(p. 86). — Le Bain, même date (p. 96).

La première scène s'ouvre à Caen. Les Girondins proscrits se réfugient dans cette ville, où ils reçoivent un accueil
hospitalier. M. de Corday et Charlotte, que l'auteur ne
nomme que *le Père* et *la Fille,* s'entretiennent de ces événements. Charlotte est indignée contre les excès de la Montagne, contre Marat surtout, qui est devenu l'incarnation
de la guillotine.

> L'échafaud que promène un monstre, un scélérat;
> L'échafaud, trône affreux, où domine [1] Marat,
> Marat, qui, de la mort sanguinaire interprète,
> Cruel, contre un poignard échangea sa lancette;
> L'échafaud que Danton prépare à ses amis,
> Tribune où Robespierre attend ses ennemis.

Charlotte se rend à l'hôtel de l'Intendance, où les Girondins ont été reçus par les autorités, puis elle revient chez
son père.

CHARLOTTE, à son père.

> Je sors de l'Intendance.
> Par la Convention vingt Députés proscrits
> S'y rendaient à la fois, repoussés de Paris,
> Le sourire à la bouche et les yeux pleins de flamme,
> Et le front aussi pur que doit être leur âme;
> Je les ai vus.

Ici Charlotte fait le portrait des Girondins, les uns que
distingue la grâce, d'autres dont la fierté commande un
saint respect.... Pleine d'enthousiasme, la jeune fille veut

------

[1] Variante du manuscrit.

entraîner le peuple et marcher avec lui à la défense de ses représentants.

LE PÈRE.

Eh quoi! malgré ton sexe et malgré ton jeune âge?...

CHARLOTTE.

Faut-il être homme et vieux pour avoir du courage?

LE PÈRE.

Non; mais tant d'innocence et de timidité!...

CHARLOTTE.

La vertu, quelquefois, n'est qu'une lâcheté!

LE PÈRE.

Crains les yeux, crains les coups de ces hommes infâmes,
Délateurs...

CHARLOTTE.

Oh! je sais qu'ils immolent les femmes.
Jusqu'à nous le martyre, étendant ses rameaux,
Ombrage notre front du cyprès des tombeaux;

. . . .

« Des chants nationaux se font entendre; au milieu d'une foule immense marchent les Girondins traversant la place. On dirait Eudore et Cymodocée allant aux bêtes qui doivent les dévorer.... »

Il est évident que M. Constant Berrier n'était pas un littérateur de profession. Il y a de l'inexpérience dans son style, des lapsus dans ses poésies. En 1833, il cherchait encore sa voie. Les vers que nous avons cités, le souvenir d'*Eudore* et de *Cymodocée,* et l'épigraphe du livre, empruntée aux *Mélanges historiques,* montrent qu'il procédait de Châteaubriand, et M. Berrier fils nous a dit qu'en effet, son père avait une vive admiration pour l'auteur des *Martyrs.* Il en imitait la forme simple, quelquefois abrupte, relevée par de grandes figures à effet, et il cherchait volontiers cet effet dans l'idée des tombeaux, de la mort, images familières au maître et caractéristiques de sa manière. Au point de vue dramatique, il paraît avoir apparatenu à l'école mixte de Casimir Delavigne et s'est rapproché plus tard de l'école romantique.

La scène des Montagnards met en présence Chénier, Danton, David, venus pour visiter Marat malade. Ils se disputent, dit le scenario. — Cette discussion, mêlée de pensées graves et de plaisanteries familières, suivant la mode shakespearienne, est le germe de la délibération des triumvirs. Mais elle ne saurait supporter la comparaison. Elle n'aurait d'autre intérêt que de montrer par combien d'efforts et d'étapes successives il a fallu passer avant d'arriver à la grandeur de la formule définitive trouvée par Ponsard dans la fameuse scène de son quatrième acte.

Au contraire, dans la scène du Bain, la supériorité nous paraît appartenir à M. Constant Berrier. Il a abordé de front le dialogue entre Charlotte et Marat, et il l'a fait avec une originalité et une verve que n'ont atteintes aucun de ses devanciers ou de ses successeurs. — Nous le reproduisons en entier.

LE BAIN.

(Sept heures un quart.)

LA CITOYENNE ÉVRARD *à la jeune fille, en lui montrant la chambre d'où elle sort.*

Il est là qui vous attend.

LA JEUNE FILLE, *entrant avec rapidité.*

Enfin !

(La chambre à coucher de Marat. Il est dans sa baignoire.)

C'est lui !

MARAT.

Que me veux-tu ?

LA JEUNE FILLE.

Te parler de la France.

MARAT.

Quel mal pourrait l'atteindre?

LA JEUNE FILLE.

Un mal sans espérance :
La mort.

MARAT.

Ne sais-tu pas que je veux la sauver?

LA JEUNE FILLE.

Je sais que tu le dis.

MARAT.

Je tiens à le prouver.

LA JEUNE FILLE.

N'as-tu pas demandé pour cela...

MARAT.

Des conquêtes!
De la gloire!

LA JEUNE FILLE.

Non pas!

MARAT.

Mais...

LA JEUNE FILLE.

Mais cent mille têtes!

MARAT.

Deux cent mille!

LA JEUNE FILLE.

Et tu crois qu'elles nous sauveront?

MARAT.

A moins qu'on ne m'indique un remède plus prompt.

LA JEUNE FILLE.

Peut-être en est-il un.

MARAT.

Lequel?

LA JEUNE FILLE, *lui présentant une liste.*

Vois cette liste.

MARAT, *lisant.*

« Petion, Buzot, Guadet... » Le parti royaliste!

LA JEUNE FILLE.

Non, mais des Girondins le parti le plus pur.

MARAT.

Que font-ils? Chacun d'eux conspire!

LA JEUNE FILLE.

En es-tu sûr?

MARAT.

Barbaroux, Duperret, l'abbé Fauchet, vingt autres,
Qui, du fédéralisme audacieux apôtres,
Et qui de la Montagne attaquant les soutiens,
Contre la République arment les citoyens.
Ah! si l'on m'avait cru!

LA JEUNE FILLE.

Qu'en eût-on fait?

MARAT.

Justice.

LA JEUNE FILLE.

N'est-ce donc pas assez que l'exil les punisse?

MARAT.

L'exil! non, c'est la mort que je voulais pour eux.

LA JEUNE FILLE, *portant la main à sa poitrine.*

La mort!

MARAT.

Dans le tombeau, l'homme est silencieux!

LA JEUNE FILLE.

Oui...

MARAT.

. . . .

Marque par une croix ceux qui doivent périr.
Demain, sur l'échafaud, je les fais tous mourir!

(Il lui présente la liste comme pour la lui rendre.)

Tiens!

LA JEUNE FILLE, *se penchant vers lui et le frappant au cœur
du couteau qu'elle a tiré de son sein.*

Meurs!

MARAT, *d'une voix étouffée.*

Femmes! à moi!

(Adrienne Lebourgeois et la citoyenne Évrard accourent, et voyant Marat
immobile la tête penchée sur la poitrine.)

Il est mort.

LA JEUNE FILLE *à elle-même, le couteau sanglant dans la main,
et fixée à la même place.*

Je l'espère!

XXIII.

CHARLOTTE CORDAY, *ou* LA MORT DE MARAT, par
FRÉDÉRIC DIGAND[1].—Bruxelles, chez Perichon, rue de
la Montagne, 26. 1847. In-8° de 116 pages. Suivi d'une
notice sur Charlotte Corday.

PERSONNAGES :

Corday père.
Charlotte Corday, sa fille.
Constant Corday, son neveu.
Louis Chaumont, cultivateur.
Le marquis de Veron (d'abord sous le nom de Jean le Pâtre).
Catherine Evrard, ménagère de Marat.
Thibaut, sergent de troupe.
Marius, commissaire de la Convention.
Drouet, membre de la Convention.
Busquet, crieur public.
Un officier municipal.
Laurent Basse, commissionnaire.
Un greffier, un geôlier, le bourreau.
Peuple, conscrits, soldats.

*Le premier et le second acte se passent
à Saint-Saturnin des Lignerest, village du Calvados,
et le troisième à Paris.*

L'auteur annonce que son drame était écrit lorsque parut l'*Histoire*

Cette pièce est une tragédie en trois actes et en vers.

Au premier acte, Constant Corday et Chaumont se disputent l'amour de Charlotte Corday. Constant est royaliste, Chaumont est républicain. C'est donc pour ce dernier qu'elle se déciderait. Mais la levée en masse met les deux prétendus d'accord en les appelant l'un après l'autre sous les drapeaux. Chaumont se rend à l'armée. Constant s'enfuit.

Au second acte, Constant, qui est revenu en France sous les habits d'un prêtre, est découvert et fusillé. Charlotte Corday jure de le venger, et au troisième acte elle assassine Marat. Chaumont se charge de l'arrêter, la reconnaît et la protége contre les fureurs de la multitude. Plus tard, il trouve le moyen de pénétrer dans son cachot et veut la déterminer à s'enfuir; elle refuse. Le dernier tableau représente la place des exécutions et l'échafaud dressé au fond du théâtre; Charlotte y monte, et Chaumont s'écrie du sein de la foule :

O sublime martyre, allez à l'échafaud !

La toile tombe.

Cette pièce est surchargée d'épisodes oiseux, qui la rendent à peine intelligible, et de tirades fatigantes. Il s'y trouve cependant quelques vers élégants, mais absolument hors du sujet et de l'histoire. Cette faute est d'autant plus étrange, que l'auteur a fait suivre la publication de sa tragédie d'une notice sur Charlotte de Corday : il en résulte qu'il avait sous les yeux Couet de Gironville, Desessarts et probablement Louis Dubois. On ne peut donc comprendre qu'avec ces éléments biographiques qui contenaient un drame véritable, il n'ait produit qu'une œuvre de pure fantaisie.

des Girondins, par M. de Lamartine. Ce n'est donc pas ce livre qui lui a servi de guide.

Il dit s'être aidé de l'ouvrage de Desessarts, *les Crimes de Robespierre*, Paris, 1797.

Cette tragédie n'est mentionnée nulle part.

XXIV.

CHARLOTTE CORDAY, *ou* LES GIRONDINS, *Tragédie en trois actes et en vers, trilogie historique, par* P. C. GASC. — Bruxelles, Decq. 1848. In-8° de 77 pages.

La pièce est dédiée à M. de Lamartine, par une lettre datée du 1ᵉʳ décembre 1847. L'auteur nous apprend que c'est la lecture de l'HISTOIRE DES GIRONDINS qui lui a inspiré l'idée de traiter en vers l'épisode à la fois touchant et terrible de Charlotte de Corday. Il nous apprend aussi qu'il s'était rendu à Paris pour faire représenter sa tragédie à l'Odéon, mais qu'il dut renoncer à ce projet, la censure (de 1847) ne voulant absolument pas permettre la représentation d'une pièce où Marat est en scène.

Distribution de la pièce.

Charlotte Corday.
Madame de Bretteville, tante de Charlotte.
Madame de Belzunce, ancienne abbesse de l'Abbaye aux Dames
    à Caen.
M. de Coulonges, vieux royaliste, ami de mesdames de Belzunce
    et de Bretteville.
Franquelin, amant de Charlotte Corday.
Barbaroux,
Louvet,
Petion,
Buzot,   } Girondins proscrits réfugiés à Caen.
Valady,
Salle,
Marat.
Camille Desmoulins.
Fouquier-Tinville.
L'abbé Bassal, ami de Marat, curé constitutionnel de Versailles.

Catherine Evrard, concubine de Marat.
Laurent Basse, commissionnaire, employé chez Marat.
Chabot, ⎫
Drouet, ⎬ membres de la Convention nationale.
Legendre, ⎭
Richard, geôlier de la Conciergerie.
Madame Richard, etc.

La scène s'ouvre à Caen, dans le jardin de Mme de Bretheville. Elle s'entretient des événements politiques avec les
Girondins. Barbaroux entre et annonce que Marat, non content de les avoir chassés de la Convention, demande que leurs
têtes tombent. Chacun des Girondins indique un moyen de
combattre le farouche tribun. Mais, dit Charlotte, c'est la
guerre civile! On se sépare. Charlotte, restée seule avec Barbaroux, lui demande son appui; il se trompe sur le sens de
ses paroles et répond par une déclaration d'amour. Charlotte
le repousse. Elle lui apprend son départ et le besoin qu'elle
aurait d'une recommandation pour Mlle de Forbin. Il sort.
Restée seule, elle se parle à elle-même et apprend aux spectateurs que tout son amour n'est que pour Franquelin. Longues
scènes entre Mme de Bretheville, Mme de Belsunce et Charlotte[1].
Nous l'avons déjà dit, Mme de Belsunce était morte en 1787,
deux ans avant son neveu, qui périt en 1789. Il y a donc
là un anachronisme inexcusable. Quoi qu'il en soit, Mme de
Belsunce raconte la mort de son neveu Henri de Belzunce :

   . . . . Victime de la rage
   De ce peuple hideux que pousse un scélérat,

[1] Avertissons une fois pour toutes qu'il faut écrire de Bretheville
par un *h* et un seul *t;* de Belsunce par un *s;* Laurent Bas et non
Basse; Siéyes avec un accent aigu sur l'*e,* et non Sièyes avec un
accent grave; Barere et Petion sans accents. Mais en même temps que
nous employons l'orthographe véritable des noms pour notre usage,
nous copions sans les rectifier les orthographes inexactes des écrivains dramatiques, auxquelles on voudra bien ne pas attacher plus
d'importance qu'à ceux-ci.
De même pour le nom de famille de Charlotte : historiquement il
faut dire DE CORDAY D'ARMONT, mais quand nous répétons ce nom
d'après le titre d'une pièce, ou d'après un auteur, nous ne changeons
pas le texte cité et nous disons Charlotte Corday.

> Son idole, son Dieu, le féroce Marat !...
> Je vois encor d'ici, parcourant notre ville,
> Ces monstres excitant à la guerre civile,
> Pillant, assassinant dans leur sombre fureur,
> Et partout sous leurs pas répandant la terreur !...
> Ce jour-là, sur la place, on dit que la statue
> De Judith a frémi ; chacun croit l'avoir vue
> Dans une main tenant un glaive teint de sang
> Et dans l'autre une tête au regard menaçant [1],
> Lorsqu'Henri sous ses pieds tomba dans la poussière,
> Murmurer, en tremblant, sur ses lèvres de pierre
> Ces deux mots, ces deux noms : Holopherne, Goliath...

On comprend quelle peut être l'influence de ces tableaux, de ce nom de Judith sur l'esprit de Charlotte, qui est là et qui écoute

Barbaroux rentre pour apporter à celle-ci la lettre qu'il lui avait promise, il la trouve lisant dans la Bible l'histoire de Judith.... Le dialogue qui s'engage entre eux fait entrevoir que déjà la pensée de frapper Marat s'agite dans l'esprit de Charlotte, mais sa résolution n'est pas encore prise ; Franquelin, qui survient, lui apprend qu'il s'est engagé parmi les volontaires, il part pour marcher avec eux sur Paris. Alors elle n'hésiste plus :

> Franquelin dans leurs rangs est parti... Je ne peux
> Le laisser exposé à périr avec eux,
> Il faut les devancer et leur sauver la vie.
> Mon bras saura bien seul briser la tyrannie.
> . . . .
> Tous ces vaillants soldats. . . . .
> Tous ces cœurs généreux qu'anime un saint transport
> Pour abattre Marat, briser ce monstre infâme,
> C'est trop ! car il suffit de la main d'une femme !

[1] Ce détail fantastique est emprunté au roman de M. Esquiros sur Charlotte de Corday. On y lit, t. Ier, p. 98 :

« Nous avons parlé plus haut d'une statue de Judith qui se trouve à Caen dans la cour de l'hôtel de ville ; c'est une belle et forte femme qui tient le glaive d'une main et de l'autre une tête coupée ; au moment où Henri de Belsunce tomba sur la place devant les fenêtres de l'hôtel de ville, cette statue mystérieuse remua ses lèvres de pierre, et, les cheveux au vent, la jambe nue, le sein droit soulevé hors de sa robe, murmura tout bas : Mort à Holopherne ! »

Voilà le nœud de la pièce et sa condamnation. Car Franquelin est un personnage qui n'a jamais existé que dans l'imagination de Paul Delasalle. Le départ de ce Franquelin pour Paris comme volontaire est une invention de M. de Lamartine, qui a encore ajouté à la légende du charmant conteur. M. Gasc a adopté toutes ces fables entées les unes sur les autres et qui vont ainsi grandissant! Il faut dire que l'épisode de Franquelin avait été détaché de l'ouvrage et publié à part dans les Revues belges dès 1847. Il était présenté d'ailleurs avec toutes les apparences de la sincérité.

L'auteur a admis et donné pour vraie une circonstance purement imaginaire, qu'il a trouvée, aussi bien que la statue parlante, dans le roman de M. Esquiros. Il a supposé que Marat, poursuivi pendant les premières années de la Révolution et cherchant à gagner les bords de la mer, avait passé par Caen (p. 8, édit. pop.), qu'il y avait rencontré Charlotte de Corday, qu'elle lui avait procuré un asile, et que ce souvenir était revenu vaguement à sa mémoire au moment où la jeune fille se faisait annoncer comme arrivant du Calvados (p. 10). Libre au poëte dramatique ainsi qu'au romancier d'admettre de pareilles fictions. Seulement il ne faut pas ajouter en note que ce sont des faits historiques. D'abord, nous ne saurions trop le répéter, M. Esquiros n'a attribué à son livre que la valeur d'un roman; puis, s'il a dit que le voyage de Marat à Caen avait eu lieu réellement en 1790 ou 1791, il n'a point étendu cette déclaration à la prétendue rencontre avec Charlotte de Corday. (V. la note de la page 11, édition populaire in-4° de la *Charlotte Corday* de M. Esquiros.

Le second acte se passe à Paris dans l'appartement de Marat. Il est rempli par deux dialogues : l'un entre l'Ami du Peuple et Camille Desmoulins, l'autre entre Bassal et

Marat. Ce dernier croit que l'abbé n'a été attiré que par son état de maladie et qu'il sonne l'heure de ses funérailles. Ses jours seraient-ils en danger? Mais Bassal le détrompe; il n'est venu que pour le ramener à des idées plus humaines. Marat persiste. Les vers suivants nous paraissent les meilleurs de la pièce.

> Il faut que je triomphe ou bien que je périsse.
> Contre mes ennemis j'exerce la justice!
> Le peuple était trop bas et le pouvoir trop haut,
> Je les ai rapprochés sous un même niveau,
> Pour qu'ils connussent mieux leurs besoins, leur puissance.
> Si j'employai le peuple aux jours de la vengeance,
> C'est qu'après tout le peuple est le vrai souverain,
> Il doit tout décider.... son pouvoir est divin!!
> Je taille dans le vif un avenir tranquille,
> Nous semons dans le sang, c'est un engrais fertile!...
> . . . .
> Du peuple et de ses droits c'est moi qui suis l'emblème,
> Je suis le bras vengeur qui punit les pervers.
> . . . .
> Nous faisons maintenant une moisson d'idées,
> Par les siècles déjà dès longtemps fécondées;
> Mais pour toute moisson on emploie une faux,
> Pour faucher nos épis, nous avons l'échafaud!!!

Charlotte se présente sur ces entrefaites. — Elle est admise dans les circonstances connues. Elle frappe Marat et est arrêtée. Tableau de Henri Scheffer (*sic*).

Le troisième acte n'est plus que la paraphrase des réponses de Charlotte devant le Tribunal et le résumé de ses lettres à son père et à Barbaroux. L'auteur a introduit dans la prison Fouquier-Tinville, qui voudrait obtenir de la condamnée l'aveu de ses complices. Nous remarquons ces vers :

CHARLOTTE.

L'échafaud, citoyen, est une autre victoire
Qui couvrira mon nom d'une noble mémoire.
Je vois en ce moment s'ouvrir devant mes yeux
La gloire sur la terre et le bonheur aux cieux !

FOUQUIER-TINVILLE.

Marat est au tombeau, Robespierre se lève !...
Dans ses mains désormais il tiendra seul le glaive.

Au moment où Charlotte de Corday quitte la Conciergerie, l'orage éclate et le tonnerre gronde avec force.
Détail exact et qui prouve que l'auteur avait étudié minu-
tieusement son sujet. Une seule remarque : il ne parle de
Franquelin ni au second ni au troisième acte; son nom n'est
plus prononcé dans la pièce. Il était donc de trop, puisque
l'auteur lui-même semble avoir mis son héros en oubli.

La légende de Franquelin ne se soutenait pas par elle-
même, et on ne comprend guère que M. de Lamartine lui
ait fait l'honneur de l'adopter. Elle n'était pas digne de
l'histoire. M. Léon de la Sicotière en a fait justice dans la
réfutation péremptoire qu'on va lire.

« M. Paul Delasalle[1], et après lui M. de Lamartine[2], ont
admis une légende bien plus romanesque encore. Un jeune
homme, du nom de Franquelin, serait venu, quelque temps
après le supplice de Charlotte, mourir à Vibraye (Sarthe) de
douleur et d'une fluxion de poitrine. Il portait toujours sur
son cœur un portrait et des lettres de Charlotte Corday, et il
aurait exigé en mourant que ces lettres et ce portrait fussent
ensevelis avec lui. Le secret, longtemps gardé, aurait été
divulgué par une vieille gouvernante qui, voyant un jour
dans la galerie d'un amateur du Mans (M. de Saint-Remy)

[1] *Charlotte Corday,* 1845, p. 64.
[2] *Histoire des Girondins,* liv. XLIV, n° 11.

une copie de la *Charlotte Corday* de Scheffer, aurait reconnu, sans hésiter, dans les traits de l'héroïne, ceux de la jeune fille dont Franquelin, son ancien maître, contemplait si souvent l'image adorée plus de quarante ans auparavant. Outre que ce nom de Franquelin n'a laissé aucun souvenir ni dans la ville de Caen, ni dans la famille de Charlotte de Corday, ni même à Vibraye[1], faut-il relever tout ce qu'offre d'invraisemblable une pareille reconnaissance après un si long temps écoulé? Faut-il surtout faire remarquer que le portrait de Charlotte que Scheffer a placé dans son tableau est entièrement de fantaisie? Il m'en a fait lui-même l'aveu à une époque où l'on n'avait pas encore retrouvé l'original d'Hauer, en regrettant de ne pas avoir eu à sa disposition de portrait authentique. Si l'amante de Franquelin ressemblait à la *Charlotte* de Scheffer, nous pouvons affirmer que ce n'était pas la véritable Charlotte Corday. » (*Charlotte Corday et Fualdès,* par L. de la Sicotière. 1867, p. 6.)

En novembre 1849, le théâtre du Luxembourg, à Paris, donnait un drame de CHARLOTTE CORDAY. Des affiches pompeuses avaient annoncé que la pièce serait jouée par des artistes de province; le rôle de Charlotte notamment devait être confié à une dame Beuzeville, première actrice du théâtre de Lyon.

La représentation avait marché paisiblement jusqu'au cinquième acte, mais à ce moment le public orageux de ce théâtre manifesta son mécontentement par de bruyants sifflets dirigés contre les acteurs. Ceux-ci s'insurgent. Le mari de la prima donna dramatique fait irruption sur la scène. Le tumulte devient général; le rideau baisse. Cependant la représentation reprit son cours grâce à une petite harangue

---

[1] Les Registres des décès de Vibraye de 1792 à 1795 ne contiennent point le nom de Franquelin.

que la dame Beuzeville débita avec beaucoup de convenance et d'à-propos. Seulement les artistes, déjà à demi déshabillés, durent achever leurs rôles en costumes de ville.

Un pareil incident, de peu d'importance devant un parterre d'étudiants, serait passé inaperçu, si le grave *Journal des Débats* ne s'était avisé d'en rendre compte comme s'il s'était agi d'un scandale parlementaire. On voyait alors de la politique partout, et on ne voulait voir de souvenirs de la Révolution nulle part. Note à prendre pour expliquer le mauvais vouloir que rencontra trois mois plus tard la tragédie de Ponsard.

L'article des *Débats* provoqua une réponse de la dame Beuzeville, qui savait aussi bien manier la plume que la parole. Sa lettre est insérée dans le numéro du journal du 10 novembre. C'est de ces documents que nous avons extrait les détails qui précèdent.

Quel était ce drame de *Charlotte Corday* en cinq actes? Nous ne connaissons que celui de Régnier d'Estourbet (V. ci-dessus, n° XIX) qui réponde à cette indication, les drames de V. Ducange et de Clairville et Dumanoir n'étant divisés qu'en trois actes. Mais le théâtre du Luxembourg pouvait-il à cette époque jouer les pièces appartenant au répertoire du Théâtre-Français? On nous affirme que la Comédie française ne l'aurait pas souffert. Il y aurait alors à se demander quel était ce drame resté inconnu aussi bien que son auteur. Le directeur du théâtre du Luxembourg en 1849, aujourd'hui régisseur de la scène à l'Opéra, sans avoir gardé souvenir de cette pièce, nous dit qu'elle ne venait certainement pas des Français, et M. Goizet, que nous avons consulté, pense que ce pouvait être une pièce faite *ad hoc* ou une reprise de *Sept heures*.

XXV.

CHARLOTTE CORDAY, *Tragédie en cinq actes*, par FRANÇOIS PONSARD, représentée pour la première fois sur le Théâtre de la République (Théâtre-Français), le 23 mars 1850.

PERSONNAGES :   ACTEURS :

PROLOGUE.

La Muse Clio. . . . . Mlle FIX.

CHARLOTTE CORDAY.

Marat.	M. GEFFROY.
Danton.	M. BIGNON.
Barbaroux.	M. LEROUX.
Vergniaud.	M. RANDOUX.
Un Orateur.	M. GOT.
Robespierre.	M. FONTA.
Siéyes.	M. MAUBANT.
Un vieux Gentilhomme.	M. MIRECOURT.
Louvet.	M. DELAUNAY.
Camille Desmoulins.	M. CHÉRY.
Roland. / Un Citoyen.	M. ROSAMBEAU.
Laurent. / Un Citoyen.	M. POUGIN.
Un Citoyen. / Un Coutelier.	M. MATHIEU.
Buzot. / Un Citoyen.	M. THÉOPHILE.
Petion. / Un Geôlier.	M. TRONCHET.
Philippeaux.	M. MICHALET.
Un vieil ami de madame de Bretteville.	M. BERNARD.
Un Citoyen.	M. BERTIN.
Charlotte Corday.	Mlle JUDITH.
Madame Roland.	Mlle NATHALIE.
Madame de Bretteville.	Mme THÉNARD.

Albertine Marat. . . . .   Mme NOBLET.
Une Jeune femme. . . . .   Mlle MARIA FAVART.
Une Vieille dame. . . . .   Mme MIRECOURT.
Une Vieille dame. . . . .   Mme BLANCHE.
Marthe, servante de madame de Bret-
    teville. . . . .   Mme PORTALIS.
Une Petite fille.. . . . .   Mlle CÉLINE MONTALAND.

Girondins. — Domestiques. — Vieilles dames. — Le général
    Wimpffen. — Aides de camp. — Officiers. — Bourgeois. —
    Bourgeoises. — Femmes du peuple. — Bonnes d'enfants. —
    Enfants. — Protes. — Imprimeurs. — Porteurs de journaux.
    — Brocheuses. — Peuple. — Gendarmes.

La pièce est imprimée telle qu'elle a été écrite. La dernière scène du premier acte et la dernière scène du troisième n'ont jamais été représentées. Le cinquième acte ne l'a été qu'une fois. Le monologue de Charlotte au Palais-Royal, scène du quatrième acte, est abrégé à la représentation. (Note qui ne se trouve que dans les deux premières éditions.)

Paris, publié par P. Blanchard, ancienne librairie Hetzel, rue Richelieu, 78. Il y a eu deux éditions in-8° chez Blanchard, une édition in-18 anglais à Bruxelles, 1850, sans compter celle comprise dans les œuvres complètes de l'auteur, 1867.

M. Jules Janin, que Ponsard appelait le premier *hôte de sa Lucrèce,* et qui fut le dernier du poëte, a raconté de la manière suivante les circonstances qui ont donné naissance à la tragédie de Charlotte de Corday :

« Avec deux comédiens qui lui ont manqué, le second succès de François Ponsard égalait le premier. Après *Agnès,* il comprit qu'il ne pouvait plus se passer de mademoiselle Rachel. Elle régnait par des qualités irrésistibles en reine de Paris. Elle était le rêve et l'amour des poëtes. Elle avait remis en grand honneur Phèdre, Hermione, Athalie. Enfin elle se repentait de n'avoir pas été au-devant de cette gloire naissante; de n'avoir pas ajouté son brin d'acanthe ou de laurier à la couronne de Lucrèce. Donc mademoiselle Rachel et François Ponsard s'entendirent bien vite. La Révolution de 1848 ayant ouvert au poëte des horizons tout nouveaux, la Parisienne et le poëte convinrent que celui-ci écrirait une *Charlotte Corday,* en cinq actes, en vers, en huit tableaux, et que celle-là représenterait de son mieux cette époque si terrible, qu'à peine l'iambe vengeur d'Archiloque suffirait à cette tâche. Il rentra chez lui plein de la parole donnée, et il en rapporta ce drame étrange, abondamment rempli de toutes les pitiés, de toutes les terreurs que le cœur de la femme et celui de l'homme pouvaient contenir. »

Cet historique n'est pas complétement exact; Ponsard avait commencé sa Charlotte Corday longtemps avant 1848. Au moment où la Révolution éclatait, la pièce était déjà fort avancée. Le troisième acte était écrit, car dès le 25 février la *Revue indépendante* publiait toute une scène empruntée à cet acte.

La *Revue indépendante* avait alors pour chef M. Pascal Duprat. Nous savons déjà que, fidèle à son titre qui était un drapeau, elle était dirigée dans les idées républicaines les plus avancées [1]. Le choix que le poëte faisait de cette revue montre assez quelles étaient ses propres tendances. Son empressement à sacrifier la primeur d'une pièce non jouée à la popularité du jour, indique non moins claire-

---

[1] V. nº du 25 février 1848, p. 65, FRAGMENTS D'UNE TRAGÉDIE INÉDITE, *Charlotte Corday.*

« L'auteur de *Lucrèce* nous communique quelques vers d'une nouvelle tragédie. C'est Charlotte Corday qui est l'héroïne de ce poëme. Nous voudrions n'être pas condamnés à une discrétion que nos lecteurs regretteront autant que nous. Il nous serait agréable de faire connaître d'avance la composition de la pièce. *On se tromperait sur son esprit,* si on s'arrêtait trop à quelques expressions de ce dialogue. Il ne faut pas oublier que c'est un Girondin qui parle, et que les partis les plus généreux n'arrivent jamais à cette justice calme et sereine de l'histoire. »

Le numéro 25 est suivi d'un *numéro extraordinaire* avec ce titre en gros caractères : « VICTOIRE DU PEUPLE *sur la Royauté.* — INAUGURATION DE LA RÉPUBLIQUE. »

Ce fut la clôture de la *Revue indépendante.*

ment le parti qu'il prenait sur un événement à peine accompli. Là est peut-être le secret de la malveillance à laquelle il fut en butte lors de la première représentation, qui eut lieu à une époque de réaction contre les hommes de Février et ceux qui avaient embrassé leur cause.

Cette publication, qui est presque de l'histoire, donnera donc une date certaine sur le travail de Ponsard. Elle offre encore un autre intérêt. Elle nous fait connaître des vers qui n'ont pas été conservés dans la composition de l'œuvre définitive. Nous les reproduisons ici, pensant qu'ils pourront être utilement insérés à titre de variantes dans les éditions futures des œuvres de Ponsard.

Acte III, scène I, p. 66 (de la première édition), après le deuxième vers. Le texte donné par la *Revue indépendante* ajoute les vers suivants au portrait de Robespierre, vers qui ne se retrouvent pas dans la tragédie publiée telle qu'on la connaît. Il s'agit de Robespierre.

> Il répugne, je crois, aux massacres en masse.
> Cette fureur lui manque ainsi que cette audace.
> Mais s'il trouve l'instant longuement épié
> De se défaire enfin d'un rival envié,
> Ou si, sombre dévot, son culte politique
> Lui semble commander un meurtre juridique,
> Il dictera l'arrêt de mort aussi serein
> Qu'un druide gaulois devant son Dieu d'airain.

Le goût de Ponsard l'a averti que la comparaison d'un personnage de la Révolution avec un druide gaulois n'était pas très-heureuse. Il l'a supprimée. Mais le surplus du portrait méritait d'être conservé, ou connu tout au moins. Il marque bien l'opposition entre ce qu'Antonelle appelait *le Couperet légal* de Robespierre, et la Hache populaire de Marat.

Voici maintenant une tirade de vingt-quatre vers, qui étaient placés dans la bouche de Charlotte, même scène, p. 67, après le vingt-deuxième vers. — Barbaroux a fait un long parallèle entre l'Ami du Peuple et les autres chefs de la Montagne, il a terminé par ce trait :

Eux déchirent la France et lui la déshonore.

CHARLOTTE.

Merci. Mon sentiment est fixé sur ce point.
Ce que vous m'avez dit, je ne l'oublierai point.
Mais comme il ne faut pas que la haine des crimes
Éteigne en nous l'amour des actions sublimes ;
Montrez-moi des héros que je puisse honorer ;
Après avoir haï, j'ai besoin d'admirer.
Répétez-moi comment tout un pays s'enflamme,
Comment un peuple entier semble n'avoir qu'une âme,
Comment on s'affranchit ; dites par quels moyens
De manants méprisés on fait des citoyens,
Et de ces citoyens, troupe mal aguerrie,
D'intrépides soldats, sauveurs de la patrie.
Dites, dites comment les droits humains perdus
Après plus de mille ans nous ont été rendus.
Rappelez nos dangers, nos combats, nos victoires,
Enorgueillissez-moi du récit de nos gloires.
Non, tu n'es pas flétrie, ô sainte Liberté !
Par les crimes commis sous ton nom emprunté.
S'il est une belle œuvre, elle est toute la tienne,
Mais les iniquités n'ont rien qui t'appartienne.
Elles sont à ceux-là dont les esprits pervers
A tes pures clartés ne se sont pas ouverts.
Eux punis, nous pourrons faire admirer au monde,
La mère des vertus, la Liberté féconde.

F. Ponsard.

C'est là, comme on voit par la signature, que s'arrête le fragment donné par la *Revue indépendante*.

La pièce achevée, sa notoriété déjà répandue au dehors [1], les difficultés pour la représentation commencèrent, aussi grandes en pleine République qu'elles l'avaient été pour le drame de *Sept heures* sous la Restauration. Il est vrai qu'en 1850 la République n'existait plus que de nom, et que déjà les tendances hostiles aux souvenirs de la Révolution avaient repris tout leur empire. Jusqu'alors Ponsard n'avait fait jouer ses pièces qu'à l'Odéon (*Lucrèce,* 1843. — *Agnès de Méranie,* 1846). Il n'avait pas encore acquis le droit de cité au Théâtre-Français [2]. Le comité de lecture ne lui fut d'abord nullement favorable, non que le mérite de la pièce fût contesté, mais on la trouvait inopportune, dangereuse en raison de la situation politique. (V. feuilleton de *l'Assemblée nationale* du 25 mars 1850, par M. Ed.

[1] Nous possédons une lettre que madame Louise Colet adressait à M. Alloury quelque temps avant que la *Charlotte Corday* fût jouée et lorsque déjà on en parlait dans le public. Elle était ainsi conçue :

« Monsieur,

» Permettez-moi de compter sur la bienveillance que vous m'avez autrefois témoignée et d'espérer que vous voudrez bien protéger l'insertion de la lettre que j'adresse aujourd'hui même à M. Bertin.

» La *Charlotte Corday* du Gymnase, celle dont s'occupe M. Berryer, celle que prépare M. Ponsard, m'ont décidée à rappeler qu'avant eux j'avais traité ce sujet dans des scènes dramatiques en vers. Je n'ai pas oublié, Monsieur, avec quelle indulgence vous rendîtes compte de mon travail, et ce souvenir me fait espérer que vous garderez quelque intérêt à une œuvre dont vous fîtes le succès lors de son apparition. Bien que pour mes derniers ouvrages je n'aie pas eu le bonheur de vous avoir pour juge et que j'attende encore quelques lignes de vous pour mes *Chants des Vaincus,* je sollicite aujourd'hui votre protection avec confiance, et j'aime à croire que vous obtiendrez de la justice et de la bonté de M. Bertin ce que je lui demande.

» Recevez à l'avance, Monsieur, l'expression de ma gratitude et de mes sentiments les plus distingués.

» L. Colet. »

[2] 6 décembre 1849. Mademoiselle Rachel doit entendre cette semaine la lecture de la nouvelle tragédie de Ponsard. C'est pour elle que l'auteur de *Lucrèce* a écrit le rôle de Charlotte Corday. (*Entr'acte* du 6 décembre.)

Thierry.) On aurait voulu que l'auteur choisît un moment plus propice... Combien d'autres avaient attendu dix ans et plus?... Ponsard ne pouvait être de cet avis, il insista. La réception eut lieu, seulement elle fut par sa froideur semblable à un refus; elle ne fut prononcée qu'à une seule voix de majorité[1] (11 décembre 1849). Mademoiselle Rachel, subissant cette impression glaciale, rendit le rôle de Charlotte (16 décembre). On dut procéder à une seconde lecture. La question fut portée devant l'aréopage des ministres, et, pour déguiser la censure, on la dissimula sous l'apparence d'une fête littéraire.

Une réunion nombreuse, composée de hauts fonctionnaires, de représentants, de membres de l'Académie, fut convoquée chez M. Ferdinand Barrot, Ministre de l'Intérieur. M. Ponsard lut sa tragédie et conquit les suffrages de l'auditoire. (Voyez l'*Entr'acte* du 5 mars 1850.)

Au rapport d'un écrivain qui a retracé l'histoire du théâtre en 1848, on reconnut généralement que *Charlotte Corday* était une œuvre d'art et de poésie plutôt qu'une pièce de circonstance et de passion. (Th. Muret, *Figaro* du 17 décembre 1865.)

D'après un autre témoignage, l'approbation donnée à la pièce aurait été bien moins flatteuse et surtout moins sincère : l'ouvrage n'aurait été sauvé, au point de vue poli-

---

[1] V. *l'Événement* du 25 mars, on y lit :

« Nous ne serons pas suspects sans doute en le disant : une des raisons pour lesquelles nous soutenons M. Arsène Houssaye, l'administrateur actuel de la Comédie française, c'est qu'il a fait recevoir et jouer *Charlotte Corday*.

» On se souvient que le Comité de lecture n'a daigné accorder qu'une seule voix de majorité à la nouvelle œuvre de M. Ponsard. Si M. Arsène Houssaye eût jeté dans l'urne une boule noire, il eût donc absolument écarté *Charlotte Corday*. Il a mis une boule blanche, et *Charlotte Corday* a été représentée hier soir avec un succès d'estime.

tique, que par l'ennui qu'il avait causé. « Que parle-t-on d'interdiction, se serait écrié un des magistrats les plus élevés du parquet de Paris; mais ce qui est ennuyeux n'est jamais dangereux. » Le mot courut et se retrouve dans plusieurs journaux (le *Siècle*, la *Revue des Deux-Mondes*, etc.). L'autorisation fut donc accordée de bonne grâce en apparence, peut-être en réalité avec l'arrière-pensée d'un échec et avec des coupures qui pouvaient très-bien entraîner une chute [1].

Mademoiselle Rachel persista dans son abstention.

On s'est demandé quelles étaient les raisons qui avaient fait refuser à Rachel « un rôle où tout le monde la voyait et la sentait si bien ». Est-ce parce que « la fière Melpomène n'osa pas échanger son diadème de camées

---

[1] En effet, supprimer la dernière scène du deuxième acte et la scène IV du quatrième, c'est-à-dire la première pensée qui s'élève dans le sein de Charlotte et la délibération intérieure où elle discute cette pensée et s'y affermit, c'est déplacer le centre du drame et obscurcir le sens de l'action, c'est la rendre inintelligible; aussi tous les critiques s'empressèrent-ils de dire qu'il n'y avait là qu'une série de tableaux sans lien entre eux! Oui, sans doute; mais il faut ajouter, pour être juste, qu'on avait coupé le nœud qui les rattachait ensemble. On avait craint les vers qui proclamaient la légitimité du tyrannicide! On avait reculé devant ces rimes énergiques :

> Arrière, droit commun et règles ordinaires,
> Vous n'êtes plus d'usage en ces temps sanguinaires.
>
> . . . .
>
> Et la société dans cette guerre à mort,
> Rentre à l'état sauvage où règne le plus fort.
>
> . . . .
>
> Poignard, agent du crime, agent déshonoré,
> Ennoblis-toi! Tu sers un intérêt sacré.
> Frappe; ne tremble pas dans des mains généreuses;
> Montre aux crimes hardis des vertus vigoureuses;
> Et souviens-toi qu'Athènes entoura d'un feston
> Le fer d'Harmodius et d'Aristogiton.
>
> Acte IV, scène IV.

Les vers retranchés dans cette scène seule sont au nombre de trente-six.

antiques contre le bonnet normand de Charlotte Corday »?
(Ed. Thierry.) Hermione donna-t-elle pour motif qu'elle
voulait se faire pardonner la *Marseillaise* qu'elle avait
chantée en 1848? (*National*.) Y eut-il tout simplement un
manque de tact littéraire? (Th. Muret.) ou alliance secrète
avec ceux qui dirigeaient l'opposition sourde faite à la
pièce[1]? Il n'importe, M. Ponsard, quelle que fût la cause de
ce refus, se trouva privé du puissant concours sur lequel il
avait compté; il dut offrir le rôle à mademoiselle Judith[2],
artiste qui ne manqua ici ni de talent ni de vaillance, mais
qui, au dire des juges compétents, n'avait pas « la stature
élevée, l'attitude sculpturale, la taille sereine et forte, ni
l'expression de douceur tempérant le chaste front de Charlotte. » (Th. de B....) Et, chose étrange, on avait sous la
main, jouant dans la pièce même un petit rôle qu'elle remplit
d'une manière remarquable, une jeune fille qui répondait à
toutes les conditions de cet idéal, et qui aurait été une admirable Charlotte Corday, mademoiselle Maria Favart. Nous

[1] Cette raison nous a été indiquée par M. Guillard, archiviste de la
Comédie française, dont on apprécie l'autorité en pareille matière. Et
M. J. Janin a dit aussi à peu près dans le même sens : « Rachel man-
qua à sa parole, elle eut peur de Marat. » (*Débats* du 15 juillet 1867.)

[2] On avait d'abord pensé à mademoiselle Jouvante, élève de Samson.
« Mademoiselle Jouvante réunit, dit l'*Entr'acte* du 8 février 1850, à
une grande beauté une grande puissance d'organe et de hautes facultés
tragiques. Si tout ce qu'on rapporte est exact, ce début doit faire
événement. »

La distribution des rôles a changé plusieurs fois. C'était d'abord
Ligier qui devait jouer Danton, Beauvallet Marat, Geffroy Robespierre,
Maillard Barbaroux. (*Entr'acte* du 17 nov. 1849.)

Suivant une première modification à cette combinaison, le rôle de
Marat était confié à Geffroy, celui de Robespierre à Beauvallet, et au
lieu de Ligier, qui avait certes le talent nécessaire, mais qui n'avait
pas le physique de l'emploi, on avait eu l'heureuse idée d'engager
spécialement Bignon.

Enfin, Geffroy gardant définitivement le rôle de l'Ami du Peuple,
M. Beauvallet se retira et fut remplacé par Fonta, engagé *ad hoc*.

ne doutons pas, pour nous, que, mieux douée que Rachel pour ce rôle, elle ne lui eût été dès lors supérieure. L'heure n'était pas encore venue! nous le regrettons pour Ponsard et pour la physionomie de Charlotte de Corday, qui n'aurait jamais été plus dignement rendue.

Cependant l'attention publique était de plus en plus éveillée; les répétitions qui se succédaient, les anecdotes des coulisses qui circulaient [1] avaient porté la curiosité à son

---

[1] V. le *Siècle* du 25 mars 1850, feuilleton de M. de Matharel : « On disait de Geffroy que, pour mieux rendre son rôle, il l'avait étudié pendant six semaines dans une cave, qu'il y avait construit une petite guillotine, » etc.

C'est pendant une de ces répétitions, et à l'occasion de la scène x du quatrième acte, lorsque Marat se met au bain, que M. Alexandre Dumas fils improvisa ces deux vers :

> Ainsi périt Marat. O terrible vengeance !
> Pour un bain qu'il a pris, il n'a pas eu de chance !
>
> (V. l'*Illustration* du 23 mars.)

L'épigramme fit fortune : elle est piquante et méritait son succès; mais il faut dire qu'elle repose sur une idée tout à fait erronée. Marat, docteur ayant pratiqué en Angleterre, ancien médecin des Gardes du corps du Comte d'Artois, c'est-à-dire de la compagnie de gentilshommes la plus brillante de la cour, était resté fidèle dans son intérieur à ses habitudes de comfort anglais et d'élégance française. Son salon, orné de porcelaines de prix et de fleurs rares, a été décrit par madame Roland. (V. *Notices historiques*, édition Plon, p. 347), par le procès-verbal de l'apposition de scellés conforme au récit de madame Roland (Greffe de la justice de paix du VIe arrondissement), et mieux encore par les tableaux d'Hauer, de Garnerey (Jean-François), de Pffeifer, etc....

Il faut prendre garde : il y a deux hommes dans Marat, *homo duplex*, comme il y a en lui deux écrivains très-distincts.

Il y a l'homme du dehors, à la coiffure en désordre avec plus ou moins d'affectation, aux vêtements d'une coupe étrange, sans goût et non sans prétention peut-être, ayant *un air* de malpropreté, suivant Fabre d'Églantine, il ne dit pas qu'il y eût plus que l'apparence *, et puis il y a l'homme qui revient auprès de mademoiselle Simonne

---

* Mot remarquable dans un article si étudié, qu'on dirait un portrait de Choderlos Laclos ou du marquis de Luchet dans la *Galerie des États généraux*. (V. Portrait de Marat, par P. F. N. Fabre d'Églantine, Représentant du peuple, etc. Paris, an II. Chez Maradan. In-8º.)

u.

comble dans le monde ; à la Chambre même des députés on ne s'occupait pas d'autre chose [1], lorsque la première représentation fut annoncée pour le 23 mars 1850. L'affluence était grande, comme on peut le penser. Des précautions nombreuses avaient été prises par l'autorité, et, s'il faut en croire les feuilletonistes, en entrant au Théâtre-Français on aurait pu se croire en pleine Préfecture de Police dans les grands jours de la rue de Jérusalem. Un journal va même jusqu'à dire que trois journalistes avaient été arrêtés à la porte [2].

Malgré ces préliminaires inquiétants, les trois premiers

Évrard *, dont les belles qualités ont touché son cœur et dont les belles manières jettent sur son intérieur un vernis de bon ton.

De même qu'il y a dans ses écrits le savant habile, ingénieux, qui a remporté des palmes académiques, et le tribun qui écrit pour la *plebs*, le courtisan de la Royauté qui a dédié un de ses ouvrages à Louis XVI **, et le folliculaire qui rugit dans l'*Ami du Peuple*.

[1] V. l'*Illustration* de la veille : « A quoi peut songer notre monde, si ce n'est à la nouvelle tragédie qui sera jouée demain au Théâtre-Français ? » et le *Charivari* du 25 mars.

[2] MM. Victor Séjour, Alexandre Laya et..... On lit dans l'*Événement* :

« Hier à la première représentation de *Charlotte Corday* on remarquait la présence inaccoutumée d'un grand nombre d'agents de la force publique. Les couloirs et les portes du foyer du Théâtre-Français étaient gardés par des sergents de ville. Cent vingt places de parterre et de seconde galerie avaient été distribuées à des hommes de police.... C'est que M. Carlier avait été informé que *Charlotte Corday* est une pièce politique où l'éloge des institutions républicaines retentit à chaque vers.... Il avait cru en conséquence à l'impatience du public, à des contestations violentes, peut-être à une collision brutale. Il avait donc pris ses mesures. Mais le public par sa modération, par son attitude bienveillante et digne, a trompé les conjectures de M. Carlier. »

* Simonne Évrard avait vingt-sept ans. (V. *Dossiers de Charlotte de Corday*, p. 26.) Au rapport de ceux qui l'ont connue, et plusieurs existent encore, c'était une femme remarquable par sa bonne tenue. Son portrait par Laplace, ami de Marat, en fait foi. — Ce portrait, que nous possédons, est gravé et fera partie de notre Album.

** La traduction de l'*Optique* de Newton. La dédicace paraît être l'œuvre de Beauzée, l'éditeur du livre, mais l'auteur en acceptait évidemment la solidarité.

actes marchèrent sans éclat et sans encombre. L'effet du quatrième acte fut merveilleux. La scène des Triumvirs produisit un effet énorme, comparable au deuxième acte de *Cinna*. Il n'y eut qu'une voix, c'est que Ponsard s'était élevé à la hauteur de Corneille, qu'il avait atteint le sublime qu'on admire dans la délibération d'Auguste et l'entretien des deux conjurés Cinna et Maxime [1].

Le cinquième acte ne se soutint pas à ce niveau, loin de là; et sans remettre le triomphe en question, il l'amoindrit et rendit l'opinion incertaine.

« Croyez-vous au succès de *Charlotte Corday?* demande-t-on de toutes parts. Les uns disent oui, les autres disent non, chacun selon ses sympathies personnelles ou ses tendances littéraires. » (Eugène Laugier, *Revue* et *Gazette des Théâtres*.)

On hésitait donc : mais un point sur lequel tous paraissaient se rallier, c'était l'influence trop visible du livre de M. de Lamartine sur l'œuvre de Ponsard. Consultons les échos du foyer. C'est d'abord un vieil amateur fort expérimenté, fort érudit, mais un peu grondeur, comme tous les gens du passé (peut-être Georges Duval ou Fabien Pillet?). « Il me semble, dit-il, que Ponsard a reculé devant la peinture de ses personnages... J'ai vu ces héros prétendus, c'étaient des monstres, Robespierre surtout. Il est vrai que M. de Lamartine a eu l'art de les poétiser, et M. Ponsard s'est inspiré de Lamartine, mais l'histoire véritable n'est pas là! »

Un autre personnage, homme d'esprit très-connu (qu'on désigne ainsi sans le nommer et que nous ne connaissons pas), lance un mot à effet qui est recueilli et qui circule :

[1] C'est encore M. Guillard qui nous sert ici de guide. Nous transcrivons ses propres paroles.

« La *Charlotte Corday* de Ponsard, c'est l'histoire des Girondins racontée par Théramène. »

Ce mot doit avoir été prononcé réellement, car on le retrouve avec diverses variantes dans le *Siècle*, le *Charivari*, la *Revue des Deux-Mondes*, etc.

Ainsi l'objection est toujours la même : c'est le calque de la prose par la poésie, du livre par le drame reproché à Ponsard. Si l'on ajoute à ce grief le mauvais vouloir de l'opinion réactionnaire alors dominante, on a la note générale de la presse.

Ces déboires ne furent pas sans compensation. Le grand jour de la première épreuve, le Vice-président de la République faisait entendre au foyer ces graves et belles paroles :

« De pareilles œuvres élèvent l'esprit public ; elles montrent la distance qu'il y a du passé au présent ; elles rassurent les gens honnêtes. » (*Constitutionnel* du 3 avril.)

M. Boulay (de la Meurthe) était de ceux qui avaient soutenu la pièce le jour de la lecture chez le Ministre de l'Intérieur et qui avaient prévu qu'elle serait accueillie sans arrière-pensée politique. (*Entr'acte* du 4 avril 1850.)

L'auteur des *Nuits*, que la tragédie de *Lucrèce* avait trouvé froid, ne put s'empêcher de s'écrier, en sortant de la première représentation de *Charlotte Corday* : « Avouons qu'un pareil langage ne s'était plus entendu au théâtre depuis Corneille. » Et comme on se récriait autour de lui, il dit en se retournant sur l'escalier : « Oui, messieurs, on n'a rien fait de plus grand ; vous entendez, de plus grand, je maintiens le mot. » (*Liberté* du 18 mai 1859[1]). Ces paroles réconcilièrent, dit-on, Alfred de Musset et Ponsard, qui étaient séparés auparavant.

[1] Suivant une variante, Alfred de Musset aurait répondu aux critiques : « Mais le quatrième acte est d'un maître. » Et comme ils se

De pareils suffrages pouvaient consoler de bien des épi-grammes, d'autant plus que leur autorité était appuyée par celle des recettes, cette véritable pierre de touche d'un succès dramatique. « Ne croyez pas un mot, s'écriait à ce propos M. Lireux, de ce que vous disent les beaux esprits qui font fi des recettes. On compte mal quand on compte sans le public; car en somme c'est toujours lui qui a rai-son. » A ces paroles d'un homme à coup sûr très-compé-tent, on ajoutait que *Charlotte Corday* avait fait plus de trois mille francs de recette à la troisième représenta-tion, et cela le mercredi saint. (*Messager des théâtres* du 29 mars).

Cependant cette faveur des premiers jours ne paraît pas avoir été de longue durée. Les recettes ne se soutinrent pas.

La pièce n'eut que trente-neuf représentations, du 23 mars au 28 juin. Depuis cette époque elle n'a plus été jouée. On parlait de la reprendre pour la rentrée de 1870, avec une admirable interprète, mademoiselle Favart. Ç'eût été là un curieux spectacle. On aurait pu voir reparaître dans les rôles principaux, et dans toute la puissance de leur talent, plusieurs des artistes qui en 1850 n'étaient encore qu'en seconde ligne, MM. Got[1], Delaunay, mademoiselle Favart elle-même. On ne connaît que trop les événements désastreux qui vinrent s'opposer à une reprise que l'on pouvait prévoir éclatante, et dont nul aujourd'hui n'oserait prédire la possibilité.

---

récriaient, il aurait ajouté : « *Oui, d'un maître!* » en accentuant ces paroles.

[1] La supériorité de Got avait été dès lors signalée par M. Hippolyte Lucas, *Messager des théâtres* du 29 mars. « N'oublions pas, disait-il, Got, qui dans un rôle accessoire d'orateur et de lecteur assidu de l'Ami du Peuple, a déployé une verve singulière. »

Il serait superflu de reproduire ici l'analyse d'une pièce aussi connue que la *Charlotte Corday* de Ponsard; c'est d'ailleurs une œuvre d'un ordre trop élevé pour que nous ne proclamions pas notre incompétence. Nous nous bornerons à quelques observations, à notre point de vue personnel, c'est-à-dire au point de vue de l'historiographe.

Les trois premiers actes sont admirables jusqu'au moment où apparaît l'amour de Barbaroux pour Charlotte (Acte III, scène ɪɪ), et l'aveu de Charlotte elle-même qui ne repousse pas cet amour (Scène ɪɪɪ). Dès que cette malheureuse fiction est admise, la pièce devient languissante, le quatrième acte *in parte qua* est faible, le cinquième tout à fait défectueux.

Ponsard a représenté Charlotte hésitant devant sa résolution, tremblant auprès de Marat, et ne se décidant à frapper qu'au moment où le nom de Barbaroux est prononcé; il l'a montrée enfin *repentante* dans sa prison. Charlotte de Corday repentante!!! Rien n'est plus faux. En présence de son *Adresse* aux Français, de ses interrogatoires, de sa lettre à Barbaroux et à son père, il est impossible de lui faire dire :

« Je suis un assassin tant que je suis en vie. »

Elle qui avait adressé à Fouquier-Tinville ce mot qui termina les débats comme un coup de foudre. « Oh! le monstre! il me prend pour un assassin! » (V. la notice de Chauveau-Lagarde, dans les *Femmes*, de Ségur, t. III, p. 55, édit. de 1803.)

Ces vers sont également inadmissibles dans sa bouche :

Soumettons-nous tous deux, Danton, *à notre peine*,
Et sachons accepter, moi la mort, vous la haine.
Je ne puis, en retour de mon propre *attentat*,
Que mourir d'une mort *inutile* à l'État.

Charlotte Corday a encore dit tout le contraire de ce que Ponsard lui prête ici. *Accepter sa peine*, c'est se reconnaître coupable, et elle a protesté d'avance contre une pareille confession.

« O France, ton repos dépend de l'exécution de la loi; je n'y porte point atteinte en tuant Marat : condamné par l'univers, il est hors la loi... *Si je suis coupable*, Alcide l'était donc lorsqu'il tuait les monstres... » (Adresse aux Français, *Dossiers*, p. 99, et ci-dessus, p. ccxvii.)

Comment faire dire à Charlotte qu'elle meurt d'une mort inutile à l'État, en face de cette réponse célèbre : « J'ai tué un homme pour en sauver cent mille. »

Comment oublier ce passage de la lettre à Barbaroux :

« Qui sauve sa patrie ne s'aperçoit pas de ce qu'il en coûte: puisse la paix s'établir aussitôt que je la désire. *Voilà un grand préliminaire*, sans cela nous ne l'aurions jamais eue. *Je jouis délicieusement* de la paix depuis deux jours, *le bonheur de mon pays fait le mien.* » (V. première lettre à Barbaroux; *Dossiers*, p. 5 du fac-simile.)

Et dans la dernière ligne de sa dernière lettre :

« Dites au général Wimpffen que je crois lui avoir aidé à gagner plus d'une bataille en lui facilitant la paix. » (*Ibid.*, deuxième lettre à Barbaroux, p. 2.)

Voilà quel est le langage de Charlotte, voilà quels sont ses sentiments. Elle a frappé sans hésitation, elle meurt sans remords, et jusque sur l'échafaud elle porte l'expression d'une conscience satisfaite. (V. *Dossiers*, p. 99.)

Un ingénieux critique a dit :

« Schiller, au dénoûment de son *Guillaume Tell*, a placé en présence l'un de l'autre l'homme qui a tué Gessler pour sauver son pays, et le fils (ce n'était pas son fils, c'était son neveu) fugitif qui a tué son père. De là sans doute l'idée de la scène entre Danton et Charlotte Corday, entre celle qui a poignardé Marat et celui qui a commandé les massacres de Septembre.. » (Feuilleton de l'*Assemblée nationale* du 25 mars 1850.)

Nous admettons ce rapprochement, mais nous ajoutons qu'il tourne complétement à l'avantage de notre thèse, témoin ces beaux vers du dialogue entre Jean le parricide (le duc d'Autriche) et Guillaume Tell :

PARRICIDA (*à Wilhelm*).

J'espérais trouver de la compassion auprès de vous, car vous aussi vous avez tiré vengeance de votre ennemi.

TELL.

Malheureux! peux-tu comparer le crime sanglant de l'ambition avec la défense légitime d'un père? As-tu sauvé la tête chérie de tes enfants? As-tu protégé le sanctuaire du foyer domestique? As-tu détourné des tiens le plus grand, le dernier des maux?

J'élève mes mains pures vers le ciel, pour te maudire toi et ton forfait. J'ai vengé la nature sainte, tu l'as déshonorée. Il n'est rien de commun entre nous. Tu as assassiné, j'ai défendu ce que j'ai de plus cher... Tu me fais horreur; va, poursuis ta route funeste, ne souille pas la chaumière qu'habite l'innocence! (*Wilhelm Tell*, acte V, scène II.)

Voilà le langage que nous aurions compris dans la bouche de Charlotte. Mais un désaveu de sa conduite n'est pas plus concevable de sa part que de celle de Danton, de celui qui avait dit après le 2 Septembre : « J'ai regardé mon crime en face, et je l'ai commis. »

Ponsard avait senti lui-même ce que son cinquième acte avait de vicieux. Il avait dû le supprimer après la première représentation. Il devait le refaire. La pièce de

Salle, quoique bien faible, l'y avait décidé : cette particularité nous a été attestée par M. George Moreau Chaslon, qui la tient de Ponsard qu'il connaissait intimement.

Cette pensée était digne assurément de l'auteur de *Lucrèce* et d'*Agnès de Méranie*. Ces deux premières œuvres révélaient déjà par elles-mêmes un goût pour l'histoire allant jusqu'à l'archéologie, jusqu'aux vieilles chroniques. Nous avons vu que *Charlotte Corday* avait coûté trois années de travail à Ponsard. Il dit lui-même dans une note (p. 352 de la 3ᵉ édition) avoir consulté soigneusement les Mémoires des Girondins, les discours et journaux des Montagnards; il cite les Mémoires de Meilhan, de Garat, etc., et il ajoute : « J'ai eu entre les mains la collection complète des journaux de Marat, et je les ai *tous lus*. »

Malheureusement il n'avait pas les mêmes facilités pour étudier la physionomie de Charlotte de Corday. Il a suivi évidemment M. de Lamartine, qui lui-même a trop souvent préféré les touches fausses du roman aux sources originales. Il faut dire que Ponsard, non plus, n'a pas mis assez de critique dans l'usage des documents qui étaient à sa disposition. Ainsi le fait que Charlotte de Corday descendait de Pierre Corneille en ligne directe était connu depuis longtemps. (Lepan, édition des œuvres de Pierre Corneille, 1817. — Prudhomme, *Femmes célèbres*, 1826. — Taschereau, *Vie de Corneille*, 1829. — Ballain, *Maison et généalogie de Corneille*, 1833 [1], etc. etc. — Les journaux,

---

[1] La *Revue et Gazette des Théâtres* du 31 mars 1850 donna la généalogie exacte de Charlotte de Corday, en y ajoutant :

« Au moment où le drame de M. Ponsard ramène l'attention sur Charlotte Corday, l'on sera peut-être curieux d'apprendre par quelle filiation généreuse l'héroïne normande descend directement du grand Corneille, du poëte immortel qui fit si dignement parler l'austère courage des vieux Romains. »

Et la généalogie donnée par la *Gazette des Théâtres* est juste quoique

V. *suprà*, p. CCLXIV) avaient démontré l'authenticité de cette filiation et l'avaient rendue notoire.

C'était un point important pour l'œuvre de Ponsard, une circonstance d'où il pouvait faire jaillir de grands effets. Cependant il se borne à deux vers, jetés en passant à la fin du second acte, et dans une note il explique que Charlotte de Corday était l'arrière-petite-*nièce* de Corneille. On pourrait multiplier ces exemples. Le caractère de Charlotte n'a pas été assez fortement conçu, faute des éléments propres à guider suffisamment le poëte, et aussi un peu par la faute du poëte, qui n'a pas tiré tout le parti possible des matériaux qui étaient sous sa main et qu'il pouvait utiliser et vivifier. Il est regrettable qu'il n'ait pas pressenti ces conseils des trois Girondins à Salle : s'emparer des interrogatoires de Charlotte, de ses lettres, faire que chaque parole mise dans sa bouche soit également vraie et digne d'elle, créer en un mot un personnage à la manière d'Alfieri et de Shakespeare. (V. ci-dessus, p. XXXV à XLVI, et *infrà*, p. 102-124).

La fameuse scène du IVe acte entre Danton, Robespierre et Marat, est d'une grandeur incomparable; et elle n'est grande que parce qu'elle est vraie, inspirée par l'étude profonde des personnages[1]. Marat est peint d'après nature,

---

incomplète. On est fâché de voir Ponsard moins bien informé d'un fait historique qu'une simple feuille écrite au jour le jour !

[1] Encore y a-t-il dans cette scène quelques taches qu'il eût été facile d'éviter; par exemple celle-ci. C'est Marat qui parle :

Qui l'aurait dit!

Ah! Monseigneur d'Artois, votre employé grandit;
Et l'obscur médecin des étables grossières
Travaille maintenant sur des têtes princières.

Marat n'était pas médecin des écuries d'Artois. C'est là une erreur vulgaire impardonnable. Il était médecin des Gardes du corps, et.

c'est-à-dire d'après son journal, qui est politiquement sa personnalité vivante. On sait ce qui arriva lors de la pre-

nullement de leurs palefreniers. Voici le titre qu'il prend dans ses nombreux ouvrages scientifiques :

M. MARAT, DOCTEUR EN MÉDECINE, ET MÉDECIN DES GARDES DU CORPS DE MONSEIGNEUR LE COMTE D'ARTOIS *.

Voyez *Découvertes sur le feu*, magnifique édition sur papier de Hollande, 1780; *Recherches sur l'électricité*, 1780; *Recherches sur la lumière* (éditions de luxe), 1782.

Ces ouvrages ne sont pas rares : ils sont à la Bibliothèque Nationale. Il y a d'ailleurs les almanachs du temps, l'Almanach Royal, l'Almanach de Versailles, à l'aide desquels il était facile d'éviter la faute. Il est vrai qu'elle est commise par presque toutes les biographies.

Les appointements étaient de deux mille livres, sans compter les indemnités de *logement*, de table. (Rôle des deux compagnies des Gardes du corps dont Monseigneur le Comte d'Artois veut et ordonne que sa Garde ordinaire soit composée, etc. Archives nationales, papiers de la maison du Comte d'Artois.)

Ce logement était situé à Paris dans les dépendances des écuries

* BREVET DE MÉDECIN DES GARDES DU CORPS.

POUR LE Sr MARAT.

Aujourd'hui 24 juin 1777, Mgr le Comte d'Artois étant à Versailles, sur le rapport qui lui a été fait des bonne vie et mœurs, des lumières et expérience dans l'art de la médecine du *sieur Jean-Paul* MARAT, Docteur en médecine de plusieurs facultés d'Angleterre, voulant lui donner une marque de sa bienveillance, Mgr lui a accordé et lui accorde la place de MÉDECIN DE SES GARDES.

Voulant et Entendant que ledit sieur Marat jouisse des honneurs, prérogatives et avantages qui peuvent y être attachés, et qu'il puisse s'en qualifier dans tous les actes publics et particuliers.

Et pour assurance de sa volonté, Monseigneur m'a commandé d'expédier ce présent brevet, qu'il a signé de sa main et fait contre-signer par moi, Conseiller à ses Conseils, Secrétaire de ses Commandements, Maison, Finances et de son Cabinet.

(Secrétariat de Monseigneur le Comte d'Artois. Provisions et brevets, pièce 213. Archives nationales, série O 1955-1956.)

Le 23 avril 1786, nouveau brevet qui accorde au sieur Enguehard, Médecin de la Faculté de Montpellier, la place de Médecin *des Gardes* du Comte d'Artois, vaccante par la remise que le sr Marat, ci-devant pourvu de ladite place, a faite de son brevet, pour par le sr Enguehard l'avoir, tenir, en jouir et user aux honneurs, prérogatives, etc.... (Comme ci-dess.)

(Même fonds. Apanage d'Artois, pièce 660.)

mière représentation, c'est que le portrait de Marat fut pris au sérieux par une partie du parterre et acclamé dans un sens favorable à l'Ami du Peuple. (V. feuilleton du *Corsaire* du 27 mars 1850[1].) L'intention de l'auteur n'était pas à coup sûr de faire décerner une ovation à l'Ami du Peuple, mais telle est la force de la vérité; elle donne aux accents du poëte une puissance irrésistible qui dépasse parfois la limite qu'il s'était proposée. Marat traduit à nu sur la scène est applaudi. Charlotte de Corday affadie par un amour chimérique, défigurée par des craintes et des remords qu'elle ne connut jamais, laisse le public indifférent pour une action qu'elle désavoue elle-même. Le poëte s'est condamné en faisant dire à Clio dans son prologue :

> Si je reproduis mal les discours et les actes,
> Blâmez.....

d'Artois, faubourg Saint-Honoré. De là est venue l'erreur que nous nous efforçons de combattre et que rien n'a pu déraciner jusqu'à ce jour. C'est pour cela que nous publions, avant son heure, la *teneur* même du brevet de Marat : nous parviendrons peut-être ainsi à rectifier la fable accréditée dans l'opinion publique.

[1] « ..... C'est Geffroy qui a été chargé de l'annonce d'usage : à sa voix, des applaudissements frénétiques entrecoupés de trépignements ont retenti dans toute la salle; ils ont couvert la voix même de Geffroy, qui a dû être bien surpris de l'effet qu'il produisait. Sans nul doute, il avait joué avec profondeur le rôle plus qu'ingrat de Marat; mais de là à l'enthousiasme le plus fanatique, il y a l'abîme d'une révolution. C'est le personnage et non l'acteur à qui l'on décernait une ovation bien attristante. » — M. Hippolyte Lucas, *Messager* du 30 mars, dit aussi : « Les honneurs de la soirée reviennent à M. Geffroy, qui a su imprimer à la physionomie de Marat quelque chose de fiévreux et d'incisif tout à fait caractéristique, et a élevé ce personnage farouche jusqu'à l'idéal de l'art. »

Le *Charivari* est moins admiratif; il mêle une restriction à l'éloge:

« Geffroy n'est pas mal, mais avec un mouchoir sale autour de la tête, une robe de chambre déchirée et du bouchon sous les yeux, on fait toujours un Marat passable. »

Nous blâmerons donc, mais à regret et avec réserve. La *Charlotte Corday* de Ponsard est, a-t-on dit, son chef-d'œuvre. Nous souscrivons volontiers à ce jugement, et nous ajoutons que c'est très-certainement jusqu'à nos jours l'œuvre la plus digne du sujet qui se soit produite.

Nous laissons maintenant la parole aux princes de la critique.

I.

Feuilleton du *Journal des Débats* du 25 mars 1850.
Article de M. JULES JANIN.

« O muse, ô déesse Mnémosyne, si en effet vous venez de la patrie d'Hérodote et d'Homère pour vous mêler à nos douleurs, prenez garde de tomber dans cette mare de sang qu'on appelle la Révolution française! Muse Athénienne, vous n'avez rien dans vos annales qui ressemble à ce chapitre de notre histoire. Vous n'êtes pas faite pour raconter ces misères, ces lâchetés, ces crimes, ces parricides, cette démence des bourreaux et cette abnégation des victimes... Ni la poésie, ni la prose, ni le drame, ni l'éloquence de la Tribune n'ont pu suffire à cette exécration unanime de tous les siècles, qui se hâtent d'éclore pour accabler de leur mépris et de leur justice ce Marat, ce Robespierre, ce Danton, ces égorgeurs, ces monstres, ces Scapins de l'échafaud.

Ier TABLEAU. — « Nous sommes en plein septembre. Les cadavres de tant de malheureux sont tièdes encore. Et voilà des hommes jeunes pour la plupart, honnêtes quelques-uns, qui qui se mettent à table où ils mangent, qui remplissent des coupes et qui les vident à la santé de cette République fondée sur ces meurtres, et les voilà, dans ce deuil et ce déshonneur immenses de toute une nation égorgée, qui font les beaux et les rhéteurs, et qui exposent leur sentiment sur la meilleure forme de gouvernement [1]...

» En revanche, j'aime et j'approuve ce Danton chargé de cette fête, l'horreur qu'il inspire aux députés de la Gironde, et ces mains honnêtes qui ne veulent pas toucher cette main souillée de sang.

» Le deuxième acte mérite tous les suffrages. Il est écrit avec une grâce charmante, et l'on pourrait citer en ce passage une suite de très-beaux vers tout empreints des parfums de la poésie d'André Chénier, André Chénier égorgé par ces monstres! Le tableau suivant, le salon de madame de Bretteville, respire le même charme.

» Le critique blâme, au contraire, le tableau qui montre dans le jardin du palais Égalité la ronde des enfants et leurs chants.

« Ces enfants, dit-il, ces chansons, ces jeunes femmes qui se promènent, le printemps même et la rose sur sa tige, tout nous déplaît et nous blesse à cette heure lamentable de l'abomination universelle. »

Le quatrième acte, et surtout la scène des Triumvirs, excitent au plus haut degré l'indignation du critique :

« Qu'as-tu donc pensé de cette nouveauté, de cet argot des guillotineurs, ô Théâtre-Français! ô théâtre de Molière et de Louis XIV! ô grandes colonnes de la langue savante, où Camille est remplacée par Charlotte, Auguste par Marat! M. Ponsard a accompli ce jour-là une œuvre bien funeste. Les larmes sont taries, la pitié s'en va, la terreur se trouve épuisée comme la veine carotide quand la veine est tranchée, si bien qu'on ne voit plus que l'*écorché* de Marat... Quant à Robespierre, il est ressemblant comme une image de cire; Danton

---

[1] Ces reproches n'étaient pas mieux fondés pour les Girondins que pour Ponsard.

V. le discours de Vergniaud du 17 septembre 1792 sur les massacres des prisons.

Et la tragédie de Ponsard elle-même, qui répond victorieusemen aux accusations imméritées dont elle est ici l'objet.

lui-même est un portrait au daguerréotype par un temps pluvieux. »

Pour conclure, M. Jules Janin définit ce quatrième acte « la Révolution sans remords et 93 sans pudeur », et il reproche à l'auteur d'être resté neutre, de n'avoir pas su toucher le but des exécrations méritées, d'avoir fait briller l'éclair, mais non tomber la foudre.....

II.

Feuilleton de la *Presse* du 25 mars 1850,
signé TH. GAUTIER.

« Le sujet de Charlotte Corday est-il un de ceux qui se puissent adapter sérieusement au théâtre? Charlotte Corday, indignée des excès de la Montagne, conçoit dans la solitude le projet de délivrer sa patrie de Marat, qui symbolisait pour elle le mauvais côté de la Révolution.

» Elle part, achète un couteau, tue et meurt.

» Pas de ressentiment vulgaire, pas de banale vengeance; elle sacrifie froidement un monstre sur l'autel de l'idée; sa résolution, mûrie dans le calme et la solitude, inconnue de tous, et qu'il eût été impossible aux plus clairvoyants de soupçonner, ne peut donner lieu qu'à des monologues. Le combat fut tout intérieur; les luttes qu'elle eut à subir, rien ne les a trahies. L'intention du poëte a pu les deviner, mais il ne saurait les trahir par une forme visible.

» Le silence est même une des beautés de cette figure douce et paisible, de ce blanc fantôme aux lèvres rouges, sortant de l'ombre avec un éclair d'acier, qu'il éteint dans une poitrine livide. L'ange de l'assassinat, comme l'appelle M. de Lamartine, peut traverser plus facilement un roman qu'une pièce. Cette Judith de la Gironde n'a pas même d'Holopherne à séduire, et bien qu'elle donne son nom à la pièce, elle n'en est cependant pas le principal ressort. Les deux véritables personnages, les *protagonistes*, pour employer un mot dont se ser-

v

vent les étrangers et qui nous manque, sont la Gironde et la Montagne, la dualité du drame s'établit entre ces deux terribles adversaires. »

M. Théophile Gautier avait avancé en 1847, à propos de la pièce du Gymnase, que Charlotte de Corday n'était pas un sujet dramatique propre à la scène. On voit qu'il maintenait la thèse émise par lui avec des développements nouveaux et très-dignes de remarque. Peut-être est-ce à lui que répondra Gustave Planche, lorsqu'il établira qu'au contraire Charlotte de Corday est un sujet possible pour le drame.

M. Lireux se prononça dans le sens de M. Théophile Gautier. (V. Revue dramatique du *Constitutionnel* du 3 avril 1850.) Il dit en parlant de la pièce de Ponsard :

« Grand style, beaux vers, noblesse de sentiments, tout le monde est d'accord de ce côté.

» Mais le sujet? Au point de vue où l'on envisage actuellement le théâtre, le sujet de Charlotte Corday était tout simplement impossible. Un dénoûment prévu, pas de place pour l'intrigue, et des personnages auxquels l'histoire impose de ne point ajouter un trait, que faire avec cela? Des scènes, jamais un drame.

» Le nom de l'héroïne avait déjà tenté les dramaturges; quelques-uns y cherchaient les allusions politiques — ce qui est toujours un vilain métier; — les autres espéraient embellir la donnée par leur propre invention. Tous ont échoué. Mais puisque M. Ponsard vient de réussir, c'est une preuve, ce me semble, ou que le sujet est moins mauvais qu'on ne croit, ou que le poëte a eu lui-même plus de ressources qu'on ne dit. »

M. Hippolyte Lucas semble partager l'opinion précédente. Il arrive toutefois à une conclusion éclectique.

« Charlotte, vierge modeste et pure, animée d'un héroïque

enthousiasme, est-elle un personnage dramatique dans l'acception ordinaire du mot? Non, parce qu'il n'y a qu'un ressort dans son âme, et qu'on ne peut, sans mentir à l'histoire, lui attribuer d'autres motifs que ceux que l'on connaît. Mais c'est assurément une belle figure à faire respirer et à placer dans une noble étude des caractères de la Révolution. M. Ponsard ne l'a pas compris autrement. »

III.

Feuilleton du *Constitutionnel* du 25 mars.
Article de ROLLE.

« La toile se lève : une jeune femme paraît, vêtue de la blanche tunique, le front ceint d'une verte couronne; elle se nomme; elle parle de la Grèce et d'Athènes; ce n'est pas une femme, une mortelle, c'est une Muse, la Muse de l'histoire, Clio, dont la voix grave et fidèle transmet à l'avenir les actions des peuples et des rois. Elle n'invente ni le bien, ni le mal, ni le crime, ni la vertu : elle les voit, elle les recueille, elle les raconte, elle est la Muse de la vérité. Dans la Grèce mélodieuse, chaussant le cothurne et suivant sur le théâtre Eschyle et Sophocle, elle offrait au peuple athénien le spectacle de ces grands enseignements; pourquoi, ô Français, Athéniens d'aujourd'hui, ne prêteriez-vous pas, comme ce peuple d'Athènes, une oreille attentive aux récits sincères de la Muse, retraçant les malheurs ou les crimes des ancêtres? C'est la vérité qui va parler. Les poëtes ne vous ont-ils pas montré les forfaits de Néron et de Richard III? Et vous voulez qu'ils reculent devant ceux de Marat ou de Robespierre? Ayez le courage d'envisager votre propre histoire : elle est ensanglantée; mais quelle page des annales humaines n'a pas sa tristesse et sa tache de sang? Celle-ci, du moins, n'est pas sans gloire. Écoutez donc avec justice et ne faites pas expier au poëte la ressemblance des visages terribles dont il n'est ici que le peintre exact; le poëte a voulu être impartial; il fait voir les personnages dans leur réalité; il montre les faits, il expose les idées, mais il n'est pas leur complice : accuserez-vous la glace fidèle qui reproduit trait pour trait les figures qui passent devant elle? La briserez-vous, parce qu'elle est un miroir?

» Clio a tenu parole. M. Ponsard a fait de l'histoire, des portraits historiques souvent tracés avec une terrible ressemblance. Les couleurs en sont hardies et vraies jusqu'à la crudité; le poëte disserte, raconte, décrit; mais le drame, où est-il? Les chapitres se succèdent; il y a des fragments d'une grande vigueur, rendus en vers cornéliens, souvent pleins de concision, de force et de substance. Quant au lien qui doit unir et concentrer les sentiments et les passions, pour les conduire jusqu'au dénoûment, à travers les péripéties d'une lutte active et suivie, je ne le trouve pas. De là des vides dans l'ouvrage; peut-être, avec l'aventure sanglante de Charlotte Corday, était-il difficile de faire autrement et d'arriver à un autre résultat. Quoi qu'il en soit, une fois ce sujet périlleux accepté, et si on ne veut pas contredire la théorie avancée par M. Ponsard dans son prologue, sur les droits de la réalité en matière dramatique, il est incontestable que ce drame, cette histoire, comme on voudra l'appeler, annonce un grand progrès dans le talent de M. Ponsard comme écrivain énergique et comme penseur. On peut éprouver de la tristesse, et, que M. Ponsard me permette de le dire, une sorte de répugnance douloureuse à l'aspect de ces figures sanglantes; mais la force du pinceau ne peut se nier. La scène entre les trois triumvirs est certainement une des choses les plus horriblement belles qu'un poëte ait osées au théâtre. On a vu d'ailleurs que M. Ponsard avait opposé à ces peintures sombres des contrastes de poésie touchante et naïve.

» Nous louerons les acteurs sans exception. Si tous n'ont pas été excellents, tous ont du moins mis dans l'exécution un certain talent, le talent qu'ils pouvaient donner. M. Randoux a représenté Vergniaud avec beaucoup de fermeté et de distinction. M. Geffroy a étudié Marat en artiste plein de tact; il a su faire un portrait ressemblant de cet homme hideux (était-ce un homme?), sans dépasser la limite qui pouvait mener au dégoût. M. Fonta a bien rendu la froideur et la prétention du citoyen Robespierre. M. Bignon a eu des éclats tout à fait dantonesques; il est d'ailleurs Danton par la poitrine, la cuisse, le masque et la chevelure : rien de plus touchant et de plus gracieux que mademoiselle Maria Favart dans le rôle de la jeune mère de l'ange blond. Mademoiselle Judith hasardait beaucoup en osant être Charlotte Corday; elle s'est montrée intelligente et a réussi jusqu'au bouquet et à la couronne. Il ne faut oublier ni madame Thénard, pleine de bonhomie dans le personnage de la vieille tante de Bretteville, une véritable vieille de l'ancien régime, ni M. Leroux-Barbaroux, qui a fait d'honorables efforts et a été applaudi; ni mademoiselle Fix, aimable et jolie muse, quoique un peu timide encore pour faire résonner la trompette de Clio[1]. »

IV.

L'*Union* du 25 mars. Article de MERLE.

« L'apparition au théâtre de cette œuvre très-remarquable de M. Ponsard est un grand événement dramatique. Ce drame a éprouvé de longues et nombreuses vicissitudes, avant de se produire devant le public; il nous est arrivé du fond du Dauphiné, précédé d'une immense célébrité de portefeuille; l'auteur était connu par deux succès éminemment littéraires. Il avait trouvé, dans quelques pages du livre des *Girondins*, le sujet d'une action tragique; un rôle de femme d'une énergie tout antique dominait cette action, au milieu de laquelle s'agitaient les passions politiques les plus bouillantes et les plus dramatiques; les principaux personnages de ce drame appartenaient à notre histoire contemporaine, leurs crimes et leurs vertus étaient dans la mémoire de tout le monde. Quoi de plus populaire, en effet, que les noms de Danton, de Robespierre et de Marat? Quoi de plus intéressant sous certains rapports que ceux de Vergniaud, de madame Roland et de quelques-uns des proscrits du 31 mai?

---

[1] Suivant M. Théodore de Banville au contraire : « Mademoiselle Fix dit bien et porte le peplum de la Muse antique comme si elle était réellement fille de Phidias. »

» Enfin, quel caractère plus touchant et plus héroïque que le dévouement de cette jeune fille qui abandonne son pays et sa famille pour venir à Paris délivrer la France, par un assassinat, du monstre qui la couvre de sang et de victimes? Tous ces grands éléments de drame politique ont été jetés pêle-mêle sur la scène, avec plus de talent poétique, il faut le dire, que d'art dramatique : M. Ponsard a trouvé de belles scènes et de beaux vers dans ce sujet, mais il a fait une œuvre tragique, dans laquelle l'action se perd sous les flots d'une poésie étincelante de beautés du premier ordre. On cherche en vain dans la nouvelle conception dramatique de M. Ponsard la noble simplicité de *Lucrèce* et la puissante vigueur tragique d'*Agnès de Méranie;* et cependant, malgré ses défauts, *Charlotte Corday* restera comme une des plus belles productions de notre époque. »

Nous ne retenons du reste de l'article que cette phrase : « La vérité historique est presque toujours dédaignée et souvent remplacée par des fictions qui ne la valent pas. »

L'*Union* du 8 avril contient un second feuilleton sur ce même sujet.

V.

L'*Ordre*. (N° du 25 mars.) Article très-sérieux et très-fort attribué à M. Fortoul. Nous en extrayons les lignes suivantes :

« ... La vérité n'y est pas plus observée que l'unité.....
» Charlotte Corday, qu'on a peinte comme une âme profonde et exaltée, n'éclatait pas à tout propos en élégies et en harangues de la longueur de celles que nous avons entendues. La diversité des autres caractères se perd dans l'uniformité de l'enluminure que le poëte leur a donnée.
» Un souffle inégal, ordinairement puissant et relevé, parfois efféminé, rarement assez soutenu, anime la forme flottante dont les plis trop régulièrement harmonieux, trop sy-

métriques, dérobent entièrement la diversité des caractères et des situations. »

Disons toutefois que, malgré la justesse de ces critiques, nous trouvons les conclusions finales d'une sévérité excessive et que le temps n'a pas ratifiées.

Il en est de même des autres comptes rendus, intéressants, brillants, mais trop exclusivement satiriques; tels sont les feuilletons de MM. Jules de Premaray dans la *Patrie*, (25 mars 1850); Alfred Dauger, dans le *Pays* (même date); Édouard Thierry, dans l'*Assemblée nationale*, (même date également), la *Silhouette* du 31 mars, etc.

Le journal *le Dix Décembre* nous introduit dans le domaine du matérialisme le plus révoltant, si l'on pouvait donner un nom sérieux à un article de haute fantaisie.

« Le poëte de *Charlotte Corday* s'écrie : « Je suis impartial.
» C'est pourquoi ni son drame ni ses acteurs n'existent; c'est
» pourquoi il ne nous a donné à juger que des cadavres, et
» non des vivants. Avec les soins les plus religieux, il a
» exhumé leur dépouille mortelle; mais, lorsqu'il s'est agi de
» les faire revivre et prêter telle ou telle passion humaine à
» ces intelligences qui ont accompli une mission providen-
» tielle, le courage lui a manqué. Il n'a osé prendre parti
» contre personne. » — Emprunt du drame au livre des
Girondins, etc.

. . . .

» Je dirai seulement quelques mots du personnage de Charlotte.

» Mademoiselle de Corday me semble être la figure la moins dramatique de toute notre histoire et la plus impossible à mettre au théâtre. Son âme manque de passion, comme son acte manque de grandeur. Je relis mot à mot le livre de M. de Lamartine sans trouver au crime de mademoiselle de Corday d'autres causes matérielles qu'un enthousiasme irréfléchi pour

Corneille, dont elle était la petite-fille, et pour le poëme
biblique de Judith.

» Oserai-je dire toute ma pensée? Le poëte des *Girondins*
compare Charlotte à Jeanne d'Arc. L'héroïsme de l'une comme
le forfait de l'autre me paraît trouver une cause toute naturelle.
Mais qui l'acceptera, dans notre siècle bêtement spiritualiste?

» Ici se trouve une citation du chapitre XXXVIII de l'*His-*
toire des Girondins, qui se termine ainsi : « Cette profanation
» de la beauté et de la mort attesta l'innocence de ses mœurs
» et la virginité de son corps. »

Puis le feuilletoniste reprend :

« L'histoire de Charlotte Corday n'est-elle pas une fois de
» plus l'histoire de Phèdre insultant Vénus, et cruellement
» punie? Si la petite-fille de Corneille eût été épouse et mère,
» ce jeune et beau sang qui inondait son cerveau et son cœur,
» et la rendait folle de fanatisme, eût gonflé ses mamelles
» fécondes et nourri de beaux enfants, pareils à celui qu'elle
» embrassait en pleurant dans le Palais-Royal. Une chiffon-
» nière de seize ans, belle sous ses haillons crasseux et allai-
» tant un enfant blanc et rose, vaut toutes les Jeanne d'Arc.
» Les anges qui parlaient à l'oreille de l'héroïne de Vaucou-
» leur, c'étaient les mêmes que ceux qui conseillaient l'assas-
» sinat à Charlotte Corday; c'étaient sa jeunesse, sa vie et son
» sang révolté. Sous la Convention, peut-être Jeanne d'Arc
» eût assassiné Marat; peut-être Charlotte Corday eût-elle
» sauvé et reconquis la France sous Charles VII. Ce qu'il y a
» de plus monstrueux dans la gloire et dans l'ignominie des
» deux martyres, c'est cette virginité dont nos lois sauvages
» font un devoir. Mais, ô cause sacrée de l'humanité et de la
» nature, matière opprimée et divine, flamme allumée au
» sang même des dieux, existe-t-il encore quelque part un
» poëte enthousiaste, résigné d'avance à être traîné sur la
» claie du mépris par les hypocrites? Qui sait si le malheur
» de mademoiselle de Corday n'a pas été d'être née vertueuse
» et sans dot? Là, à la bonne heure, je vois une tragédie
» pleine d'épouvante et d'horreurs secrètes; mais, je l'ai dit,

» nous sommes bien trop spiritualistes pour admettre, à quel-
» que fait que ce soit une cause physique.

    » TH. DE B. » (Feuilleton du 25 mars 1850.)

L'auteur dit en terminant, à propos du jeu des acteurs :
— « De quelque façon que l'histoire le juge, Robespierre est
après tout un *homme illustre* ». — L'illustration de Robespierre vaut l'ignominie de Jeanne d'Arc (ou de Charlotte),
mais l'écrivain oublie que le chaste auteur de la fête à l'Être
suprême était *bêtement* spiritualiste, et qu'il en avait coûté
cher à Chaumette pour avoir professé des doctrines moins
matérialistes que celles dont on vient de lire l'exposé. Tels
étaient pourtant les journaux patronés et subventionnés par
le gouvernement de l'Élysée. On sait quels ont été en 1870
et 1871 les résultats d'un pareil enseignement.

VI.

Le *National*, feuilleton du 25 mars, gourmande Ponsard d'avoir montré trop de prudence. « Les applaudissements
qui ont salué les tirades républicaines, comparés à ceux qui
ont été décernés aux personnages royalistes, ont dû lui
montrer de quel côté était la popularité. S'il eût osé se prononcer, si sa Muse échauffée eût laissé jaillir un peu d'enthousiasme, la pièce aurait eu cent représentations. » Nous
nous permettrons d'ajouter : ou n'en aurait pas eu une seule.

Ceci du reste est une appréciation particulière qui s'explique
par la ligne politique du journal. Mais ce qui ne saurait se
comprendre, c'est la théorie littéraire qui suit et que nous
conservons avec tout son développement :

« Quoique Barbaroux ne soit pas indifférent à Charlotte,
elle repousse tout sentiment tendre et se voue à l'accomplissement d'un dessein secret.

» Là se trouve le défaut essentiel de la pièce : en voulant conserver à l'héroïne une pureté historique à laquelle l'amour n'eût pas fait grand tort, le poëte a sacrifié le plus puissant des éléments tragiques, le mobile qui de temps immémorial excuse les résolutions extrêmes et désespérées. Si Charlotte eût bien décidément aimé Barbaroux, si son dessein eût été de le sauver en poignardant le persécuteur de son amant, l'intérêt dramatique aurait doublé de force. Au lieu de cela, elle s'efforce de fermer son cœur à cet amour. Elle le nie et convient à peine d'une légère faiblesse ; d'où il résulte que dans le drame, aussi bien que dans l'histoire, les raisons qui la déterminent au meurtre de Marat restent obscures. La licence poétique permettait d'autant mieux cet embellissement de l'histoire, qu'il passe pour vrai, et que dans la nécessité où était la tradition d'expliquer une résolution si extraordinaire, elle a naturellement supposé qu'une passion profonde en était la cause. Si la conversation de Charlotte et de Barbaroux eût été une scène d'amour et d'aveux, tout le reste était surabondamment justifié, tandis que le fait seul est la justification du dénoûment de la pièce. Il faut savoir que Charlotte Corday a tué Marat, pour admettre le coup de poignard dont l'histoire ne donne que des explications incertaines, et dans une tragédie cela ne suffit point. »

Ainsi, en 1850, il était encore possible d'écrire dans un journal grave que les motifs de l'action de Charlotte de Corday étaient inconnus, incertains, comme s'ils n'étaient pas écrits en caractères éclatants dans ses lettres, dans ses interrogatoires !

Et la critique pouvait pousser l'aberration jusqu'au point d'enseigner doctoralement que, dans le doute, il fallait chercher l'explication de ce prétendu problème dans une passion profonde, inventer une scène d'amour et d'aveux, en un mot *embellir l'histoire !*

En sorte que la critique avait reculé jusqu'au niveau de la *Nouvelle Judith* (1797). Ce n'était pas sérieusement qu'on pouvait professer de pareilles hérésies. Mais détruire l'héroïsme d'une action conduite par le désintéressement patriotique le plus pur, c'était faire la cour au parti montagnard et abaisser d'autant la malheureuse Gironde, sa victime! Nous laissons donc aux Girondins le soin de répondre et de montrer qu'en littérature comme en politique ils étaient plus avancés que ceux-là mêmes qui avaient la prétention de les dépasser.

Voyez les lettres de Petion, Barbaroux et Buzot à Salle, vol. 2, p. 102-124.

VII.

Le *Corsaire* consacra deux feuilletons à la tragédie de *Charlotte Corday;* l'un est du 27 mars 1850, l'autre du 10 avril, signés H. de J...

Le même journal publia en outre dans son numéro du 27 mars une pièce de vers adressée à Ponsard, signée *Léonce.*

C'est une protestation véhémente contre le sujet choisi par le poëte.

> Non, ce n'est pas ainsi qu'on adoucit les mœurs.
> Arrière le génie aux facettes brillantes
> Qui, creusant le tableau de nos luttes sanglantes,
> Aigrit les vieux levains au profond de nos cœurs.
> Non, ce n'est pas le fait d'un noble caractère
> De jouer avec l'arme au tranchant meurtrier;
> Et dresser sur la scène un homicide acier,
>   C'est livrer la foule à Tibère.

Toute la pièce est en ce sens et s'élève jusqu'à l'imprécation contre les hommes de la Révolution et celui qui les a traduits sur la scène. On sait que le *Corsaire* était un journal royaliste. Nous remarquons et citons seulement cette strophe :

Comme toi, j'ai chanté dans mes vers autrefois
Cette fière Normande à l'austère visage.
Comme toi, je pensais alors qu'il était sage
D'appeler sur son nom le bruit de mille voix;
Que sa noble action devait être suivie,
Qu'il fallait exalter un si beau dévouement,
Et ma main burinait au front d'un monument:
    Corday! morte pour la patrie.
Je le pense toujours, mais je ne l'écris plus.

. . . .

VIII.

Le *Charivari*. Son véritable compte rendu n'est pas dans un article du 25 mars, qui est sans importance, il est dans les dessins de Cham qui parurent deux jours plus tard et apportèrent le suffrage de ses charges spirituelles à la rivale de *Lucrèce*. (*Revue comique de la Semaine*.)

L'*Illustration* se proposait de consacrer un dessin commémoratif à la scène capitale de la tragédie. « Mais, dit le numéro du 9 mars 1850, les dieux du théâtre en ont décidé autrement. On a tourné le dos à l'immortalité que le crayon de notre dessinateur eût procurée à l'œuvre de M. Ponsard. Il vous l'assurait pour une stalle, ce n'était pas trop cher, et même il s'offrait de la payer; *tout était loué!* » (*Courrier de Paris*. Article signé, Ph. B.).

V. encore le *Journal de la République*, article Leclerc cité avec éloge par l'*Entr'acte*; le *Courrier français*, article de Stephen de la Madeleine; le *Messager des Théâtres* du 29 mars; la *Revue et Gazette des Théâtres* et le *Foyer*.

Nous aurions voulu donner les appréciations des journaux anglais indigènes, comme pouvant avoir un cachet d'originalité native. Il n'existe à Paris d'autre collection que celle du *Galignani's Messenger*, feuille un peu française ; mais l'aimable directeur de ce journal a bien voulu nous dire que l'article suivant était de M. Bowes, Anglais de naissance et littérateur exercé dans sa patrie.

Galignani's Messenger du 28 mars 1850, n° 10960.

« NOUVELLES DES THÉATRES. — *Les Français.* — Si le drame sur la Révolution donné par M. Ponsard n'augmente probablement pas sa réputation comme auteur dramatique, son nom comme poëte n'aura pas du moins à en souffrir. Sa *Charlotte Corday* est non-seulement écrite avec une élégance et une force soutenues, mais elle contient de brillants passages d'une grande beauté de pensée, d'un remarquable bonheur d'expression, qui attestent incontestablement un homme de cœur et de talent (*genius*). »

Le critique anglais souligne en passant une scène qui lui rappelle un procédé employé quelquefois par Shakespeare. C'est l'achat du couteau libérateur (*delivering knife*), marchandé et acheté hors des yeux des assistants.

« Nous avons déjà dit que, comme drame, cette pièce ne peut aspirer à un rang très-élevé dans l'art : les défauts du plan, la longueur démesurée de certaines parties où l'action devrait marcher avec la rapidité de la vapeur, la disparition complète des personnages les plus intéressants, qui s'en vont dès le commencement ou au milieu de la pièce, et qu'on ne revoit plus ensuite ; ces défauts, disons-nous, seront probablement de sérieux obstacles à ce que la pièce reste au théâtre. Cependant, à la lecture, ces taches pourront être rachetées, peut-être même contre-balancées avec avantage aux yeux du public par la peinture magistrale des caractères, l'élévation des sentiments, et surtout par un goût naturel pour tout ce qui est beau, grand, vertueux, tendance qui règne dans toute la pièce.

» Ces qualités placent M. Ponsard bien au-dessus des autres écrivains dramatiques existant aujourd'hui en France. »

Viennent maintenant les Revues.

I.

La *Revue des Deux-Mondes*, numéro du 1er avril 1850,
fit à la pièce nouvelle l'honneur de deux articles considé-
rables par leur importance et par le nom de leurs auteurs,
l'un de Gustave Planche dans le corps de la Revue (p. 140-
152), l'autre de M. de Pontmartin dans la Chronique littéraire (p. 181-188).

Le compte rendu de Gustave Planche a l'ampleur magistrale qui caractérise sa manière habituelle. Mais il y a plus
qu'une simple analyse de théâtre dans ces pages, on y trouve
sur le fond même du sujet les vues les plus justes et les plus
élevées. Le nom de Gustave Planche pourrait prendre place
parmi les biographes critiques de Charlotte de Corday. Il
débute par ces considérations générales :

« Le sujet choisi par M. Ponsard présente certainement de
grandes difficultés, cependant je ne crois pas que la figure de
Charlotte Corday doive être bannie du théâtre. Il y a dans le
courage viril de cette jeune fille une donnée tragique dont la
poésie peut s'emparer. Sans doute, cette donnée présente plus
d'un écueil; le dénoûment prévu d'avance, gravé dans toutes
les mémoires, semble condamner l'action à l'immobilité; les
préparatifs du meurtre sont tellement connus, il serait tellement insensé de vouloir les changer, que le poëte, au premier
aspect, paraît condamné à transcrire l'histoire. Toutefois,
l'examen de cette question délicate nous conduit à une conclusion bien différente.

» Non pas que je conseille à l'imagination, en présence de
cette grande figure, d'oublier, de méconnaître ses devoirs
jusqu'à greffer le roman sur l'histoire : à Dieu ne plaise
qu'une pareille folie entre jamais dans ma pensée. Mais, sans
recourir jusqu'au roman, il est permis d'ouvrir devant nous
l'âme toute romaine qui a conduit le bras de Charlotte Corday.

C'est là la vraie tâche du poëte dramatique. Certes, il ne faut pas négliger de nous montrer, de nous peindre à grands traits l'état de la France six mois après la mort de Louis XVI; toutefois ce serait s'abuser étrangement que de subordonner la conduite de Charlotte Corday au tumulte des factions; le drame ainsi compris tomberait fatalement à des proportions mesquines. La jeune fille héroïque ne serait plus qu'un instrument aveugle entre les mains du hasard.

» Pour que Charlotte nous intéresse, nous émeuve, nous frappe d'admiration et d'épouvante, il faut qu'elle domine l'action générale du poëme. Il faut que tous les événements trouvent dans son âme généreuse, non pas seulement un écho plus ou moins retentissant, mais un juge sévère; à cette condition, le drame s'agrandit, et l'héroïne, bien que placée près de nous dans l'ordre des temps, que nos pères ont vue marcher au supplice, se transfigure, et d'un battement d'ailes s'élève jusqu'aux régions les plus sereines de la poésie. »

Après avoir tracé une esquisse de la biographie de Charlotte de Corday, l'auteur poursuit ainsi :

« Une âme ainsi faite, ainsi préparée aux actions héroïques par le commerce familier des âmes les plus mâles de l'antiquité, n'est pas à coup sûr un champ stérile pour la poésie dramatique. Mais si Charlotte Corday n'a jamais aimé, d'où viendra le combat? d'où viendra la péripétie? Si elle a pu dire à son père, dire à Barbaroux : « Ne pleurez pas ma mort; pourquoi pleurer? qu'ai-je à regretter? la nature, je le sens, ne m'appelait pas au bonheur! »

« ... Malgré ces consolations stoïques adressées à son père, tous les témoignages s'accordent à nous montrer Charlotte Corday comme une femme faite pour comprendre, pour aimer la vie de famille, pour jouir pleinement du bonheur que peut donner la vie domestique. Si l'héroïsme a triomphé dans son cœur, le triomphe n'a pas été obtenu sans combat, sans blessure; plus d'une fois les affections humaines ont élevé la voix avant de consentir à s'immoler. Eh bien! c'est dans cette lutte intérieure que le poëte doit chercher les principaux développements de l'action dramatique, et cette lutte est assez vive, assez cruelle, pour offrir tous les éléments d'une véritable péripétie...

» Le tableau qu'on peut appeler le tableau des *Faneuses* n'est à nos yeux, comme le précédent (le *Banquet chez madame Roland*), qu'un véritable hors-d'œuvre. La conversation politique à laquelle nous venons d'assister chez madame Roland ne nous a pas appris grand'chose sur le sujet que le poëte se propose de traiter. Cette idylle, qui partout ailleurs pourrait séduire par son élégance, dépayse le spectateur. A quoi bon nous montrer Charlotte Corday occupée de travaux champêtres? à quoi bon la placer sur la route suivie par les Girondins fugitifs?

» Les railleries de Louvet sur l'entrevue de Barbaroux et de Charlotte ne sont pas dictées par un goût très-délicat. Le souvenir de Faublas intervient assez mal à propos. Le pardon de Charlotte se comprendrait plus facilement sans ce malencontreux souvenir, car sans doute Charlotte, qui n'a pas lu les *Amours de Faublas*, en a plus d'une fois entendu parler, et le nom seul de ce livre, rapproché de son nom, doit offenser sa pudeur et sa fierté.

» Je n'aime pas la scène qui se passe au Palais-Royal, quoiqu'elle soit applaudie.

» Les caresses prodiguées par Charlotte à l'enfant qui vient jouer près d'elle amènent sur les lèvres de l'héroïne des paroles attendrissantes; mais je renoncerais de grand cœur aux petites filles qui dansent en rond, aux petits garçons qui sautent à la corde, et je verrais même disparaître sans regret la jeune mère qui demande à Charlotte quelles sont ses ressources, et qui, la voyant pour la première fois, lui offre une place dans son atelier et à la table de son mari. L'amour du simple et du naturel entraîne ici M. Ponsard beaucoup trop loin.

» Ma pensée sur l'œuvre nouvelle de M. Ponsard se réduit à des termes très-simples et très-clairs. — Je lui adresse trois reproches : Absence de composition, — impersonnalité, — absence d'unité dans le style.

» Il y a dans le drame nouveau, comme dans *Lucrèce*, comme dans *Agnès de Méranie*, plusieurs sortes de styles qui s'accordent assez mal. La conversation chez madame Roland est écrite avec une simplicité qui devient parfois prosaïque. La scène des faneuses rappelle André Chénier. Le langage de Barbaroux dans son entrevue avec Charlotte manque de franchise, et par ses nombreuses périphrases reporte la pensée vers les tirades de la tragédie impériale. La délibération des triumvirs est écrite d'un bout à l'autre avec une vigueur toute cornélienne. L'élévation, la noblesse, la familiarité, sont les caractères distinctifs de cette belle et grande scène. »

D'accord avec l'auteur sur les principes qu'il pose, nous ne pouvons admettre l'application qu'il en fait en détail, et il nous semble qu'il est en pleine contradiction avec lui-même. Ainsi il blâme « la conversation politique du premier acte, comme ne nous apprenant pas grand'chose. » Cependant il vient de dire : « Il ne faut pas négliger de nous peindre à grands traits l'état de la France après la mort de Louis XVI. » Or il est impossible d'imaginer une peinture plus grande et plus vraie de la situation politique que celle qui ouvre la pièce au premier acte. Chaque personnage est admirablement mis en scène, parle le langage qu'il aurait tenu, qu'il a tenu dans la réalité. Chaque mot est presque de l'histoire, chaque vers est un enseignement, une pierre d'attente qui servira dans le développement ultérieur de la pièce. Peut-être, pour apprécier ce mérite, faut-il connaître la Révolution plus à fond que Gustave Planche, qui était surtout un critique d'art. Madame Roland, Vergniaud, Barbaroux, Siéyes et Danton sont des portraits vivants. Pour nous, la scène du Banquet n'est pas un véritable hors-d'œuvre, comme le dit Gustave Planche, c'est un véritable chef-d'œuvre égal à la délibération des triumvirs.

Il en est de même de la scène des faneuses. Pourquoi, dit Gustave Planche, cette idylle qui dépayse le spectateur? A quoi bon nous montrer Charlotte de Corday occupée de travaux champêtres? à quoi bon la placer sur la route suivie par les Girondins fugitifs?

La réponse à ces questions se trouve quelques lignes plus haut. « Tous les témoignages s'accordent à nous montrer Charlotte de Corday comme une femme faite pour aimer la vie de famille... Si l'héroïsme a triomphé dans son cœur, le triomphe n'a pas été obtenu sans combat. C'est dans cette lutte intérieure que le poëte doit chercher les principaux développements de l'action dramatique... » Eh bien alors, laissez-le donc préparer ces développements, montrer Charlotte au sein de la famille, jouissant pleinement du bonheur que peut donner la vie domestique. Ponsard avait exécuté de point en point la théorie tracée par le critique. Que lui demandait-il de plus? Nous ne pouvons le comprendre, non plus que cette chicane tirée de la rencontre des Girondins sur la grande route. Il fallait bien qu'à un moment quelconque les Girondins et Charlotte fussent mis en contact : le moyen imaginé par Ponsard est des plus heureux. Nous ajouterons surabondamment qu'il est non-seulement vraisemblable, mais vrai, puisque Madame de Bretheville possédait une maison de campagne à une lieue de Caen, située sur une grande route que des fugitifs pouvaient parfaitement parcourir. — L'idylle antique qui ouvre le second acte est donc ravissante de fraîcheur, de grâce, et elle a de plus la vérité pour se défendre contre la critique écrite. A la scène, des morceaux pareils n'ont pas besoin d'autre apologie que l'entraînement du public, qui ne les condamnera jamais.

M. de Lamartine a été dupe de la fable de Franquelin,

mise en circulation par Paul Delasalle dans la *Mosaïque de l'Ouest*.

Il a été également victime d'une autre historiette du même recueil, qui a imaginé de représenter Charlotte de Corday lisant *Faublas à haute voix* devant plusieurs dames. (V. 1846-1847, p. 138.) Seulement le bon goût de M. de Lamartine l'a averti de ce qu'il y avait de choquant dans cette anecdote, qui se réfutait par l'excès de son invraisemblance. Aussi il l'a atténuée et il s'est borné à dire : « Les livres passionnés ou légers de l'époque, tels que l'*Héloïse* ou *Faublas*, étaient *feuilletés* par elle. » (V. volume VI, livre 44, p. 201, édition Furne de 1847.)

Ponsard, avec sa probité littéraire bien connue, a repoussé l'atténuation, plus dangereuse que l'imputation primitive. Il a fait dire à Barbaroux, répondant à Louvet et peut-être dans la pensée du poëte à M. de Lamartine :

> Charlotte n'a pas lu les amours de *Faublas*.
> (Acte III, scène ii.)

Gustave Planche rejette aussi la possibilité de cette lecture par une jeune fille honnête, et il ajoute que le nom seul du livre doit offenser sa pudeur et sa fierté. Le souvenir de Faublas intervient donc, selon lui, assez mal à propos. Nullement :

Ponsard a suivi M. de Lamartine, c'est incontestable; il le cite lui-même dans une note, p. 152 de la première édition. Mais on a exagéré lorsqu'on a dit « qu'il n'avait fait qu'exhumer l'épisode de Charlotte de Corday du livre des *Girondins* et embaumé dans des vers épiques l'Ange de l'Assassinat. » Non-seulement il ne l'a pas copié servilement, mais il l'a discuté librement. La scène qui nous occupe en est la preuve. La vierge qu'il voulait représenter,

qu'il concevait noble et pure, est souillée par un livre dont
il ne peut se dissimuler l'immense retentissement, qui est
dans les mains de tout le monde. Il sent que le caractère
de l'héroïne en est amoindri, et il prévient l'objection qui
pourra naître dans l'esprit du spectateur, le sarcasme qui
pourra venir sur ses lèvres. Le poëte réfute l'historien, il
anime cette réfutation, il la met en scène. Il est dans son
droit, d'autant plus qu'il a invoqué la Muse de l'histoire
et qu'il se montre fidèle à ce vers de son prologue :

> Je bannis de mes vers l'allusion mauvaise.

Ce n'est pas nous qui blâmerons le chantre de Charlotte
de Corday de l'avoir défendue contre la calomnie, comme le
chantre de Jeanne d'Arc vengea la vierge d'Orléans des
impuretés de *la Pucelle* de Voltaire. Telle est l'explication
qui a échappé à Gustave Planche, et qui justifie pleinement
Ponsard d'un reproche immérité.

Ajoutons que l'anecdote *parfaitement inédite* de la
Mosaïque de l'Ouest est *parfaitement controuvée*, ainsi
que nous l'établirons lorsqu'au lieu de faire de l'histoire
par le théâtre, nous pourrons aborder l'histoire pour elle—
même.

Nous en placerons néanmoins ici la réfutation provisoire,
et nous commençons par reproduire le texte même de l'article (**V.** *loco citato*) :

« Un beau jour, au commencement de la Terreur, des agents
révolutionnaires, sous prétexte de faire une visite domiciliaire,
s'introduisent dans la maison de la tante de Charlotte Corday
avec laquelle elle demeurait à Caen. Ils pénètrent dans une
chambre où Charlotte faisait la lecture à haute voix à plusieurs
dames. Il paraît qu'elle lisait très-bien. A leur vue, elle s'em-
pressa de cacher le livre dans son sein, comme elle y cacha
plus tard le couteau. Un des commissaires s'en aperçoit et la

force d'exhiber ce livre, séditieux, selon toute apparence. —
C'était *Faublas !...* »

Pour tous ceux qui connaissent l'histoire de Caen pendant la Révolution, histoire écrite dans les archives de la
Préfecture et de l'Hôtel de ville, pour ceux qui connaissent
les localités par les plans anciens et les constructions qui
subsistent encore, pour ceux qui ont étudié quelque peu le
caractère de Charlotte dans les pièces authentiques du procès, le récit de la *Mosaïque* ne peut pas se soutenir matériellement. Nous ne parlons pas des impossibilités morales.

Mais ce n'est pas sur des raisonnements que nous vou-
lons appuyer aujourd'hui notre réfutation, c'est sur des faits.

Nous reconnaissons que le récit de la *Mosaïque de
l'Ouest* est calqué, sauf quelques embellissements de style,
sur la lettre d'une personne qui prétendait tenir l'anecdote
de Madame L..., sa tante.

En 1861, Madame L... existait encore et demeurait à
Cherbourg, rue du Collége. Elle était âgée de quatre-vingts
ans. Nous nous rendîmes dans cette ville, et en présence
de témoins, nous lui donnâmes connaissance du passage de
la *Mosaïque,* en lui demandant si elle en reconnaissait
l'exactitude.

Voici sa réponse, écrite sous ses yeux et approuvée par
elle :

« Tout ce qu'on a rapporté sur la visite domiciliaire, la
lecture en commun et la saisie du livre est *faux.*

» Ce sont des faits imaginaires dont je n'avais jamais entendu parler. Je ne sais pas comment on peut faire de pareilles inventions et me les attribuer. »

Cette dame nous rapporta ensuite, par ouï dire, des
discussions qui s'élevaient dans la société de Caen sur Char-

lotte de Corday, les uns la considérant comme une nouvelle Judith, les autres lui reprochant d'avoir fréquenté les Girondins, et ces discussions avaient amené le souvenir de *Gil Blas* ou de *Faublas*.

Nous avions recueilli nous-même à Caen des bruits de cette nature. Ainsi Mademoiselle de L... tenait de sa mère que Charlotte lisait les *Liaisons dangereuses*.

Et comment en aurait-il été autrement? Ces calomnies avaient été ordonnées systématiquement contre Charlotte de Corday par arrêté de la Commune de Paris. Voyez le procès-verbal de la séance du 21 juillet 1793.

« Un membre rappelle à l'Assemblée que tous les contre-révolutionnaires, les modérés, les fédéralistes, se sont réunis pour faire un éloge imposteur de l'infâme Charlotte Corday... (Une page de développements.) ... Il demande, en conséquence, que la plus grande publicité soit donnée à un article inséré dans le n° 202 de la *Gazette nationale* (le *Moniteur*), qui lui paraît assigner à cette femme atroce la place qui lui est due, et tracer son caractère, son immoralité et son audace, avec le pinceau de la vérité et les couleurs qui lui conviennent.

» L'Assemblée, après avoir entendu la lecture de l'article, en a ordonné l'impression, l'affiche, l'envoi à toutes les Autorités constituées, les Communes du Département et les Sections de Paris, et toutes les Sociétés populaires de la République.

» Pour extrait conforme :
» RAISSON, sec. gén. »

Or, cet article, placardé dans Paris, envoyé dans la province, multiplié à l'infini par la presse, est signé de Fabre d'Églantine. Voici ce qu'il contient :

« La tête de Charlotte Corday étoit farcie de livres de toute espèce; elle a déclaré, ou plutôt elle avouoit avec une affectation qui tenoit de la ridiculité, avoir tout lu, depuis *Tacite* jusqu'au *Portier des Chartreux.* »

On comprend maintenant de quelle source empoisonnée ont découlé toutes ces accusations de lectures immorales répandues contre Charlotte de Corday, sans défense, sans dénégation possible ; de là aussi la diversité de ces accusations. « Il y avait aveu de sa part. » Elle avait *tout* lu, c'était un acte officiel qui le proclamait par voie d'affiches et de circulaires, on pouvait donc choisir. Aussi les uns disaient *Gil Blas*, d'autres *Faublas* ; ceux-ci les *Liaisons dangereuses*, ceux-là le *Portier des Chartreux !*

N'était-ce pas ainsi qu'on avait attaqué Louis XVI sur les livres qu'il demandait au Temple pour son fils ? N'est-ce pas une inculpation de ce genre qui a servi de germe à la calomnie fameuse d'Hébert contre la Reine ? Camille Desmoulins n'a-t-il pas été accusé par Robespierre d'avoir fait lire à la plus jeune des demoiselles Duplay... quoi ? l'*Arétin !* (Louis Blanc, vol. X, p. 345.) V. aussi les notes fournies à Saint-Just contre Danton, p. 7.

C'était là un honteux procédé des pamphlétaires de l'ancien régime, ressuscité par les Morande du nouveau, et encore pratiqué de nos jours par les partis. Il ne doit donc rien rester de cette prétendue anecdote, démentie par le témoin invoqué et expliquée par les documents que nous venons de produire.

Un dernier reproche clot la liste des griefs de Gustave Planche contre Ponsard. Il lui fait un crime d'avoir plusieurs styles qui s'accordent mal ensemble : prosaïque dans la Conversation chez Madame Roland, idyllique dans la scène des Faneuses, déclamatoire dans le Dialogue entre

Barbaroux et Charlotte, et il résume ainsi sa pensée : « Absence d'unité dans le style. »

Voici une nouvelle espèce d'unité que nous ne connaissions pas : il nous semble qu'une variété de nuances n'est pas un défaut quand elle est motivée par les nécessités du sujet. Un poëte classique n'a-t-il pas dit : « Des couleurs du sujet je teindrai mon langage »? Le théâtre des anciens permettait, si nous ne nous trompons, le changement de modes et de rhythme. Corneille et Racine ont suivi cet exemple, Shakespeare fait alterner la prose et la poésie dans une même pièce, Gœthe enfin, d'un goût si esthétique, a écrit en beaux vers le monologue qui ouvre son *Faust*, et en prose simple la scène des cavaliers volant au secours de Marguerite. Un alexandrin majestueux vaudrait-il ces paroles jetées au vent de la nuit en rase campagne? Il y a là une de ces questions de discernement qu'il est impossible de soumettre à des règles fixes. Aussi ce qui était une faute pour les premiers critiques de Ponsard est devenu un mérite aux yeux des derniers, et l'un d'eux a écrit dans la *Revue contemporaine* ces lignes qui sont le contre-pied de l'article de la *Revue des Deux-Mondes* : « Racinien en quelques endroits, cornélien par l'inspiration générale, le drame est aussi shakespearien en une certaine mesure, par le mélange de la langue usuelle et du style élevé, par des scènes d'églogue ou des peintures d'intérieur *heureusement* intercalées au milieu des situations les plus tragiques. » (Philibert Soupé, *Revue contemporaine*, n° du 31 mai 1870, p. 355.)

M. de Pontmartin attaque surtout le choix du sujet, le défaut de parti pris chez M. Ponsard, l'excès de l'éclectisme. L'article est long, creusé. Nous n'en détachons que ces lignes très-judicieuses :

« L'auteur a-t-il réussi à caractériser et à peindre son héroïne d'une façon nette et précise? est-il parvenu à se rendre
compte de cette physionomie de Charlotte mêlée de tons éclatants et de teintes factices dans le romanesque épisode des
Girondins? Charlotte Corday appartient à cette famille de
caractères qu'il est difficile de juger d'après les lois communes [1]... »

II.

La *Revue Britannique* (dirigée par Amédée Pichot),
sixième série, t. XXVI, p. 230, Chronique littéraire, etc.
Paris, mars 1850; avec cette épigraphe : « Where is thy
knife? thou art too slow? » Shakspeare, *Cymbeline.*

« ... Charlotte Corday elle-même parle beaucoup trop, et
avant que Marat fût venu nous inspirer le dégoût sous le
masque parfait qu'a retrouvé M. Geffroy, nous trouvions
que le couteau se faisait bien attendre. *Where is thy knife?
thou are too slow!* Où est ton couteau? tu tardes trop! comme
dit notre épigraphe shakspearienne...

» Une scène unique nous a paru contenir une leçon en
même temps qu'une allusion à quelques-uns de nos révolutionnaires de 1848. » (L'article est presque exclusivement
politique.)

« ... Les décorations sont très-heureusement exécutées. Celle
du Palais-Royal n'est pas la seule. Charlotte Corday nous est

[1] M. de Pontmartin aurait voulu « que le poëte eût osé aborder de
front l'histoire, se prendre corps à corps avec elle, en ouvrir la veine
féconde, et en tirer une de ces œuvres puissantes dont la libre allure
eût rappelé les tragédies nationales de Shakspeare. » C'est la pensée,
ce sont presque les termes de la lettre de Buzot à Salle ! (V. p. 122 inf.)
« Qu'il tentât de ces généreux coups de main, qu'il eût de ces
échappées soudaines qu'on trouve dans Corneille, Shakspeare, Alfieri,
Schiller..... »
Ponsard lui-même avait écrit dès 1840 dans la *Revue de Vienne :*
« Ne serait-il pas beau qu'un poëte surgît qui corrigeât Shakspeare
par Racine et qui complétât Racine par Shakspeare? » (*Biographie de
Ponsard,* par Paulin BLANC, p. 21. — Vienne, Savigné, 1870.)

présentée pour la première fois au milieu d'un tableau champêtre, délicieux paysage normand.

» On prétend que l'acteur Bignon, content de sa personnification de Danton, a dit lui-même : « Je suis entré carrément dans la peau du bonhomme. »

L'*Edinburgh Review* est muette sur notre tragédie.

Ponsard entre à l'Académie française en 1856. Sa réception est du 4 décembre. De nouvelles appréciations de la *Charlotte Corday* vont naître de cet événement, elles ont déjà un caractère tout autre que les comptes rendus de 1850 écrits au lendemain de la première représentation. On sent qu'on est sorti de l'atmosphère ardente de la presse militante. La critique est moins acerbe et plus parlementaire, elle est aussi plus haute, plus affranchie de la politique qui obsède les contemporains et passionne leurs jugements.

Il faut dire que la parole est ici à des maîtres, Nisard, Hippolyte Rigaud, etc. Voici les passages du discours adressé au récipiendaire qui concernent la pièce dont nous nous occupons :

« Pour ne parler ni de *Lucrèce,* qui est comme une date littéraire, ni d'*Agnès de Méranie,* pour qui les promesses de *Lucrèce* nous ont rendus trop difficiles, n'est-il pas à votre gloire que *la meilleure de vos tragédies,* Charlotte Corday, soit celle dont le sujet se prêtait le moins à toutes ces convenances? Que de difficultés s'y ajoutaient à la difficulté de faire une tragédie !

» Ces gens-là vivaient hier; nous savons des vieillards qui les ont vus et qui en ont gardé comme une espèce de tremblement : il fallait les placer dans un lointain favorable à l'illusion du théâtre.

» Ils ont tenu dans la langue de tout le monde des discours
que l'histoire a recueillis : il fallait les faire parler en vers
avec une vérité qui cachât l'invraisemblance.

» Ils avaient à paraître devant des spectateurs qui les ont
déjà jugés dans leur cœur : il fallait ramener doucement ces
juges prévenus à l'impartialité de l'art. . . . .
. . . .

» On pense aux maîtres, et aux plus grands, en lisant l'admirable scène où Danton, Robespierre et Marat, réunis dans
la chambre de ce dernier, délibèrent sur ce qu'ils feront de la
République tombée entre leurs mains. Vous êtes historien et
poëte quand vous faites parler ces trois hommes, qui, à peine
vainqueurs de leurs ennemis communs, se sont rendus insup-
portables l'un à l'autre, et qui, venus en apparence pour se
mettre d'accord, ne font que se mesurer du regard pour la lutte
à mort à laquelle ils sont préparés. Il y a du sang dans toutes
leurs paroles. Danton en a comme le cœur soulevé; Marat en
a soif comme d'un calmant pour la fièvre qui le consume;
Robespierre ne veut pas dire encore combien il lui en faudra. Mais dans la répugnance qu'ils inspirent tous les trois,
il est des degrés que vous avez marqués avec la fidélité de
l'histoire.

» Marat cause presque plus de stupeur que d'aversion. On
veut le croire, pour n'avoir pas à lui porter plus de haine que
n'en contient le cœur humain.

» Danton, par son retour à la générosité, excite une secrète
sympathie dont on a honte.

» Pour Robespierre, il nous fait sentir quelque chose de
cette crainte inouïe que connurent nos pères et qui s'appela la
Terreur; crainte d'un péril hypocrite et inconnu où le mépris
se mêlait à l'angoisse, et qui fit plus d'une fois envier les morts
par les survivants.

» Il vous a été bon d'être plein du grand Corneille, quand
vous avez eu à tracer le caractère de celle qui ne fut pas moins
une fille de son esprit qu'une héroïne de son sang. Tous les
traits de cette peinture sont dignes de cette vierge si terrible
et si charmante. Tout ce qui, dans l'acte sanglant où elle crut
avoir pour complice la conscience même de la France, nous

touchera et nous troublera toujours : admiration pour son
courage, attendrissement pour son sacrifice, quelque chose de
moins que l'horreur pour le meurtre, quelque chose de plus
que la pitié pour le meurtrier, vous l'avez exprimé avec une
vérité poignante. Vos vers ont commencé pour Charlotte Corday la popularité de la légende, et si son caractère était de
ceux qui peuvent grandir avec le temps, je dirais qu'elle a grandi
depuis que vous lui avez mis au front l'auréole de la poésie
durable. »

Hippolyte Rigaud n'avait à rendre compte que de la
séance de l'Académie; mais en appréciant les discours prononcés, en parlant de M. Nisard, il dit un mot de Charlotte
de Corday, un de ces mots comme Hippolyte Rigaud savait
les dire : nous recueillons cette épave trop rare d'une plume
si délicate et si vite arrêtée.

« Le passage sur Charlotte Corday, sur cette vierge terrible
et charmante qui croit avoir pour complice la conscience de
la France et qui nous inspire une terreur d'un nouveau genre
en nous faisant trembler non pour la victime, mais pour
l'assassin, est d'un grand bonheur d'expression. On a beaucoup remarqué aussi cette belle analyse de l'admirable scène
où M. Ponsard a montré Danton, Robespierre et Marat délibé-
rant sur ce qu'ils feront de la République..... »

En 1866, dix ans se sont écoulés depuis la solennité de
la réception académique. Aux couronnes de l'ovation ont
succédé des préoccupations d'un autre ordre, et malheureusement bien sombres. Ponsard fait en quelque sorte son tes-
tament littéraire en rassemblant les feuilles éparses de ses
poésies et en publiant ses œuvres complètes (2 vol. in-8°,
Michel Lévy.) Un article très-remarquable signé de
Langeac, paraît dans *l'Univers illustré* (22 sep-

tembre 1866, n° 574). Nous en extrayons les lignes qui nous intéressent :

« Drame ou tragédie, quelque étiquette qu'on lui donne, *Charlotte Corday* est une des œuvres les plus vigoureuses et *peut-être la plus hardie* qui se soit jamais produite au théâtre.....

» M. Ponsard excelle dans ces grandes discussions : il sait à fond la langue politique, il plane à l'aise dans ces régions supérieures, où, hormis Corneille, et je n'excepte ici personne, il ne connaît pas de rival.

» Je n'insiste pas sur les autres parties de ce chef-d'œuvre, et que de beautés cependant j'aurais à y signaler : l'éclat et la solidité de la couleur, l'ampleur des physionomies principales, les figures secondaires esquissées d'un coup de pinceau net et juste, la variété du style, poétique avec Vergniaud et Barbaroux, philosophique avec Siéyes, grandiose avec Danton, positif et tranchant avec Marat, pédantesque et enveloppé avec Robespierre, et par dessus tout le charme virginal, la grâce virile et la vertu romaine de celle qu'un grand poëte a appelée l'Ange de l'Assassinat. »

A la fin de l'année, Ponsard est déjà mourant, et pourtant, le 20 décembre, il adresse encore à M. J. Janin cette jolie pièce de vers où sa Charlotte de Corday est notée de sa main dans un couplet souriant qui rappelle les souvenirs de la première représentation :

> Voici toute la famille
> Qui s'en va chez son parrain.
> *Lucrèce* se fait gentille
> Pour lui plaire, et, bonne fille,
> Quitte son grand air romain.
> . . . .
> . . . .
> . . . .
> . . . .

> Derrière elle sont ses sœurs
> *Agnès,* etc. . . . .
>
> . . . .
>
> . . . .
>
> . . . .
>
> *Charlotte* même minaude
> Et tend à son cher J. J.
> Une noble joue encor chaude
> Du soufflet qui la rougit.
> « Conte-nous, dit-elle, comme
> Bignon, Danton effaré,
> Est dans la peau du bonhomme
> Un jour carrément entré. »
>
> (V. *Débats* du 15 juillet 1867.)

Six mois plus tard (12 juillet 1867), les discours funèbres prononcés sur la tombe de Ponsard et les articles nécro-
logiques qui suivent les discours ramènent le souvenir de la
Charlotte Corday[1]. Les éloges grandissent, la justice se
fait avec le temps. Tel qui avait blâmé loue ; rien n'est
plus intéressant que de comparer le langage des mêmes
écrivains à vingt ans de distance. Le quatrième acte,
qui était en 1850 une œuvre funeste, devient en 1867
une page de Tacite. Celui que ses détracteurs appelaient
par ironie le Chef de l'*École du bon sens* est devenu un

---

[1] « *Agnès de Méranie* continuait l'entreprise longtemps hasardeuse,
même sous la plume du grand Voltaire, de l'appropriation de nos
vieilles annales aux convenances du théâtre.

» *Charlotte Corday* montrait plus d'audace encore : en vraie fille de
Corneille, elle faisait voir sur la glorieuse scène du Théâtre-Français,
avec tout le prestige de l'art et du talent, ces sanguinaires acteurs de
93 si terribles à rencontrer, même dans l'histoire... » Discours de
M. Cuvillier-Fleury au nom de l'Académie française. V. *Débats* du
12 juillet 1867. Le décès de Ponsard est du 8 du même mois ; il avait
eu lieu chez M. J. Janin, où le malade avait passé les derniers mois de
sa vie. »

grand maître, l'émule de Sophocle et d'Euripide, le continuateur de Corneille et de Racine. Nous citons textuellement.

Sainte-Beuve, qui n'aimait pas Ponsard pendant sa vie, reconnaît après sa mort « qu'il était revenu, par la tradition cornélienne, à la vérité révolutionnaire ». (Passage cité par Vapereau.)

« Quelle magnifique réussite dans *Charlotte Corday*, s'est écrié M. Roqueplan, cette pièce si vivante, qui restera un des types du véritable drame moderne. » (*Constitutionnel* du 15 juillet 1869.)

Du vivant du poëte, cette magnifique réussite avait été un insuccès, au moins d'argent !

Le 8 avril 1869 a lieu la réception du successeur de Ponsard à l'Académie.

« Au nom de *Charlotte Corday*, s'écrie M. Autran, le récipiendaire, je m'incline et je salue une des œuvres les plus fortes du théâtre contemporain.

« Cette fois le poëte marche en toute liberté, il se jette hardiment sur les pas de Shakspeare, il ose même dépasser les licences du maître.... Tout se rapproche et se mêle dans ce beau drame, le sourire et les larmes, la grâce et la terreur, le calme du foyer domestique et les fureurs de la rue.... Il fallait certes un rare courage ; il fallait cette confiance ingénue, qui semble ignorer les périls pour aborder de telles figures, « celles du Triumvirat, terribles à rencontrer même dans l'histoire, » comme l'a dit l'éminent écrivain que vous allez bientôt entendre [1]. L'auteur eut ce courage, et il écrivit une scène dont le souvenir ne périra pas. »

---

[1] Il est vrai que M. Cuvillier-Fleury parut avoir changé d'idées dans sa réponse à M. Autran qu'il était chargé de recevoir. Il prétendit que « Ponsard avait refait ces dictateurs bourreaux, que Robespierre y parle en philosophe, que Danton y joue *après le 31 mai* le rôle d'un modérateur inquiet et impatient, que Marat, dépouillé de l'affreux prestige de sa vulgarité sanguinaire, était noyé dans un flot de poésie. Tel

En cette même année 1869, le Panthéon s'ouvre pour Ponsard, mais ce n'est encore que le Panthéon de l'Iconographie et des Autographes. Une grande et belle publication[1] donne son portrait, et pour fac-simile de son écriture le feuillet entier, recto et verso, d'un de ses manuscrits. Ponsard a dû choisir lui-même cette page, car il l'a signée pour en certifier l'origine. Or, cette page de son choix contient encore un passage de la tragédie de *Charlotte Corday!* et, chose remarquable, c'est un fragment du troisième acte de cette scène entre Charlotte de Corday et Barbaroux dont Ponsard avait déjà publié un extrait en 1848 dans la *Revue Indépendante*, trace visible d'une prédilection de l'auteur pour cette partie de son œuvre.

Enfin, en 1870, l'inauguration à Vienne (Isère) d'une statue élevée à Ponsard provoque son apothéose littéraire.

Ce caractère de transfiguration d'outre-tombe apparaît surtout dans les paroles délicates prononcées par M. Ed. Thierry au nom de la Comédie Française, et qui semblent inspirées par les perspectives élyséennes qu'on trouve dans la lettre suprême de Charlotte à Barbaroux.

« *Charlotte Corday!* tout Ponsard est dans cette grande et mâle étude dramatique. . . . . qu'il était, qui eût osé représenter sous le feu de la rampe, devant un public français, ce pamphlétaire assassin? »

C'est à croire que M. Cuvillier-Fleury n'a lu ni la pièce de Ponsard, ni le *Moniteur*, ou qu'il les a oubliés! Et la preuve, c'est qu'il place l'intervention de Danton dans la pièce après le 31 mai 1793, tandis que la date assignée est celle du 22 septembre 1792! C'est qu'il nie les tendances de Danton à la conciliation, tandis qu'elles sont déjà apparentes dans son fameux discours du 25 septembre 1792. Quant à Marat, il est impossible d'en faire un portrait plus ressemblant et mieux réussi que celui de Ponsard. Ce n'est pas seulement de la poésie, c'est de la vérité; et Robespierre philosophant est aussi dans la réalité strictement historique.

[1] *Le Panthéon de l'illustration française*, Pilon, 1869, in-f°, t. V.

Il abordait cette histoire de la première Révolution avec une
sérénité, un charme de sympathie incomparables. Comment
eût-il pensé que son œuvre pût servir de terrain aux passions
ardentes, lorsque lui-même était au-dessus de toute passion, ou
du moins lorsqu'il n'avait d'autre passion que le patriotisme?
C'est par l'amour de la patrie, par le culte de la terre sacrée,
qu'il entre en commerce avec les vaincus et avec les vainqueurs,
avec les persécuteurs et avec les victimes. L'Élysée des anciens
confinait avec leurs enfers. La *Charlotte Corday* de Ponsard
est comme un Élysée de la Révolution; ils y revivent, ces
morts frappés tous avant le temps, mais calmes, pacifiés, en-
tourés d'un rayonnement qui suit leurs ombres. Ils revivent,
et le poëte passe au milieu d'eux en les admirant. Ils ont tant
de côtés qui répondent aux délicatesses de son esprit! Ceux-ci
sont Girondins, épicuriens gracieux, qui avaient rêvé la République comme une aristocratie des intelligences, et qui causent
de la nouvelle Athènes dans le salon de madame Roland,
ainsi que les Grecs du temps de Périclès dans le boudoir d'As-
pasie. Cette jeune fille est une petite-nièce de Corneille. Elle
lit Jean-Jacques Rousseau, seule devant la moisson que quitte
le faucheur, devant le soleil adouci qui se couche. Et quand
elle apparaît devant Barbaroux pour lui indiquer son chemin,
parlant, comme lui, la douce langue de Théocrite ou d'André
Chénier, l'entretien qu'ils échangent dans la campagne silencieuse est une églogue antique. . . . .

 » Ce n'est pas l'effroi, ce n'est pas non plus la colère qui
plane sur ce drame impartial de *Charlotte Corday*. A côté de
l'admiration, c'est la pitié. On a dit de Racine qu'il a peint
les hommes tels qu'ils sont, Corneille tels qu'ils devraient
être : Ponsard a peint les hommes de la Révolution tels qu'ils
ont voulu être, et pas un d'eux ne récuserait le témoignage
qu'il a rendu de lui devant la juste postérité. »

Après des accents si élevés, si purs, si voisins de la
poésie, nous ne pouvons donner la parole qu'à la poésie
elle-même : elle eut pour interprète une grande voix, aimée
et admirée du public, rivale et pourtant amie de Ponsard

jusqu'au dévouement, jusqu'à l'abnégation [1]. M. Émile Augier récita des strophes dont la presse fut unanime à proclamer la beauté. Nous citons seulement celles qui, sans nommer la pièce de *Charlotte Corday*, s'appliquent implicitement à la plus belle production du poëte, à la plus grande injustice qu'il ait eu à subir : il ne pouvait être plus noblement vengé des hostilités et des dénigrements des premiers jours :

Du génie ici-bas c'est l'éternelle histoire
Qu'il soit payé par nous d'un dédain passager :
Il semble que son siècle, envieux de sa gloire,
Le sentant immortel, le traite en étranger.

Il vit, souffrant, en proie à la dispute humaine,
Pauvre triomphateur par l'esclave insulté,
Jusqu'au jour où la Mort le couche sur l'arène
Et le moule en airain pour la postérité.

En le voyant tomber, l'Injustice s'est tue;
Une admiration semblable au repentir
Sur un socle de marbre élève la statue;
La palme du vainqueur est rendue au martyr.

Salut, Ponsard! salut, illustre et cher poëte,
Lorsque nous t'avons dit adieu le jour fatal,
Nous savions qu'il n'était pas loin le jour de fête
Où nous te reverrions sur un blanc piédestal.

Que le dénigrement ait tourmenté ta vie,
Que l'on t'ait contesté ton rang parmi les forts,
Qu'importent maintenant les fureurs de l'envie,
Il n'est pas d'insulteur au triomphe des morts.

[1] On sait que M. Émile Augier risqua le succès de sa pièce de *Paul Forestier* pour faire répéter et jouer, avant lui, la tragédie de *Galilée*, qui fut le dernier triomphe et la dernière joie du poëte mourant.

C'est en vers magnifiques le sentiment que nous avons exprimé en mauvaise prose, mais que nous avons justifié par des témoignages irrécusables, et établi par le rapprochement des textes qui permettent de suivre la transformation de la critique et la réparation qu'elle avait accordée d'elle-même à Ponsard, avant qu'elle fût burinée par les iambes vengeurs de M. Émile Augier.

Nous passons à regret quelques strophes qui se rapportent plus particulièrement à la biographie et à la famille de Ponsard, et ne pouvons résister au désir de citer les deux dernières, qui semblent sceller la statue sur son piédestal.

> Toi, cependant, assis au centre de la ville,
> Comme un Terme au milieu du Forum agité,
> Tu verras s'écouler sous ton pied immobile
> Le flot respectueux de la postérité.
>
> Mais tu conserveras l'attitude rêveuse
> Que la Muse immortelle imprime à ses élus,
> Et tes yeux, poursuivant l'idée impérieuse,
> Vers les choses d'en bas ne se baisseront plus.

(L'ensemble du morceau se retrouve notamment dans le journal *l'Histoire*, n° du 17 mai 1870, et dans le *Peuple Français* du 18 du même mois.)

Les allusions à la pièce de *Charlotte Corday* durent revenir plus d'une fois dans les cantates qui furent chantées au pied du monument et dans les toasts qui suivirent le banquet. Nous ne les connaissons pas, mais la soirée se termina par un épisode qui en fut le couronnement et qui nous ramène à notre sujet. Les artistes de la Comédie-Française exécutèrent divers fragments des œuvres de Ponsard, et notamment le second acte de la tragédie *Charlotte Corday* dans son entier, sans aucun retranchement ni changement.

On se rappelle que la dernière scène de cet acte n'avait jamais été représentée, quoiqu'elle contînt le nœud de la pièce, le morceau capital au point de vue de l'héroïne, la délibération qui précède sa résolution suprême et son départ. Il y avait donc là une primeur pour les assistants, une satisfaction pour la mémoire du poëte, dont l'œuvre avait été mutilée par les timidités inintelligentes de la censure. Mais ce n'est pas tout, le rôle de Charlotte de Corday était confié à mademoiselle Agar. Or, ce qu'on sait peu, c'est que Ponsard avait eu en 1861 l'espoir de voir sa tragédie reprise à l'Odéon : l'artiste choisie par lui pour le rôle de Charlotte était mademoiselle Agar, et Ponsard lui-même lui avait fait répéter longtemps le rôle avec le plus grand soin, lui expliquant sa pensée, ses intentions, la manière de les rendre avec toutes leurs nuances.

Mademoiselle Agar avait donc la tradition, hélas! testamentaire du maître. On peut deviner quel put être l'effet de ces premières scènes, qui semblent une églogue de Virgile ravivée par le génie d'André Chénier : les dernières paroles jetées aux faneuses, l'invocation à Jean-Jacques, la rencontre des Girondins et les questions mises dans la bouche de Barbaroux surpris de la beauté et de l'éloquence de Charlotte.

> Mais qui donc êtes-vous, jeune républicaine,
> Dont la voix douce parle une langue romaine?
> Vos paroles, votre air, cette scène en plein champ,
> En pays inconnus, sous le soleil couchant,
> Semblent nous transporter aux âges poétiques
> Où les Dieux se montraient aux voyageurs antiques.

Je demande comme eux si vous ne seriez pas
Quelque divinité descendue ici-bas,
Et si la Liberté, la déesse nouvelle,
N'aurait pas pris les traits d'une vierge mortelle ?

Ces vers harmonieux devaient recevoir un nouveau
charme par la justesse de leur application à l'artiste dont ils
semblaient être le portrait plastique.

Mais le grand intérêt était dans le monologue de la délibération, dans cette scène *non prius audita*, que personne
n'avait entendue et que chacun désirait entendre :

La Bible a répondu : — Judith de Béthulie ;
Plutarque a dit : — Brutus ; et Corneille : — Émilie.

L'impression, nous assure-t-on, fut très-profonde sur
l'auditoire : Rachel, qui avait refusé de prononcer ces vers
devenus classiques, avait trouvé une héritière digne de les
comprendre et de les faire applaudir.

XXVI.

CHARLOTTE CORDAY, *Trauerspiel in 5 Acten*, frei
nach F. PONSARD. Landsberg a. d. W., 1851 (CHAR-
LOTTE CORDAY, *tragédie en 5 actes*, traduite librement d'après F. PONSARD. Landsberg-sur-la-Warta [1],
1851.

Cette traduction a paru sans nom d'auteur. Mais, ren-

[1] Landsberg-sur-la-Warta, belle et forte ville située dans la Nou-
velle-Marche de Brandebourg, à douze lieues ouest de Custrin, entrepôt
du commerce entre la Pologne et la Poméranie. Ces détails étaient
nécessaires, parce qu'il y a en Allemagne six villes différentes portant
le nom de Landsberg.

seignements pris dans le pays, grâce à l'obligeance de
M. Vieweg, nous avons appris qu'elle est l'œuvre de
M. Bœhm, Receveur des contributions (Rendant) à Lands-
berg, Chevalier de la Croix de fer de 1813.

« L'art de traduire, dit madame de Staël, a été poussé
plus loin en allemand que dans aucun autre dialecte euro-
péen » (*De l'Allemagne*, chap. ix); et elle cite la traduction des poëtes grecs et latins, par Voss, les traductions des poëtes anglais, italiens et espagnols, par Tieck et
W. Schlegel. Un exemple plus célèbre encore pour la
France a été donné par Schiller, qui, parvenu à l'apogée
de sa gloire et de sa carrière, traduisit quelque temps avant
de mourir la *Phèdre* de Racine en très-beaux vers [1].

L'auteur anonyme de la traduction de la *Charlotte Corday* de Ponsard a essayé d'imiter ce grand exemple. Il
annonce qu'il a traduit *librement*, et en cela il est modeste, car sa traduction, quoique en vers, est aussi serrée
que possible. La tragédie originale a 2,446 vers, la tragédie traduite en compte 2,650, c'est-à-dire 204 de plus
que le modèle; différence qui s'explique très-bien, puisque
le vers tragique allemand n'a que dix pieds, tandis que
l'alexandrin français en a douze.

Le traducteur n'a donc pas profité de la liberté qu'il
s'était réservée : nous trouvons même qu'il n'en a pas assez
fait usage. Ainsi il supprime trop souvent les épithètes.
La substance de la pensée est bien rendue, mais les nuances
qui la colorent disparaissent. Citons quelques exemples :

---

[1] La *Phèdre* de Racine a quatorze cent cinquante-deux vers. La traduction de Schiller dix-sept cent cinquante-deux. Il y a donc trois
cents vers de plus dans la traduction que dans l'original.

Acte III, scène II :

Lorsque Danton agit, Robespierre déclame
Ses lieux communs sans ordre et ses phrases sans âme.

(Wo Danton handelt, redet Robespierre
In Phrasen ohne Seele ohne Ordnung.)

Lorsque Danton agit, Robespierre parle
En phrases sans âme et sans ordre.

Lieux communs était ici le trait piquant du sarcasme,
parce que c'est là le défaut capital des harangues de Robespierre. Ce trait n'est pas rendu. Il y a donc une lacune.

Barbaroux fait le portrait de l'Ami du Peuple :

Le pas brusque et coupé du pâle scélérat,
Tel on se peint le meurtre — et tel on voit Marat.

(Ein trotziger Schritt des blassen Bœsewichts,
In dem der Mord sich zeichnet — so ist Marat.)

La démarche hautaine du pâle scélérat
Dans lequel se peint le meurtre. — Tel est Marat.

Brusque et coupé étaient de rigueur, d'abord parce
qu'ils font image, et puis ils sont historiques, empruntés au
croquis tracé d'après nature par Fabre d'Églantine [1].

Le poëte français a représenté Marat enseveli dans une
cave, écrivant ses feuilles homicides à la lueur d'une

---

[1] ... Il (Marat) marchoit avec une *rapidité cadencée* qui s'ondulait
par un balancement de hanches... (Portrait de MARAT, par P. F. N.
Fabre d'Églantine, Représentant du peuple. Paris, chez Maradan, an II
de la République, p. 7.) Harmand de la Meuse dit aussi : « Ses mouvements étaient courts, rapides et par saccades. Une mobilité conti-
nuelle donnait à ses membres et à ses traits une contraction convul-
sive qui s'étendait jusque sur sa marche : il ne marchait pas, il sautait. »
Anecdotes, 2e édition, p. 67. C'est ce que Ponsard a très-bien exprimé
et résumé par ces deux mots *Le pas brusque et coupé*, etc.

lampe, et il termine cette peinture saisissante par deux mots qui glacent à la lecture, et doivent produire une sensation d'effroi au théâtre :

> Puis un journal paraît, qu'on lit en frémissant,
> *Qui sort de dessous terre* et demande du sang.

Le premier hémistiche : *qui sort de dessous de terre,* est passé, et tout l'effet du tableau est là !

Au quatrième acte, Marat dit à Danton :

> Ah ! tu t'abaisses donc jusqu'à moi, *frère ingrat !*

Ces deux derniers mots n'ont pas été traduits, quoiqu'ils soient indispensables pour le sens du morceau.

MARAT.

> C'est la sainte équité, c'est la philanthropie,
> Qui m'ont seules armé contre une secte impie.

Le traducteur supprime *sainte* et *impie;* et c'est de l'antithèse formée par ces deux qualificatifs que naît l'intérêt du passage, le blasphème de Marat.

Quelquefois même le sens a été altéré, notamment dans le passage qui suit. Robespierre soutient que

> . . . . La terreur est encor salutaire;
> L'homme juste à regret s'en fait une arme austère;
> C'est aux mains des vertus qu'il remet la Terreur,
> Il punit sans faiblesse et punit sans fureur.

DANTON.

> J'entends : une façon de tuer pastorale.

L'auteur allemand traduit :

> Versteh : das ist ein *priesterliches* Morden,

c'est-à-dire, c'est une façon de tuer *sacerdotale* (priesterliches). Il aurait fallu dire *lœndliches*, ou mieux encore *idyllisches*. Il a été induit en erreur par l'ambiguité du terme, qui en français a deux acceptions. Au sens propre, *pastoral* est l'adjectif dérivé de pasteur, berger, et il désigne ce qui appartient aux gardiens de troupeaux et ce qui en dérive : *une houlette pastorale, les mœurs pastorales*. Au figuré, *pastoral* s'applique aux prêtres, appelés, par métaphore, les pasteurs de leurs ouailles, et le mot a alors un sens purement spirituel : *Un sermon pastoral*, etc.

On comprend donc la méprise : Danton raille Robespierre de la Terreur hypocrite qu'il dépeint, et dont il voudrait faire une idylle, une bergerie. Il n'entend pas parler d'une façon de tuer ecclésiastique. Il y avait là un écueil, sur lequel il était très-pardonnable à un étranger de toucher, surtout alors que le terme de pasteur, *pastor*, est usité dans le culte protestant comme synonyme de prêtre, curé.

La langue que parle Ponsard est une langue savante, empreinte de tournures cornéliennes, pleine d'allusions et d'images souvent rendues par un mot elliptique. Généralement le traducteur a triomphé de ces difficultés avec bonheur. Ainsi Babaroux dit (acte III, scène I) :

Oh! j'aimais mon pays d'un amour inconnu.
De ce plein dévouement quel fruit m'est revenu?

Un amour *inconnu*, pour *inouï*, ou inconnu *jusqu'alors!* Il faut reconnaître que l'expression était vague et d'un sens douteux pour nous-mêmes. L'auteur allemand a traduit :

Niemals hat Einer mehr sein Land geliebt.

Nul n'aima son pays jamais de plus d'amour.

C'est une paraphrase, mais elle est juste; dès lors elle

est irréprochable, et l'on peut dire que le traducteur s'est tiré là d'un pas difficile.

Au point de vue de la langue allemande, nous tenons d'un publiciste éminent de l'Allemagne, très-puriste pour lui-même, que la traduction de M. Bœhm est d'une grande pureté de style et d'une correction parfaite.

En sorte que l'œuvre de Ponsard a trouvé un sérieux et digne interprète. Si la pièce traduite a été jouée sur les scènes de l'Allemagne comme le drame de *Sept Heures*, la gloire du poëte français n'a point eu à en souffrir, et le nom de Charlotte de Corday, toujours sympathique aux Allemands, a été vengé du travestissement burlesque sous lequel il leur avait d'abord été présenté par Victor Ducange.

Nous n'avons pu savoir si la traduction a été représentée.

Une traduction étant toujours un hommage rendu soit à l'auteur d'une pièce, soit au sujet traité, nous avons dû rechercher avec soin si l'exemple de l'Allemagne avait eu des imitateurs dans les autres pays de l'Europe.

Le peuple anglais a été de tout temps passionné pour les actes qui frappent fortement l'imagination, depuis l'héroïsme jusqu'à l'excentricité. Il s'était montré de prime abord avide de ce qui rappelait un coup aussi hardi que la mort de Marat. Dès le mois de mai 1794, au nombre des scènes à caractère figurées au Ranelagh de Londres, on avait vu une Charlotte Corday, sortie du tombeau, agitant un poignard ensanglanté à la poursuite de Robespierre, qu'elle jurait de *maratiser* en temps et lieu. (Discours de Barère, séance de la Convention du 24 prairial an II). La *Jeune Normande*, de E. J. Eyre, jouée aussi en 1794, était une autre manifestation du même sentiment, qui pouvait promettre une série d'œuvres analogue à celle qu'on rencontre en Allemagne. Il n'en a point été ainsi, sauf un roman publié en 1846 (*Charlotte Corday*, an historical tale by ROSE ELLEN HENDRYKS, author of *Joan of Arc*. I. B. in-8°).

Longtemps le silence s'est fait en Angleterre sur le nom de Charlotte de Corday. Cependant la curiosité n'était endormie qu'en apparence.

En 1863, lors d'un voyage fait en Écosse par le prince et la princesse de Galles, des scènes historiques furent représentées dans un château que les augustes visiteurs avaient honoré de leur présence. C'était au logis de Mar, dans le comté de Fife, à peu de distance de Braemar. Le prince portait le costume des highlanders, le tartan royal des Stuarts, et la princesse le tartan Victoria. Là, en présence d'une assemblée aristocratique, on exécuta divers tableaux, entre autres Marie Stuart et Charlotte Corday. — Le *Galignani's Messenger* du 2 septembre 1863 donna le programme de la représentation en ces termes :

CHARLOTTE CORDAY

CONTEMPLATING HER PICTURE BEFORE HER EXECUTION.

Charlotte Corday......   Hon. Miss WHITE.
Gaoler............   M. W. KENNEDY ERSKINE.

C'était la mise en scène de la toile d'un artiste anglais, M. Ward, qui a représenté Hauer peignant Charlotte Corday dans sa prison. L'*Illustrated London new's*, l'*Art Journal* (*february* 1869), et l'*Illustration* française ont reproduit ce tableau par la gravure sur bois et sur acier.

Si la tragédie de *Charlotte Corday* par Ponsard n'a

pas été traduite en anglais, elle est du moins considérée comme un livre classique. Ainsi, elle a été éditée à Londres en français, avec des notes anglaises, historiques pour la plupart, rédigées par M. le professeur C. Cassal[1], de manière à en faciliter l'intelligence. Nous avons dit nous-même que la langue parlée par Ponsard devait être fort difficile pour les étrangers. Les Anglais, avec leur esprit pratique, ont trouvé un moyen de diminuer la difficulté du texte sans ôter le charme d'une lecture faite dans la langue originale. C'est un procédé inconnu ou peu usité chez nous, et dont l'exemple nous paraîtrait bon à suivre.

Ni l'AMERICAN BOOK CATALOG, qui contient le relevé de la bibliographie américaine jusqu'en 1869, ni les catalogues subséquents, n'indiquent de traduction américaine de la *Charlotte Corday* de Ponsard; mais la pièce en français et la tragédie allemande de Zschokke se trouvent dans la bibliothèque publique de Boston, la meilleure des États-Unis. C'est ce que nous écrit M. Paul Rameau, notre ami, consul de France à Boston, qui a bien voulu faire pour nous les recherches les plus consciencieuses.

En Italie, nous avons dit quelles causes s'étaient long-temps opposées à ce qu'un drame tiré de la Révolution française parût sur la scène. Depuis que l'Italie a reconquis son indépendance et reconstitué son autonomie, la même raison n'existe plus. Mais la nation italienne a eu à traverser tant d'autres transformations de tous genres, qu'elle ne pouvait guère songer à la traduction d'une œuvre étrangère, déjà reculée, même pour sa propre patrie, dans

---

[1] CHARLOTTE CORDAY, a *Tragedy* by F. Ponsard, edited with english Notes and Notice of Ponsard by Professor C. Cassal, L. L. D. of University College, London. — London, Trübner and Co., 1867. 1 vol. in-12.

un certain éloignement. Toutefois nous avons cherché à savoir, par des renseignements pris directement en Italie, si une traduction n'aurait pas été faite, soit à part, soit dans les œuvres complètes de Ponsard. Mais, d'après une lettre de M. Pietro Clausetti, le grand éditeur de Naples, en date du 1er août 1871, il n'en existe aucune (*potere contare che non existe*). Il ajoute : « Il pourrait en avoir été imprimé une à Milan, mais cela n'est pas probable, parce que j'ai examiné les divers catalogues de Milan qui concernent ces sortes de publications. » Nous avions aussi écrit à Milan, et n'en ayant pas reçu de réponse, nous devons en conclure que la présomption de M. Clausetti était juste.

Pour l'Espagne, la tâche était plus facile. Un *Diction-naire général de bibliographie espagnole* a été publié, en 1862, par don Dionisio Hidalgo. Il suffisait de le consul-ter. Nous avons donc pu nous assurer que jusqu'à cette époque il n'avait pas paru de traduction espagnole de la *Char-lotte Corday* de Ponsard. Depuis lors, des catalogues de pièces de théâtre, qui nous ont été obligeamment com-muniqués par la maison E. Dermé-Schmitz, librairie espa-gnole, rue Favart, 2, nous permettent de penser que les choses n'ont pas changé depuis 1862. M. J. M. Guardia a bien voulu nous faire savoir aussi qu'il ne connaissait aucune traduction espagnole ni portugaise de ce genre.

Il existe une traduction de la tragédie de *Lucrèce*, en langue polonaise et en vers, par Alexandre Litynski, Paris, 1851. L'auteur pouvait avoir poursuivi son œuvre et traduit la tragédie de *Charlotte Corday*. Notre excellent collabo-rateur M. Pilinski et M. Myskiewitz ont bien voulu faire des recherches, qui n'ont abouti qu'à un résultat négatif.

Nous n'entendons, au reste, assumer la responsabilité

d'aucune affirmation. Il est si difficile, en pareille matière, de connaître la vérité dans son propre pays, qu'il serait téméraire de se prononcer sur ce qui a été ou n'a pas été publié chez les autres. Nous serions heureux de nous être trompé : nous le répétons, une traduction est toujours un suffrage, et nous verrions avec plaisir augmenter le nombre des témoignages de cette sorte rendus par l'étranger en faveur d'une œuvre éminemment nationale.

Avant de quitter la tragédie de Ponsard, nous avons encore à vider une question qui s'y rattache et qui nous a longtemps arrêté.

Il nous avait été affirmé qu'il existait à Bruxelles une tragédie de *Charlotte Corday,* par M. le baron Frédéric de Reiffenberg, deuxième du nom, fils aîné de feu M. le baron F. de Reiffenberg, érudit et littérateur belge distingué. Cet exemplaire, disait-on, était unique : il ne se trouvait ni dans la bibliothèque de Bruxelles, ni dans la bibliothèque particulière du roi des Belges, ni chez aucun amateur connu. Mais M. Buisson, auteur de travaux sur la Révolution, notamment d'une *Biographie de Théroigne de Méricourt* [1], et M. de Reiffenberg fils lui-même, se sont accordés pour nous apprendre qu'il y avait là une méprise.

M. de Reiffenberg fils, qui lui aussi a conquis une place honorable parmi les hommes de lettres français, a préludé à ses ouvrages par une *Ode à Charlotte Corday,* que Quérard a enregistrée dans son recueil périodique de Bibliographie sous le nom de Poëme, vol. II, p. 144. L'auteur, encore jeune, avait envoyé sa pièce à Ponsard, et celui-ci l'en remercia par une lettre dans laquelle il traitait fraternellement l'œuvre de M. de Reiffenberg, et l'appelait « une

____

[1] Ou mieux de *Marcourt*. Cette biographie doit paraître incessamment.

sœur de sa tragédie, en strophes lyriques, pleine de beaux vers. » Cette lettre de Ponsard fut publiée par extrait dans le *Panthéon bibliographique universel* d'Albéric de Busnes. Paris, 1854, article de M. L. C. Combarieu. Et c'est ainsi que s'est répandu le bruit que la Belgique avait produit une troisième tragédie sur Charlotte de Corday autre que celles de M. F. Digand et de M. Gasc. Il n'en est rien : « Je n'ai fait ni tragédie ni drame sur Charlotte Corday, nous écrit M. de Reiffenberg ; si on a pu croire le contraire, la faute en est certainement à Ponsard, qui avait traité avec trop d'indulgence les modestes strophes que vous connaissez. » (Lettre du 4 août 1871.) Il faut donc qu'il demeure bien entendu qu'il n'existe ni drame ni même de poëme de M. de Reiffenberg, mais seulement une ode en treize strophes et en vers lyriques [1].

[1] Nous n'en citerons que deux, qui nous semblent une seconde vue de la toile de Hauer que le jeune poëte, encore au collége, ne connaissait pas alors. Il fait le portrait de Charlotte, et dit :

> Son front large, élevé, parfois plisse et se penche
> *Creusé d'un sillon soucieux.*

C'est ce qui avait frappé M. Philarète Chasles dans la gravure que nous avons publiée. « Le portrait de Hauer, dit-il, nous la montre un sourire sur la bouche, *un pli sur le front*, deux signes qui disent tout... » Et plus loin, M. Chasles revient de nouveau sur ce sillon caractéristique, entrevu par M. de Reiffenberg :

Les traits sont purs, harmonieux, solides, tout à fait de race normande ; la bouche est petite et très-ourlée ; entre deux sourcils droits, fins, égaux, placés sur une ligne presque parallèle, *se creuse le sillon redoutable de la volonté*, le signe d'une détermination violente. C'est une riante Euménide. Point de pose, pas d'affectation. (*Débats* du 15 décembre 1861.)

XXVII.

CHARLOTTE CORDAY, *dramatisches Gedicht* von JULIUS BAMME. (CHARLOTTE CORDAY, *Composition dramatique* par JULIUS BAMME. — Magdebourg, imprimerie de WALTER DELBRUCK, 1852.)

Cette pièce ne paraît pas avoir été destinée au théâtre. Elle n'est point divisée en actes proprement dits. Il n'y a point en tête une liste d'ensemble portant le nom des personnages ; seulement les scènes, qui se succèdent au nombre de cinq, sont distinguées par des titres indiquant l'endroit où elles se passent. Il n'y a du reste aucun avertissement qui fasse connaître les intentions de l'auteur. Il semble avoir voulu indiquer, autant que nous pouvons le conjecturer, qu'il s'agit d'une œuvre d'imagination (dramatisches Gedicht) plutôt que d'une étude historique comme la pièce suivante (eine historiche Tragœdie). C'est une série de conversations métaphysiques dont les interlocuteurs se livrent aux analyses les plus subtiles, à la dissection microscopique des sentiments les plus déliés. Nous y trouvons une réminiscence évidente, au moins quant à la forme, du demi-dialogue, Halb-gespraech, consacré par Jean-Paul Richter à Charlotte de Corday dans les *Tablettes de 1801*. Mais dans cet ouvrage, Jean-Paul agite la question de la légitimité de l'acte accompli par Charlotte de Corday ; les subtilités sont donc à leur place, et les obscurités sont rachetées par les lueurs que ce charmant esprit sait répandre sur ses productions. En est-il de même ici lorsque Charlotte est près de mourir et qu'elle disserte avec Adam Lux sur l'amour? Les nébuleuses que l'auteur a épaissies autour de sa pensée sont-elles suffisamment accessibles au vulgaire? Nous avouons notre insuffisance; nous avons fait nos efforts pour donner une idée d'un ouvrage qui nous paraissait sérieux : mais trop souvent nous n'avons pas réussi à percer des profondeurs au-dessus de notre portée.

Tel qu'il est, ce pastiche offre encore un intérêt réel pour nous, en ce qu'il se rattache à la dissertation de Jean-Paul, preuve nouvelle que les œuvres dramatiques composées sur Charlotte correspondent presque toujours à quelque ouvrage historique ou philosophique qui les a précédées.

LA DEMEURE DE CHARLOTTE DE CORDAY.

CHARLOTTE, MADEMOISELLE DE FORBIN.

Long entretien entre les deux jeunes filles. — Charlotte reproche à mademoiselle de Forbin de ne pas avoir suivi son conseil, et d'être revenue à Caen (probablement après un premier essai d'émigration). — Celle-ci s'excuse sur sa médiocrité, — elle n'a rien à espérer, rien à perdre — sur son amitié pour Charlotte, qui lui tient lieu de tout. — Elle ne consentira à se séparer d'elle qu'à une condition. — Laquelle? C'est qu'elle renonce à la solitude [1].— Mais, répond Charlotte, sais-tu ce que

[1] M. Michelet a dit aussi :

« En regardant bien dans ses yeux tristes et doux, on sent encore une chose qui, peut-être, explique toute sa destinée : *elle avait toujours été seule.* — Oui, c'est là l'unique chose qu'on trouve peu rassurante en elle. Dans cet être charmant et bon, il y eut cette sinistre puissance, le démon de la solitude. » *Histoire de la Révolution,* vol. 6, p. 152.

L'auteur allemand s'est-il inspiré de ce passage? Ou y a-t-il eu coïncidence d'idées entre les deux écrivains? Les deux ouvrages ont paru la même année, en 1853. Mais le volume de M. Michelet n'ayant été mis en vente que le 13 août (*Journal de la librairie*), nous en concluons que l'auteur allemand n'avait pu le connaître que difficilement, et qu'il y a eu rencontre d'une même idée.

tu me demandes? C'est me dire : sois guérie. Or, placer le fiévreux sur sa couche de douleur, ce n'est pas le guérir de la fièvre! — Tu détestes donc les hommes? — C'est trop dire. Je suis née avec un défaut : le scepticisme, l'impuissance d'estimer personne... Si tu me montrais un homme qui pût faire naître en moi ce sentiment d'estime, je voudrais sortir de la mort et du tombeau, non pour me placer sous ses pieds, mais pour m'élever jusqu'à lui!... Hélas! toutes les monstruosités parmi les hommes trouvent leur place, leur consolation, leur justification; mais une monstruosité féminine, c'est une méprise de la nature, et son existence est vouée aux plus redoutables tourments.

Mademoiselle de Forbin. — Cependant la Providence a coutume de se servir des femmes pour les actions extraordinaires. ..... Mademoiselle de Forbin rapporte ensuite à son amie qu'une partie des députés expulsés de la Convention, parmi lesquels se trouvent Petion, Barbaroux, Louvet, sont arrivés à Caen, et vont former un comité central des départements. Un grand nombre de volontaires s'apprêtent à marcher sur Paris. Charlotte ne voit en eux que de pauvres rêveurs qui vont recommencer à laisser couler, comme des enfants, le cours de leurs espérances, après tant d'essais manqués de leurs théories... après tant de variations de l'ancien thème. Il faudrait que leurs discours pussent entraîner les masses, les pénétrer de leur foi... les animer de leur enthousiasme. Tu ne crois à rien, dit mademoiselle de Forbin. — Je crois à tout, même à cet axiôme : Nous sommes au moins ce que nous sommes, seulement nous ne sommes plus. Les anciens peuples étaient jadis dévorés par les nouveaux; maintenant ils sont arrivés à un autre genre de mort, le suicide. Pauvres âmes que celles qui ne voient dans la Révolution que la Révolution, qu'un combat pour la conquête de nos droits!... Il nous faut bien plus : notre appétit de géants est insatiable, seulement c'est un appétit égoïste... A tant de maux, Charlotte ne voit qu'un remède, c'est un anéantissement complet d'où surgira une rénovation générale. Tu hais donc les révolutionnaires? demande mademoiselle de Forbin. Ardemment, répond Charlotte, et cette haine est ma dernière force... Je les hais pour leur bassesse, pour leur lâcheté, pour leurs adulations envers la populace; je les hais pour les déceptions qu'ils m'ont causées; je les hais peut-être parce que j'en suis jalouse, car nous avons la même fièvre, le même système de l'anéantissement... Nous aurions pu marcher ensemble, mais ils ont repoussé cette alliance.

Mademoiselle de Forbin. — Tu plonges tes regards si avant sur le torrent révolutionnaire, que le vertige (littéralement l'*ondine*, *Nix*) finira par t'entraîner dans ce grand fleuve.

Charlotte continue à se livrer aux plus étranges rêveries, jusqu'au moment où mademoiselle de Forbin la voyant parvenue au dernier degré de l'aberration et du dégoût de toutes choses, en profite pour lui parler de son ami Belsunce, de la haute estime qu'il a conçue pour elle. Il ne demanderait pas d'amour, comme les autres prétendants, il voudrait le conquérir... Jusque-là il lui suffirait d'un lien purement extérieur, que Charlotte pourrait briser quand il lui plairait. Il pourrait être un adversaire redoutable (pour les Girondins). C'est Belsunce, dit-on, qui a contribué le plus à appeler les Girondins à Caen, qui est prêt à les soutenir de toute sa puissance [1]. Charlotte consent, et M. de Belsunce se présente. La franchise de ses premières paroles plaît à Charlotte, mais bientôt Belsunce lui propose de fuir, de quitter la France. Alors elle pense que ce n'est qu'un amoureux vulgaire, elle le dédaigne et rompt l'entretien. — Mademoiselle de Forbin, qui revient, est à son tour l'objet de son indignation; elle la congédie en exprimant le désir de ne plus la revoir. Restée seule, elle se félicite d'être libre, de ne pas avoir accepté les chaînes qu'on allait lui imposer... On entend au dehors les cris de : *A bas Marat!* L'infâme! s'écrie Charlotte, il sera toujours maudit; mille bouches prononceront sa malédiction, nulle main ne le frappera! — Au même instant une servante accourt et apprend à sa maîtresse que M. de Belsunce vient d'être assassiné par un agent de Marat... Le coupable a avoué son crime, déclaré quel en

---

[1] Il y a là un anachronisme choquant, inadmissible. M. de Belsunce périt le 12 août 1789, peu de jours après la prise de la Bastille. On ne peut donc, sans violer outrageusement l'histoire, le faire vivre en 1793, le mettre en rapport avec les Girondins, qui ne datent que de l'Assemblée législative (1791-1792).

était l'instigateur, et est parvenu à prendre la fuite. Toute la ville est soulevée, les enfants eux-mêmes crient : A bas Marat! La fureur est à son comble...

CHARLOTTE (*seule*). — Quelle pensée se dresse devant moi! Si je tuais cet homme que tous détestent, que tous maudissent, et devant lequel ils tremblent tous? Si de mon abaissement je m'élevais jusqu'à la hauteur de cette action? Oui, cette action est à moi; j'ai détesté un être, il doit périr; il n'est plus; mais non, l'œuvre n'est pas encore accomplie; l'action reste mienne; elle est cachée dans mon sein, elle se développe avec mes sentiments intimes, elle s'élance au-devant de moi... Mais si un autre l'exécutait pendant que je parle? Je suis là, grandissant, m'enorgueillissant par cette conception, un autre pourrait déjà l'avoir réalisée. Il ne me resterait plus qu'une déception. Hâtons-nous!

LA PLACE DU MARCHÉ A CAEN.

La place est couverte de peuple et de bataillons des volontaires de la Bretagne, assis à des tables et servis par les bourgeois de la ville. Les députés de la Gironde, Petion, Barbaroux, Louvet et les volontaires qui surviennent sont accueillis par des bravos et des fanfares. — Les discours se succèdent; les uns célèbrent le courage des enfants de la noble Armorique, les autres s'en moquent, un troisième tonne contre Marat : « il ressemble aux ombres d'Homère; il n'y a que le sang qui le fasse parler, etc... » Charlotte circule parmi les volontaires. Leur attitude, leurs paroles ne lui inspirent que du dégoût. (*Elle s'éloigne.*)

UNE RUE DE PARIS, PUIS LE JARDIN DES TUILERIES.

Charlotte n'a pu trouver Marat ni chez lui ni à la Convention. Sa résolution s'ébranle devant ces retards. Elle veut la raffermir en l'oubliant sous les arbres des Tuileries, avec les ombrages et les fleurs du jardin. Long monologue. Elle voit des enfants et s'approche de leurs jeux. L'un de ces enfants lui offre une couronne, elle veut lui conter un conte : *Le Chien et l'Aveugle;* mais l'enfant dit qu'il en sait un plus beau, et il le récite. Charlotte de Corday trouve des allusions à son projet... elle lui en raconte un autre[1]. Nouvelles allusions et réflexions de Charlotte. (*Elle se retire.*)

LA MAISON DE MARAT.

MARAT, CHARLOTTE.

CHARLOTTE. — Je suis la citoyenne de Caen. Tu connais déjà ma demande.

MARAT. — Sois la bienvenue. (*A part.*) La belle personne! Une telle beauté est nouvelle pour moi.

CHARLOTTE, après l'avoir longtemps contemplé, avec un accent sybillin : — Citoyen, je te vois et je crois. En vain on t'a noirci et calomnié; tu es celui qui est appelé à venger et à juger.

MARAT (*étonné*). — Qui t'amène ici?

CHARLOTTE. — Le salut de la Patrie.

MARAT. — Le complot de Caen?

CHARLOTTE. — Oui, un complot; mais un complot qui est encore d'une plus haute importance et d'un autre ordre; qui n'appartient à aucun parti, mais qui est scellé par un serment prêté sur la mort. Marat, si je te parle ici plus sérieusement que tu n'y es habitué, ne t'en étonne pas. Montre-toi tel que tu es. Ce sera le mieux pour ce que j'ai à te dire.

MARAT. — Tu m'étonnes.

CHARLOTTE. — Je suis envoyée pour t'éprouver.

MARAT. — Dans quel but?

CHARLOTTE. — Pour savoir si tu es digne de la place que tu t'es faite.

MARAT. — Que veut-on de moi?

CHARLOTTE. — D'abord ta confiance. — Mais tu ne dois me la donner que quand je t'aurai montré que je n'en suis pas indigne.

MARAT. — Parle, parle.

---

[1] On voit ici ce que devient l'épisode de l'enfant que Charlotte de Corday aurait rencontré au Palais-Royal. D'abord tout se borne à de simples caresses échangées avec cet enfant. (V. la pièce de madame Louise Colet.) Voici maintenant que cet incident se développe. Charlotte se fait raconter et conte elle-même des contes aux enfants qui lui offrent des couronnes! On cite le titre de ces contes, etc....

Ici Charlotte commence un éloge pompeux de Marat : on ne l'a pas compris, on ne le comprend pas encore. Il a devancé la Révolution ; il a pénétré dans les secrets des temps, et s'est élancé jusqu'au zénith pour découvrir les maux de l'humanité... Marat s'enivre de ces louanges, quelle que soit leur exagération. Pour achever de l'enflammer, Charlotte vante l'efficacité des supplices ; elle fait le tableau du sang qui coule. Marat ne se contient plus alors. — Où suis-je? s'écrie-t-il ; quelle femme! Je ne puis plus vivre sans toi... J'ai compris ta pensée ; tu veux me révéler le plan d'un assassinat dirigé contre mes jours. Comment n'ai-je pas compris plus tôt?

CHARLOTTE. — Tu n'échapperas que difficilement aux meurtriers.

MARAT. — Parle, parle! on va prévenir la force armée à l'instant. Parle sans retard!

CHARLOTTE. — Marat, tu trembles! Un patriote ne tremble pas.

MARAT. — Je ne tremble pas.

CHARLOTTE. — Non, tu meurs! (*Elle le tue.*)

LA CONCIERGERIE.

CHARLOTTE, LUX.

Cette scène entre Charlotte et Lux n'a pas moins de vingt-cinq pages. Elle peut se résumer en deux mots. Lux vient, dit-il, pour venger Marat. — Cette vengeance, c'est la démonstration de la faute commise par Charlotte. Celle-ci finit par reconnaître qu'elle s'est trompée, que si elle avait entendu Lux plus tôt, elle n'aurait jamais accompli l'action dont elle est responsable. Lux veut alors mourir avec Charlotte.

Un gardien entre dans la prison pour recevoir ses ordres. Elle les a déjà donnés. Elle demande à manger. (*Le gardien s'étonne.*) — Quoi, si près du départ!... Mais, dit Charlotte, ne suis-je pas saine et bien portante? pourquoi douter de mon appétit?... Le chemin que j'ai à parcourir est long, plus long que vous ne pensez ; il faut le prévoir ; allez, et soyez prompt! (*Le gardien lui baise les mains et s'éloigne en pleurant.*)

A cette scène d'un positivisme affecté en succède une autre

d'un genre tout contraire entre Lux et Charlotte Corday. Nous renonçons à en donner une idée. Les hauteurs sur lesquelles les deux interlocuteurs se placent sont environnées de tels nuages, qu'il nous est impossible de les suivre dans ces sphères inaccessibles. On voit seulement que Lux avoue avoir aimé, mais d'un amour indéfinissable. A quoi Charlotte répond que l'amour est une chose admirable, mais que ce n'est qu'une béquille. (*Die Liebe ist wunderbar, doch ist sie eine Krucke.*)

LE PALAIS DE JUSTICE.

Dialogues de citoyens, de citoyennes, de dames de la halle, colporteurs, de femmes du marché et de sans-culottes.

Le cortége qui conduit Charlotte à l'échafaud passe au milieu des applaudissements.

Lux s'en indigne, et crie : *Vive Charlotte Corday ! Vive celle qui fut plus grande que Brutus !*

LE PEUPLE. — Qui parle ainsi? Qui ose tenir ce langage?

LUX. — C'est moi, et je le répète : *Plus grande que Brutus !*

UN AGENT MUNICIPAL. — Citoyen, je vous arrête. (*Charlotte jette sur lui un regard de compassion douloureuse.*)

FIN.

XXVIII.

CHARLOTTE CORDAY, *Eine historische Tragœdie in fünf Acten*, VON ERNST ROMMEL, etc. (CHARLOTTE CORDAY, *Tragédie historique en cinq actes,* par ERNEST ROMMEL. — Hanovre, de l'imprimerie de VICTOR LOHSE, 1856.)

Personnages paraissant dans les deux premiers actes,
qui se passent à Caen :

Charlotte Corday d'Armens.
Madame de Bretteville, veuve, tante de Charlotte.
Durand jeune, médecin.
Barbaroux, Pethion, Louvet, Buzot, } députés de la Gironde réfugiés à Caen.

Thibaut, Fouché, Martin, } citoyens de Caen.
Mellier, insensé.
Anna, servante de madame de Bretteville.
Louise, enfant d'environ dix ans.

Personnages paraissant dans les trois derniers actes,
qui se passent à Paris :

Charlotte.
Durand.
Roux, ci-devant prêtre cordelier.
Olympe de Gouges.
Duperret, Girondin.
Robert, prêtre.
Marat.
M. Robespierre.
A. Robespierre.
Danton.

Camille Desmoulins.
Legendre.
Chabot.
Catherine Évrard, gouvernante de Marat.
Albertine, sœur de Marat.
Chauveau-Lagarde, avocat.
Richard, geôlier de la Conciergerie.
Sanson, le bourreau.

Un médecin. — Un serviteur. — Les domestiques de Marat. — Peuple. — Gardes de police.

La scène se passe au milieu de 1793.

ACTE PREMIER.

Scène Ire. — L'appartement de madame de Bretteville. — Charlotte est assise près d'une table couverte de livres et de journaux. — Elle pleure.

Madame de Bretteville entre et demande à sa nièce quelle est la cause de ses larmes. C'est vous, moi, lui répond Charlotte ; ce sont tous mes amis, c'est notre malheureuse France ! — Madame de Bretteville cherche à modérer l'exagération de ces sentiments. Toute la famille est en sûreté, son père est à Argentan, ses frères sont émigrés, elle-même va partir pour l'Angleterre...

« Qui peut se dire hors de danger tant que Marat, Danton et Robespierre tiendront la France sous leur sanglante étreinte ? — Les représentants du peuple, sur lesquels reposait l'espoir de la France, sont proscrits ; l'enfant dans le sein de sa mère n'est pas en sûreté, pas plus que n'est le vieillard sur le bord de sa fosse ; pas plus que toi-même ! ô ma tante ! » Madame de Bretteville engage Charlotte à se calmer. Les voies de Dieu ne sont pas les nôtres, on doit se fier et espérer en lui... Oui, dit Charlotte, mais il faut aussi marcher dans ces voies qu'il nous enseigne, et exécuter ce qu'il nous inspire.

Madame de Bretteville. — Dieu peut nous sauver, et il nous sauvera. Déjà des milliers de citoyens se lèvent et se rassemblent à Évreux pour défendre le bon droit et le rétablir.

Charlotte. — Ainsi ce n'est pas assez de la Vendée, il faut encore que la guerre civile s'allume ici ; la guerre civile ! cette lutte où la victoire est aussi lamentable que la défaite et la mort !

L'entretien change d'objet. — Madame de Bretteville parle à sa nièce du jeune Durand, de ses qualités, de ses attentions, d'un voyage qu'il a fait à Argentan pour la voir. — Charlotte écoute à peine et se rend au jardin.

Scène II. — Madame de Bretteville restée seule explique les vues que ses dernières paroles avaient fait pressentir. — Elle veut unir sa nièce, la petite-fille du grand Corneille, douée elle-même d'un grand cœur, avec un homme d'une haute raison. — Durand, médecin et poëte, étranger à toutes les agitations de la politique, rendra Charlotte heureuse. — Madame de Bretteville est tranquille depuis qu'elle sait qu'il doit l'accompagner en Angleterre.

Scène III. — Charlotte au jardin, assise dans un bosquet, un livre ouvert près d'elle, et dans sa main un numéro de l'*Ami du Peuple.*

Louise accourt vers Charlotte. Elle se plaint de la voir seule, triste, ne chantant plus, ne jouant plus avec elle. L'enfant veut savoir quel est le livre ouvert près de Charlotte, et elle épelle ce vers :

Le crime fait la honte, et non pas l'échafaud.

Tu vois, dit-elle, que je sais bien lire. Faut-il continuer? — Oh non! répond Charlotte, c'est assez; et Louise, pour la distraire, lui chante une jolie chanson composée par Durand. Charlotte pleure. Louise s'échappe pour aller chercher Durand.

Scène IV. — Charlotte restée seule. — Monologue. — Sans révéler encore son dessein, Charlotte trahit les agitations auxquelles elle est en proie. — « Rien de plus beau que la pensée qui nous élève sur ses ailes, qui fait briller l'éclair, qui déchaîne la tempête dans notre âme, qui allume le cœur et fait battre le pouls, qui nous pousse à l'action et aux résolutions les plus hardies! Mais bientôt l'aigle abaisse son vol, le doute vient, la froide réflexion surgit, un chagrin sourd ronge l'existence et dégoûte de la vie! »

Scène V. — Charlotte et Durand. — Durand s'aperçoit du trouble profond où Charlotte est plongée. — Tu t'inquiètes trop de moi, lui dit-elle, et pas assez du grand malade qui appelle tes soins, le pays, la France. — Y a-t-il une chance de guérison pour la patrie? — Médecin, quelles sont les pulsations du salut public?

Durand répond qu'il n'est ni Girondin ni Montagnard, et qu'il déplore également les excès de tous les partis.

Charlotte est loin de partager cette indifférence. La France n'est pas encore tout à fait perdue; il faut la sauver, l'arracher aux mauvais génies acharnés à sa perte; à ce Marat, qui écrit sa feuille infernale avec le sang des citoyens, qui demande trois cent mille têtes! Il faut marcher contre Paris et combattre les tyrans!

Durand ne comprend pas ce langage : il pratique les devoirs de sa profession et les maximes du christianisme. — Il répand partout où il le peut les secours de son art et les consolations de la science. — Il ne tirerait pas le glaive pour lui-même — comment s'armerait-il pour la querelle des autres? Qui frappe par l'épée périra par l'épée.

La discussion se prolonge et s'anime. — Pour Charlotte, la félicité suprême serait d'assurer par sa mort le salut de millions de victimes. — Pour Durand, ce sacrifice est insensé, puisqu'il serait sans résultat. — A ses yeux, Charlotte est en délire. — On sent que le mot d'égoïsme est sur les lèvres de Charlotte. — C'est ce moment que Durand choisit pour déclarer sa passion... et demander à Charlotte son amour. On devine l'issue de cette ouverture inopportune. Vainement Durand déroule devant Charlotte le tableau de la vie et du bonheur qui l'attendent, où qu'elle porte ses regards : l'alouette s'élevant dans les airs, le cygne voguant sur l'onde, le rossignol remplissant la nuit de ses chants mélodieux, etc. Charlotte rejette avec froideur ces brûlants et poétiques transports. Elle repousse les sentiments et les caresses de Durand qui la comprend si mal. Elle ne peut entendre parler d'amour, tant que les bourreaux de Paris vivront, tant que Marat poursuivra ses demandes insatiables de sang. Le cœur me tremble, dit-elle, de voir que pas un homme ne se lève pour tirer vengeance d'une telle honte! — Je suis un homme comme tout autre, répond Durand,... non pas de taille à gouverner le destin... mais pour l'amour, je puis tout oser.

CHARLOTTE. — Le sacrifice de soi-même pour le salut du monde est plus que la vie, c'est le suprême degré de l'amour!

Elle s'éloigne après ces paroles. — Elle veut partir et rester seule en face de son Dieu et de sa douleur.

Durand comprend qu'il est méprisé, et il tombe anéanti.

ACTE DEUXIÈME.

SCÈNE Ire. — La grande prairie de Caen. — Marche d'une

division des volontaires, musique en tête. — Peuple en habits
de fête.

Le peuple crie : *Vive Wimpffen! vivent les Volontaires!
vivent les Girondins!*

Divers citoyens causent entre eux. Ils expriment l'espoir de
voir exterminer les Maratistes et les Jacobins.

Scène II. — Buzot, à la tête de vingt nouveaux enrôlés. —
Discours. — Il les remercie de leur dévouement. — Il les en-
courage à marcher sur Paris, où les bons citoyens les rece-
vront à bras ouverts, comme des libérateurs; où Robespierre
et Danton ne peuvent manquer de tomber sous leurs coups —
et surtout Marat, ce maudit, ce dogue altéré de sang humain!
Puisse Dieu bénir la bonne cause! *Vive la liberté et vengeance
aux tyrans!* — La foule répète ce cri, et les volontaires jurent
de rapporter Marat mort ou vif...

Scène III. — Louvet et Charlotte. — Louvet raconte à Charlotte les luttes que son parti a soutenues contre la Montagne.
— Il explique les concessions faites par politique dans le procès de Louis XVI. Charlotte blâme. — Insensiblement Louvet
se trouble devant cette pureté de conscience qui ne sait pas
transiger avec le devoir.

Scène IV. — Petion survient. — Il se montre empressé,
galant auprès de Charlotte, qu'il prend pour une royaliste.

Scène V. — Barbaroux entre. — Il invite ses collègues à se
rendre à l'Hôtel de ville. Il doit prononcer un discours contre
Marat. — S'adressant à Charlotte, il s'excuse de n'avoir pas
songé à la lettre qu'il lui avait promise, et il lui demande la
permission d'aller lui porter cette lettre le soir. Il lui offre de
l'accompagner pour la reconduire chez elle. Refus de Charlotte. — Elle repousse aussi les galanteries de Petion.

Scène VI. — Madame de Bretteville. — Anna, la servante,
raconte à sa maîtresse qu'une femme Mellier est devenue folle
de douleur en apprenant la mort de son mari et de son fils,
condamnés à mort par le Tribunal révolutionnaire.

Scène VII. — Durand confie son insuccès et ses peines à
madame de Bretteville. Charlotte ne l'aime pas... Madame de
Bretteville le rassure, mais en même temps elle lui apprend
le départ de Charlotte pour Paris où elle est appelée par l'af-

faire de mademoiselle de Forbin, et pour Londres où elle se retire chez son oncle. — Désespoir de Durand. — Il veut accompagner Charlotte, ou tout au moins la suivre à son insu...

Scène VIII. — Charlotte seule dans le jardin.

Elle s'avoue à elle-même l'impression profonde que Barbaroux a faite sur son cœur.

Scène IX. — Barbaroux paraît. — Grande émotion de Charlotte. — Barbaroux lui remet la lettre qu'il lui avait promise pour Duperret. — La conversation s'engage. Elle ne tarde pas à devenir fort significative. Barbaroux ne peut cacher plus longtemps ses sentiments pour Charlotte. Elle est tout à lui, elle remplace ce qu'il a perdu, elle réalise le rêve qu'il avait fait de la liberté, elle en est l'image rayonnante comme une étoile dont la douce lumière éclaire la profondeur de la nuit — Ne rêvais-tu, lui dit Charlotte, que de la liberté? Eh bien! encore un combat, encore une tempête, le joug des Maratistes sera brisé, et le printemps de la liberté reparaîtra avec l'éclat de la victoire, avec l'auréole de la paix!

Mais Barbaroux ne partage pas cette espérance, il est profondément découragé... Un peuple qui nie Dieu et qui déifie Marat ne s'élèvera jamais jusqu'à la liberté. — Charlotte cherche en vain à lui faire entrevoir un horizon moins sombre, à le relever de son désespoir, — Barbaroux persiste, il fait le tableau de sa misère : sa maison fermée, son jardin désert, sa femme errante, son enfant en deuil sur les bras, l'accusant d'avoir détruit son bonheur, et lui, plein de repentir et de douleur, banni, poursuivi, voué à la hache du bourreau. Le cœur se briserait! que devenir, que faire?

Se venger! — c'est la folle Mellier qui pousse ce cri. — Chant bizarre de cette femme. — Elle mêle des allusions aux amours de Barbaroux et de Charlotte avec les souvenirs que lui a laissés la mort de son mari, qui a péri sur l'échafaud révolutionnaire. — On entend *la Marseillaise*. Entendez-vous encore ce chant de vengeance? s'écrie la folle. Oui, vengeance! répète Barbaroux, et l'acte finit sur ce mot.

ACTE TROISIÈME.

Scène Iʳᵉ. — Une place publique à Paris. — Le peuple armé. — Les Cordeliers en sabots. — Femmes des halles et blanchisseuses. — Jacques Roux, puis Olympe de Gouges. (*Pendant toute cette scène, Charlotte se tient debout au fond du théâtre.*)

Scène populaire. — Les femmes se plaignent de manquer de pain : les unes accusent les émigrés, les autres les Girondins. Ici on parle de pendre les boulangers, plus loin de piller les boutiques. Discours de Jacques Roux : il propose de massacrer tous les membres de la Convention : « Les Jacobins sont des aristocrates; les seuls patriotes sont les Cordeliers; Marat est le plus grand ami du peuple. » Les cris de *Vive Marat!* s'élèvent de tous les côtés. — Jacques Roux continue : Il faut fonder le droit des Sans-culottes; à quoi sert de demander la Constitution et de réclamer vainement du pain? On ne fait rien pour le peuple, rien contre l'usure!... L'orateur se plaint ensuite d'avoir été expulsé du club des Jacobins, — et avec raison, s'écrie une voix; c'est celle de la citoyenne Olympe de Gouges. — Tumulte; on veut la pendre... puis on met sa tête à l'enchère... elle en offre elle-même trente sous. — Enfin, elle se sauve, et en fuyant elle se dirige du côté de Charlotte Corday. — Charlotte veut suivre Olympe de Gouges. — Cette dernière s'imagine que c'est une ennemie qui la poursuit, et, en se retirant, elle lui jette un poignard entre les jambes. Charlotte ramasse le poignard vivement, puis elle s'éloigne.

Roux termine son discours en demandant la mort de tout ce qui est suspect : — des appelants, de la veuve Capet, etc., car Marat le veut, et Marat, notre père, est le plus pur des patriotes; c'est le Zeus antique siégeant sur la montagne environnée d'éclairs : *Vive la Révolution et vive Marat!* — *Vive Marat!* répond la foule, et *A bas les traîtres!...* Tous s'éloignent en chantant le *Ça ira!*

Charlotte revient sur la scène; elle s'indigne de tout ce qu'elle a vu et entendu : Marat, un père; Marat, un dieu!... Comment faire entendre le langage de la raison à la multitude égarée à ce point? — Il faut que les faits parlent; que ma tête soit promenée dans les rues; que mon sang versé fasse entendre un langage qui apprenne aux tyrans à trembler, aux timides à se rassurer, aux égarés à revenir à la vérité. Dieu lui-même descendrait vainement sur la terre pour indiquer la voie du salut, il ne serait pas compris s'il n'apportait en même temps le glaive de justice. — Tirant son poignard : Le voici, ce fer qui traversera le cœur de Marat! à sa pointe est suspendue la paix de la France. Je me sens poussée comme par des mains invisibles, et je sens aussi toute l'horreur du sang qui se répand tiède sur ma main. — Horreur! Puis-je le faire? — Je tremble... Ce qui enflammait de loin mon courage me glace au moment où l'événement s'approche!...

Le sang découle de mes mains... le sang fumant!... Malheur! mes forces s'épuisent... L'abîme de l'enfer s'entr'ouvre... l'heure de l'extermination retentit... L'extermination de l'exterminatrice! O mon Dieu! que faire? D'où me viendra la lumière? Malheur à moi! Charlotte voudrait s'arrêter... mais elle ne le peut... La vertu, la liberté, l'humanité sont bannies. Quand toute une génération en démence se déchire de ses propres mains, la mort devient la vie... l'amour, la pitié.

Scène III. — Au moment où Charlotte va pour sortir, elle rencontre Duperret. Il lui annonce qu'il a été la visiter à l'hôtel de la Providence; — que là, il a trouvé un jeune homme qui la cherchait : ce jeune homme, c'est Durand, son fiancé. — Charlotte repousse cette qualification. — Elle prend le bras de Duperret pour se rendre au Ministère de l'Intérieur.

Scène IV. — Durand et Robert, à l'hôtel de la Providence. Durand raconte ses rêves à Robert, un prêtre, qui disserte longuement avec lui.

Scène V. — Duperret et Charlotte dans la rue. — Charlotte se plaint de n'avoir pas été reçue par Marat. Elle s'en étonne, et pense que c'est parce que son frère est à l'armée de Condé. — Garat aime la Gironde. — Duperret la détrompe, et lui dit que Garat est un hypocrite et non pas un Girondin; il appartient à ce parti qui a encensé Necker, flatté d'Orléans, baisé les pieds de Lameth et de Lafayette, porté la robe de Barnave, et qui, après avoir formé la queue de Robespierre, est devenu enfin la secte des adorateurs de Marat, ce scélérat sanguinaire, sorti des écuries du Comte d'Artois. — Charlotte presse Duperret de se rendre à Caen, et celui-ci de son côté l'engage à fuir. Ils croient entendre une patrouille, et Charlotte se cache dans une maison voisine.

Scène VI. — Durand et Robert. — Ils reconnaissent Duperret, et lui demandent où est Charlotte. — Duperret leur apprend qu'elle est suspecte, qu'il va lui-même être arrêté, et qu'ils n'ont que le temps d'aller à l'hôtel la prévenir de prendre la fuite.

Scène VII. — Arrestation de Duperret.

Scène VIII. — Charlotte revient sur la scène. — Monologue. — Charlotte s'interroge à haute voix : J'ai échappé, dit-elle, à l'œil de l'amour et à celui de la haine. Le Ciel veille visiblement sur ma tête... qu'il en soit donc ainsi... Ma volonté est inflexible comme le sort. — Rien ne peut me retenir... rien ne peut le soustraire à mes coups. — Quand un chérubin veillerait sur le seuil de sa porte, il faut qu'il tombe ; — que Marat, le nouveau Moloch, périsse !

Puis les doutes reviennent. — Charlotte se demande si ce n'est pas l'orgueil et l'amour de la gloire qui la pousseraient... Est-ce la haine de Marat ? Non ! Il ne lui a jamais rien fait. — Est-ce un assassinat qu'elle va commettre ? Non ! — C'est un jugement qu'elle exécute sur un coupable qui a mérité dix fois la mort.

La fin de ce monologue doit être prononcée sur un ton élevé, dit une note, comme si la voix de Charlotte était l'organe du juge suprême ! Qu'importe, dit-elle en terminant, que le monde me condamne, si le ciel m'inspire et m'absout !

ACTE QUATRIÈME.

Scène Ire. — L'appartement de Marat. — Deux portes entr'ouvertes laissent voir d'un côté la salle de bain, de l'autre le cabinet de travail de Marat. — Mobilier pauvre, imprimés et manuscrits jetés en désordre. — Près du cabinet l'image de Brutus.

Charlotte Corday, habillée de blanc, se présente. — Elle

demande à voir Marat. — Albertine la repousse..... En ce
moment, Marat appelle sa sœur.

Scène II. — Albertine lui dit qu'une jeune fille de Caen le
demande, et lui fait part de ses soupçons... Marat lui dit qu'il
sait de quoi il s'agit; que cette jeune fille lui a écrit, et qu'elle
vient pour lui dévoiler les intrigues des réfugiés du Calvados.
Sa sœur l'engage à se ménager. — Oui, dit-il, je me ménage
en ne ménageant personne.

La visite de Maure et de David préoccupe Marat. — On veut
qu'il se repose... qu'il s'apaise... Il ne pourra éteindre l'ardeur qui l'enflamme que dans le sang des hommes d'État. —
Ils m'ont conspué, bafoué, poursuivi... Il faut que le feu du
Seigneur les châtie, et le Seigneur, c'est moi. — Oui, traîtres,
le cloporte (*Kellerwurm*, littéralement ver de cave) est devenu
dragon (*Lindwurm*, ver d'orme ou de tilleul), l'insensé est devenu un prophète. — Le Dieu du Peuple tient ses assises. —
Prenez garde à vous! — Allons! allons!...

Albertine le supplie de se calmer. — Marat : De l'eau! le
feu court dans mes veines, mais qu'importe la douleur!... Je
ne veux pas mourir... Je ne mourrai pas avant de les avoir
exterminés.

On frappe à la porte; c'est Charlotte.

Scène III. — Marat congédie sa sœur en lui donnant divers
papiers pour le Tribunal révolutionnaire; puis s'adressant à
Charlotte, il lui demande ce qui l'amène. — Tu as deux frères
à l'armée de Condé, lui dit-il; ton père est un modéré; que me
veux-tu? Que m'apportes-tu de Caen? — Charlotte lui répond
que les troupes de la Gironde, commandées par Wimpfen,
brûlent de marcher sur Paris. — Marat : Qu'ils y viennent!
Ils marchent à la mort... Combien sont-ils? — Charlotte :
Trente mille. — Il y a loin de là à trois cent mille têtes qui
doivent tomber avant que l'état de la République s'amé-
liore! Tant que le sang des intrigants n'arrosera pas l'arbre
de la liberté, il ne pourra pas fleurir!... Dis-moi le nom des
intrigants réfugiés à Caen? — Charlotte en fait l'énumération,
et chaque nom est salué de la part de Marat par un mot sanglant; Marat n'épargne pas plus ses amis que ses ennemis. —
Robespierre est un hypocrite... un héros bon pour les vieilles

femmes. — Danton, un traître, — un cœur plein de mollesse, — une bouche pleine de mots vides de sens. — Ils s'imaginent me mener ! C'est moi qui les mène. — Je suis un Dieu pour la France, que je gouverne, sans en avoir les apparences... Je répands la vie et la mort, suivant mon bon plaisir... Je ne veux pas la dictature... Je la possède sans qu'on s'en doute. — N'est-ce pas le triomphe de l'habileté et de la politique? — Qu'en dis-tu, Charlotte? — J'écoute avec surprise; mais, dites, quel est le but où vous marchez? — MARAT : Approche-toi; tu es belle et intelligente... je vais te le dire.

Marat fait alors le tableau le plus triste de l'humanité : pour lui, le monde n'est qu'une maison de fous où l'assassinat s'exerce de mille manières, — l'honneur n'est qu'une écume empoisonnée... le rêve des sots. — Il continue le tableau de l'univers considéré de ce point de vue machiavélique, et termine en disant qu'il est arrivé au plus haut degré de sa puissance, fondée sur un entassement de décombres et de ruines... Charlotte alors tire son poignard, et se dit à voix basse : Du courage, maintenant, du courage! — Je n'en manque pas, répond Marat... il enflamme ma poitrine, il brûle mon sein !... D'un regard profond je pénètre la société..., elle est corrompue du sommet à la base... Ce que les sots appellent le sang et la vie, c'est le poison et la peste... Je suis le médecin du temps... A bas la chair gangrénée!...... puis vienne la cautérisation, et si la guérison ne s'ensuit pas... eh bien, la mort!

Charlotte le frappe.

SCÈNE IV. — Albertine accourt avec Catherine Évrard. — Soins prodigués inutilement à Marat...

SCÈNE V. — Arrestation de Charlotte. — Le peuple veut la mettre en pièces.

SCÈNE VI. — Legendre et Chabot arrivent accompagnés de la garde. — Interrogatoire de Charlotte Corday. — L'auteur lui prête ici les réponses qu'elle a faites devant le Tribunal révolutionnaire. Le peuple demande à grands cris qu'on lui livre Charlotte. — On l'emmène avec peine à l'Abbaye. — Le corps de Marat, apporté sur la scène, est couvert de fleurs. — La toile tombe.

ACTE CINQUIÈME.

Scène Ire. — L'appartement de Robespierre.

Robespierre, Danton et Camille Desmoulins sont assis à une table.

Danton s'étonne du courage que Charlotte a montré devant le Tribunal. — Suivant lui, elle a été grande, sublime. — Robespierre demande pourquoi il ne l'a pas défendue? — Chauveau-Lagarde, répond Danton, s'est bien acquitté de cette tâche. — Oui, dit Robespierre, et de manière à être mis en accusation, ainsi que Montané, le président du Tribunal révolutionnaire. — Danton trouve qu'il a été versé assez de sang; il ne voudrait pas qu'on en répandît pour Marat. — Alors s'agite la question du sort des Girondins. — Camille et Danton sont pour la clémence, — Robespierre pour une inflexible rigueur. — Tous, ils veulent voir passer Charlotte au moment où elle sera conduite à l'échafaud, et ils se quittent en se donnant rendez-vous dans ce but.

Scène II.

LA DEMEURE DE ROBERT.

DURAND ET ROBERT.

Durand est étendu sur un lit, et refuse de prendre de la nourriture; — il ne veut pas survivre à Charlotte.

Robert relève son courage, et lui confie le plan d'un projet d'évasion pour Charlotte. — Comme prêtre, il se présentera à la Conciergerie sous le prétexte d'assister la condamnée à ses derniers moments. — Durand l'accompagnera et portera les objets nécessaires pour la cérémonie de la confession. — Robert fera espérer au Comité révolutionnaire que Charlotte lui avouera le nom de celui qui lui a conseillé le meurtre. — Il acquerra ainsi une confiance entière, et il pourra faire évader Charlotte sous des habits d'homme. — Durand accepte cette proposition avec transport et reconnaissance.

Scène III. — Charlotte dans son cachot.

Sur le seuil de la mort, elle est calme. — Pleine du sentiment de son triomphe, demandant à la mort où est son effroi, à l'enfer où est sa victoire?

Scène IV. — Chauveau-Lagarde vient visiter Charlotte Corday dans sa prison.

Elle le remercie des généreux efforts qu'il a tentés pour elle. — Il lui annonce que le Tribunal va lui envoyer deux prêtres. — Elle déclare n'en vouloir aucun, et demande pour toute grâce à Chauveau-Lagarde de se charger de deux lettres : l'une pour son père, et l'autre pour Barbaroux.

Scène V. — Robert et Durand pénètrent dans la prison de Charlotte.

Ils se font reconnaître. — Elle repousse leur projet et refuse de s'échapper. — La mort est le couronnement nécessaire de son action. — Durand sort désespéré.

Scène VI. — Dernier monologue de Charlotte. — Sa prière.

Scène VII. — Le geôlier Richard et Sanson, le bourreau, se présentent dans la prison. — Charlotte est revêtue d'un manteau rouge. — La femme Richard fait offrir une couronne à Charlotte Corday.

Elle sort accompagnée des gardes et du bourreau.

Scène VIII. — Augustin Robespierre et Maximilien Robespierre.

Augustin se plaint des honneurs extraordinaires déférés à Marat, et dans lesquels il voit le triomphe des enragés. — Robespierre le rassure, en lui disant que leur tour viendra bientôt. — Provisoirement, il faut s'assurer de Montané et de Chauveau-Lagarde.

Scène IX. — Durand, insensé de douleur, se frappe la tête contre les murs. — Il s'agenouille. — Il invoque tantôt Dieu et tantôt son Fils, les Saints ou la Vierge.

Scène X et dernière. — Le cortége s'avance. — Durand se jette au-devant et en arrête la marche. — Français! s'écrie-t-il, elle est plus grande que Brutus, et quelle est sa récompense? — On l'arrête. — Vociférations de la multitude. — Charlotte Corday, éclairée par la lumière du soleil couchant, apparaît éclatante au milieu du théâtre, et laisse tomber ces paroles :

« Semer dans l'opprobre, c'est recueillir l'immortalité. »

Le cortége continue sa marche à travers les cris de *Vive la République* et *A bas les traîtres!*

Robespierre. — Vox populi, vox Dei!

FIN DU CINQUIÈME ACTE.

XXIX.

CHARLOTTE CORDAY, *Tragédie en cinq actes*, dans les œuvres dramatiques de VILLIET, t. Ier, p. 107-198. Riom, 1858. Petit in-8° (Bibl. nat., V, 65-9).

PERSONNAGES :

Marat,
Robespierre, ⎫ Jacobins, ⎫
Saint-Just, ⎬ ⎬ députés à la Convention.
Vergniaud, ⎫ ⎪
Guadet, ⎬ Girondins, ⎭
Charlotte Corday.
Constance, sa parente.
Julien, secrétaire et ami de Marat.
Soldats. — Peuple.

La scène est dans une salle du Palais-National, contiguë à celle où la Convention tient ses séances.

La tragédie est précédée d'une lettre adressée à M. Thiers, en lui envoyant une copie du manuscrit. On y remarque ces lignes :

« J'avais contracté une dette envers vous, Monsieur. C'est vous qui m'avez donné l'idée de ce poëme; c'est avec votre excellent ouvrage de la Révolution française à la main que je l'ai composé. J'aurais beaucoup désiré qu'il eût été plus digne de vous; mais trouverez-vous peut-être que c'est encore assez pour un homme qui n'a reçu aucune instruction, qui n'a jamais eu de maîtres; aussi ne sais-je ni latin, ni grec, ni français. C'est peut-être à ce titre que mon ouvrage mérite quelque attention de votre part. »

On ne saurait être plus naïf, et cette sincérité désarmerait la critique pour des fautes commises contre la correction de la langue ou contre la régularité de la prosodie. On aimerait même ces défauts chez un autre maître Adam qui, sans instruction et sans livres, aurait tenté instinctivement un essai de tragédie pour payer son tribut d'admiration à une action héroïque. Mais l'auteur n'est pas un illettré véritable; il prend le titre de Secrétaire de la Sous-Préfecture de Gannat. Son langage, sauf quelques locutions qui sentent le terroir, n'est nullement incorrect; ses vers sont bien faits, et parfois bien frappés. Là n'est pas l'objection contre lui. Son péché est d'avoir méconnu la vérité historique, de s'y être montré rebelle, alors qu'il déclare avoir eu sous les yeux en travaillant le premier historien de la Révolution française.

Le début de la pièce met en présence Vergniaud et Robespierre; ils dissertent amicalement sur la marche de la Révolution. Marat survient (Sc. II), et la conversation continue non moins calme, ainsi qu'il convient entre les membres d'une commission parlementaire. Ce n'est pas, à coup sûr, dans M. Thiers que l'auteur a trouvé l'idée d'un rapprochement aussi impossible, Vergniaud donner la réplique à l'homme qu'il avait représenté « comme tout dégouttant de calomnie, de fiel et de sang, élevant sa tête audacieuse au-dessus des lois! » (Séance de la Convention du 25 septembre 1792. — *Moniteur* du 27, n° 271. Vol. XIV, p. 50, de l'édition Plon.)

Au second acte, Guadet offre à Charlotte *sa fortune et son bras,* qui ne sont pas, dit-il, *à refuser.*

C'est un prétendant d'une nouvelle invention à ajouter à la liste déjà trop longue des amoureux fictifs imaginés par les romanciers du théâtre.

Charlotte refuse cependant ce parti, quelque avantageux qu'il puisse être, et on n'en devinerait jamais la raison :

Elle aime Marat!

On ne nous croirait pas sur parole, citons l'aveu du coupable.

« On me reproche, dit-il dans la préface, comme une »·faute énorme d'avoir rendu Charlotte amoureuse, et sur- » tout de Marat.

» Il est démontré qu'il ne peut y avoir de tragédie sans » une intrigue amoureuse : j'ai dû suivre le torrent...» (Page 110.)

Nous croyons que l'auteur aurait mieux fait de suivre les conseils judicieux qui lui étaient donnés et qui lui signalaient comme une faute énorme ce qui est, en effet, une aberration sans excuse, puisqu'elle a été commise avec préméditation.

XXX.

CHARLOTTE CORDAY, *Tragédie en cinq actes et en vers*, par J. B. SALLES, Député girondin, publiée pour la première fois, d'après le manuscrit original, avec une lettre inédite de Barbaroux, par M. George Moreau Chaslon. Paris, J. Miard, éditeur. MDCCCLXIV. Imprimerie de Lepoitevin. — Un volume grand in·4°, sur superbe papier de fil, de 222 pages. — Annoncé dans le *Journal de la Librairie* du 23 juillet 1864, sous le n° 6734.

Trois fac-simile sont joints à l'ouvrage et reproduisent :
Le premier, un des feuillets du manuscrit;
Le second, la lettre écrite par Barbaroux à Salle;

Le troisième, l'Adresse de Charlotte de Corday aux Français (appartenant à M. Feuillet de Conches).

Par une attention ingénieuse et délicate, l'éditeur a dédié sa publication à François Ponsard, comme « au dernier fils du grand Corneille, ayant eu Salle pour devancier. »

Nous n'avons rien à dire de la tragédie de Salle, dont notre ouvrage tout entier est le commentaire, et rien à ajouter à l'opinion que nous avons déjà émise sur la splendide édition de M. Moreau-Chaslon. (Voy. p. v.)

Nous répéterons seulement que cette édition est épuisée depuis longtemps. C'est l'éloge le plus flatteur pour un éditeur, surtout lorsqu'il s'agit d'une édition d'érudition et de luxe.

Le premier qui ait parlé de la tragédie de Salle est le *Journal des Débats*. L'ouvrage avait paru le 23 juillet, l'article est du 25 du même mois, et il occupe le feuilleton consacré à la Semaine dramatique, dans son entier. Nous y retrouvons M. Jules Janin toujours infatigable, toujours aussi jeune qu'au temps où il passait au fil de sa plume le mélodrame de *Sept Heures*, en 1829, et faisait défiler successivement en revue la comédie de Régnier Destourbet en 1831, le vaudeville de Dumanoir en 1847, la tragédie de Ponsard avec ses péripéties multiples (1850-1870). Le critique se montre plein d'indulgence et de courtoisie envers Salle le girondin, et il le juge sans le connaître à fond, mais d'intuition, d'après ses bonnes intentions, d'après ses malheurs. « Cette tragédie, dit-il, coupée sur quelque vieux patron des pièces de Voltaire, est innocente; elle est curieuse, et n'est que cela... » Il ajoute : « La simple histoire de mademoiselle de Corday nous tiendra toujours plus attentifs que toutes les déclamations de ses concitoyens. »

Puis il raconte cette simple histoire en vingt lignes, et ce résumé est un portrait d'une ressemblance parfaite, une biographie d'une concision éloquente :

« Il y avait en ces jours de terreur, dans la ville de Caen, où elle vivait pauvre et retirée à l'ombre d'une vieille tante, une petite-fille de Pierre Corneille, celui qu'on nommera jusqu'à la fin des temps le grand Corneille ! Elle avait vingt-cinq ans ; belle et sérieuse, on la voyait passer de loin comme une ombre ; elle était pour tous un juste objet d'admiration et de respect. »

« Cette âme innocente et forte appartenait à J. J. Rousseau, à Voltaire, aux philosophes du dix-huitième siècle, et les premiers bruits de 1789 l'avaient trouvée attentive... Elle était républicaine. Elle vivait de peu, très-simple en ses habits, recherchant la solitude, et toujours un livre à la main... »

Tout ceci est rigoureusement vrai.

L'auteur a reproduit ces lignes dans son *Panthéon de l'Histoire* (Armengaud, 1865, in-4°), et avec raison : il ne pouvait mieux rendre la physionomie de Charlotte de Corday. Au reste, s'il a constamment blâmé la mise en scène de la mort de Marat sur le théâtre, il s'est montré l'admirateur constant aussi de celle qu'il a appelée « la Normande digne de Jeanne d'Arc » (*La Normandie,* p. 634), et son défenseur résolu, car il a écrit d'elle ce mot que nous retenons : « Charlotte ne conspire pas, elle fait justice!... » (*Débats* du 27 juin 1859.) M. Jules Janin est donc arrivé, par la critique littéraire, à être un des biographes de Charlotte de Corday, comme Gustave Planche, comme M. P. Chasles, et à ce titre nous croyons devoir clore cette digression par un passage, signé de sa main et de son style, que nous trouvons encore dans le *Journal des Débats* du 26 février 1866 :

« Corneille a laissé, parmi les filles de sa maison, la plus
vaillante héroïne de la Révolution française, une vengeresse
appelée Charlotte Corday. On voudrait pour le grand Corneille une fille plus digne de lui appartenir, on ne la trouve-
rait pas. On voudrait pour Charlotte Corday un plus illustre
et plus digne aïeul, on ne saurait où le prendre. Elle avait
bien véritablement dans ses veines généreuses le sang d'Émilie et de Pauline. Ainsi dans cette illustre et si pauvre maison se trouvaient réunis à jamais le génie à la force, et toutes
les grâces généreuses à toutes les vertus qui ne sauraient
mourir.

» J. J. »

Bulletin du Bibliophile, etc., publié par Léon Techener
(année 1866, p. 465).

M. Victor Develay, de la Bibliothèque Sainte-Geneviève,
a consacré à la pièce de Salle un article approfondi, dans le
Bulletin du Bibliophile; nous ne le connaissions pas, au
moment où nous avons fait imprimer nos appréciations personnelles, sans quoi nous nous serions empressé de le citer
comme une autorité venant à l'appui des opinions que nous
avons émises, car nous sommes heureux de nous rencontrer
dans une parfaite conformité d'idées avec M. Develay.

Ainsi nous avons dit qu'avant tout la pièce de Salle était
dominée par une pensée politique (Préface, p. xxiv). Tel
est aussi le sentiment de M. Develay.

« La tragédie de Salle, disons-le tout de suite, plus politique que littéraire, est une sorte de manifeste virulent dirigé
contre les hommes de la Montagne. Tout l'intérêt dramatique
se résume en cette question : Quelle sera l'issue du duel
engagé entre la Montagne et la Gironde? C'est là le pivot
unique sur lequel roulent les diverses péripéties de la pièce. »

Nous avons appelé le vers de Salle sur le poignard de Bru-

tus, le vers du siècle et le seul de la pièce. M. Develay dit
en d'autres termes, mais dans le même sens :

« Ce vers, que Corneille n'eût pas désavoué, est admirable
d'à-propos; comme éclair précurseur de la foudre, il annonce
le bras vengeur de Charlotte Corday. »

Enfin, sauf quelques nuances légères, il y a identité entre
nos observations sur le peu d'animation et de couleur locale
de la pièce de Salle (p. xxiv) et le jugement porté sur
le même point par M. Develay.

« Salle, sans contredit, était l'homme le mieux préparé
pour dessiner sur la scène la grande figure de Charlotte Corday. Il avait vécu de la vie tragique de 93; Danton, Robespierre, Marat, il les avait vus, il les avait entendus, il les
avait combattus à la tribune nationale, dans les clubs, dans
les journaux. Il jouait plus qu'un rôle avec eux, il jouait sa
tête. Eh bien, ce contact permanent, cette excitation incessante qui auraient dû puissamment réagir sur Salle, ne lui
ont inspiré que des esquisses lourdes et forcées, qu'un ton le
plus souvent déclamatoire et faux. Quelques pensées fortes,
quelques vers heureux, épars çà et là, ne sauraient effacer la
monotonie de l'ensemble. A l'exception de Charlotte, dont la
physionomie est accusée avec une certaine vigueur, les caractères de ses personnages sont travestis à force d'exagération,
et perdent par là tout le prestige de l'intérêt. »

« Il jouait plus qu'un rôle, il jouait sa tête. » C'est
presque le mot de Dumas (V. ci-dessus, p. 1). « Salle croyait
composer une comédie... c'était une tragédie, où il devait
figurer lui-même. »

Revue de l'Instruction publique, n° du 17 novembre 1864, p. 522. — Article de M. J. M. Guardia.

« La lettre de Barbaroux nous paraît très-remarquable,

dit M. Guardia, et si bien, qu'il n'y a presque rien à ajouter après son jugement plein de raison et de franchise. » En sorte que la critique de Barbaroux devient celle de M. Guardia. On sait quelle en est la portée : c'est la suppression de la pièce. Aussi M. Guardia se pose-t-il, en terminant son compte rendu, la question que nous avons examinée nous-même :

« Salle était-il capable de profiter des justes observations de son ami, et de refondre sa tragédie ou de la jeter au feu? Peut-être eût-il recommencé et mieux fait, sans l'impitoyable guillotine. Ponsard a rempli le vœu de Barbaroux... »

Dans notre pensée, Salle n'a pas été arrêté par la guillotine, puisqu'il a eu le temps de composer son conte de l'*Entrée de Danton aux Enfers*. Il aura compris que la tragédie n'était pas sa vocation, et il s'en est tenu à cet essai, qui a eu du moins le mérite d'inspirer à Ponsard le projet de corriger son cinquième acte (V. ci-dessus, p. CCCXXX). Salle aurait ainsi contribué à remplir, suivant l'heureuse expression de M. Guardia, le vœu de Barbaroux, non par lui-même, mais par des mains plus habiles. Malheureusement la mort de Ponsard s'opposa à la réalisation du dessein qu'il avait conçu.

M. Guardia a publié un autre article sur le même ouvrage dans le journal *le Temps*.

Citons encore un compte rendu de M. Sorel dans l'*Amateur d'autographes* de Charavay, compte rendu plein d'humour et de vérité, et un article très-remarquable de M. A. Philibert Soupé dans la *Revue contemporaine* du 31 mai 1870 (p. 352-358). L'édition de M. Moreau-Chaslon y est honorablement citée p. 352, et le jugement porté sur l'œuvre de Salle est une autorité que nous invoquons à l'appui de ce que nous en avons dit nous-même, p. LXIX ci-dessus. — Suivant l'auteur, « l'ébauche de Salle était bien insuffisante ; néanmoins elle fut très-supérieure à un grand nombre de productions théâtrales où le même sujet a été traité. — Et il cite, comme nous, les tragédies contemporaines, celles de Gassier Saint-Amand [1], de Barrau, l'*Anonyme de Lausanne*, la *Judith moderne*, etc.

En même temps que l'édition de M. Moreau-Chaslon paraissait, la *Revue de la Normandie*, du mois de juillet 1864, publiait une analyse de Salle et de longs extraits de cette pièce (environ 300 vers). Cette publication a été faite d'après le manuscrit de M. Guadet, que nous avions communiqué à l'auteur de l'article.

L'interrogatoire de Charlotte de Corday devant le Comité de Salut public y est cité comme étant le fragment le plus intéressant de l'œuvre. « Salle, dit cet article, avait cherché à condenser la physionomie et autant que possible les termes des réponses énergiques et fières de son héroïne. Ces réponses ont quelque chose de tragique et de cornélien. Sans doute il n'a pas complétement réussi, mais l'idée en soi était heureuse... D'autres ont tenté le même essai en prose. Salle luttait contre les difficultés de la versification. »

Ailleurs le critique montre Salle cherchant, à travers

---

[1] Remarquons en passant que M. Soupé, parlant d'après le Catalogue de Soleinne, a été victime de l'erreur plaisante commise par les rédacteurs de ce catalogue célèbre. Il dit, p. 353 : « Le Tribun une fois poignardé, *un cuisinier* prononçait son panégyrique. » Nous avons déjà fait observer qu'il ne s'agissait nullement d'un chef de cuisine, mais d'un officier de la garde nationale appelé Cuisinier, commandant du poste, chargé de l'arrestation de Charlotte de Corday. (V. ci-dessus, p. CLIV.)

ses souvenirs classiques de Racine, de Corneille, et surtout de Voltaire, à rajeunir le vulgarisme épuisé de la vieille tragédie et n'y réussissant que médiocrement.

C'est un jugement auquel nous avons souscrit nous-même, et que nous acceptons sans réserve.

Il n'en est pas de même de certaines autres appréciations qui se trouvent dans le même article, et qui sont inconciliables avec la dédicace mise en tête de notre livre : elles sont repoussées par la justice aussi bien que par la reconnaissance, et nous ne pouvons nous y associer.

La dissertation insérée dans la *Revue de Normandie* a été tirée à part et publiée sous le titre de : *A propos d'autographes*, p. 636 et 637. In-8°; Rouen, Cagniard, 1864. (V. ci-dessous, vol. II.)

XXXI.

Fragment d'une tragédie de *Charlotte Corday*, tiré d'un ouvrage intitulé *Les Veilles d'un Artisan*, par JULES PRIOR, tonnelier à Beaumont-le-Roger [1]. Paris, Dentu, 1866. In-12 (p. 62-69).

CHARLOTTE CORDAY.

MONOLOGUE.

La scène se passe à Paris, dans un appartement de l'hôtel de la Providence.

----

[1] « Jules Prior, né le 25 novembre 1821. — Fils d'un domestique de M. de Lamarre-Auzoux, juge de paix à Beaumont-le-Roger. — A l'âge de sept ans, il ne savait pas le chemin de l'école. Son premier instituteur fut un brigadier de gendarmerie. — Comme Proudhon, il commença par garder les vaches. — Puis il devint tourneur, et enfin ton-

. Le théâtre représente une chambre simplement meublée;
sur le devant est une table sur laquelle se trouvent du papier,

nelier. — *Télémaque*, la *Nouvelle Héloïse*, *Atala*, lui donnèrent le
goût de la littérature; *Athalie* lui inspira le goût de la poésie; Plutarque, celui de l'histoire.... » Il a chanté l'héroïne qui illustra son pays,
comme Rose Harel, la cuisinière poëte de Vimoutiers, qui a consacré
quelques beaux vers à Charlotte de Corday. — M. Jules Prior a bien
voulu nous écrire qu'il avait suivi dans son drame un récit qui se
trouve dans les *Causes célèbres politiques* publiées par Sir Paul Robert.
Paris, de Gonet, 1846, in-8°, p. 82-88.

Nous lui devons aussi la rectification d'une erreur commise dans le
Dictionnaire du Théâtre en France, de Goizet. Cet ouvrage, très-exact
d'ailleurs, indiquait, outre le monologue dont on vient de lire des
extraits, un dialogue sur le même sujet imprimé dans ses *Loisirs d'un
artisan*, 1862, in-12, de la page   à   (*sic*). Beaumont-le-Roger
(Eure).

Ne trouvant ce livre ni à la Bibliothèque nationale ni dans le *Journal
de la Librairie*, nous nous sommes adressé à M. Jules Prior, qui a
bien voulu nous faire savoir que les *Loisirs d'un artisan* et les *Veilles
d'un artisan* n'étaient qu'une seule et même chose. Le premier titre avait
été donné à ses vers lors de la communication qu'il en avait faite à
diverses personnes dès 1860, notamment à madame Loyer de
Maromme, dont les *Souvenirs sur Charlotte de Corday* ont été publiés
par M. Casimir Périer dans la *Revue des Deux-Mondes* du 1er avril
1862.

C'est probablement d'après les indications venant de cette source
que M. Goizet aura inséré la mention (d'ailleurs restée imparfaite)
qu'on lit dans le *Dictionnaire des Théâtres*. Lors de l'impression des
poésies de M. Jules Prior en 1866, le titre définitif donné à son livre
fut celui de *Veilles d'un artisan*. Cet ouvrage est le seul qu'il ait fait
paraître, comme le monologue ci-dessus est le seul fragment de sa
tragédie de *Charlotte de Corday* qu'il ait publié. (Lettre de M. Jules
Prior du 19 août 1871.)

D'un autre côté, M. Goizet, auquel nous avons communiqué la lettre
de M. Jules Prior, affirme qu'il n'aurait pas indiqué un *format* s'il ne
l'avait vu indiqué, qu'il n'aurait pas copié en 1862 un titre dans ses
notes tenues jour par jour, si le titre n'avait pas été publié dès cette
époque. Il est fort possible en effet qu'il y ait eu annonce dans les
journaux sans publication réelle. Ainsi s'expliquerait la précision de la
description insérée dans le *Dictionnaire des Théâtres* et la petite lacune
qui s'y trouve.

En résumé, il n'y a point eu deux tragédies composées par M. Jules
Prior. — Il n'y en a eu qu'une seule, dont un fragment a été annoncé
et l'autre publié.

une plume et un poignard, et à côté les œuvres de Corneille, sur lesquelles Charlotte paraît méditer.

Charlotte, assise, le coude appuyé sur la table et le front
dans sa main, se lève.

> ... Mais pourquoi tressaillir à l'aspect du danger ?
> La Terreur aujourd'hui ne doit pas me changer ;
> Si de crainte un instant mon âme était capable,
> Ce serait devant Dieu de paraître coupable ;
> Mais je ne veux rien craindre au delà du tombeau :
> Remplir pareil devoir est si grand et si beau !
> Je me fais assassin pour sauver des victimes,
> Et c'est servir son Dieu que d'arrêter les crimes.
> D'illustres citoyens les cachots sont remplis.
> Et mes ardents désirs ne seront accomplis
> Qu'à l'instant où j'aurai, pour sauver l'innocence,
> Dans le sang du tyran assouvi ma vengeance,
> Et de tant de forfaits reprimé les horreurs.
> Arracher ma patrie au plus grand des malheurs,
> Ravir aux oppresseurs leur pouvoir despotique,
> A chaque peuple ami donner la République,
> En tous lieux lui bâtir des temples immortels,
> Où de la Liberté brilleront les autels,
> Partout faire cesser la discorde et la guerre,
> De tous les conquérants déchirer la bannière,
> Donner à l'univers sa devise et sa loi,
> N'avoir que Dieu pour juge et que lui seul pour roi,
> Oui ! voilà les projets où seule ici j'aspire....
> ... Mais pour ce coup hardi déjà l'heure s'avance.
> J'y vais trouver la mort, oh ! je le sais d'avance.
> Mais je cours accomplir un devoir solennel.
> Poignarder un tyran est un titre éternel.....

XXXII.

UN DES JURÉS DE CHARLOTTE CORDAY, *esquisses
dramatiques en trois tableaux, en prose,* par Madame
Louise Colet.

Cette pièce est inédite, et madame Louise Colet se propose de la publier prochainement. Nous ne pouvons donc

pas en rendre compte. Nous nous contenterons de dire que
c'est une étude philosophique en prose faisant en quelque
sorte pendant aux Tableaux historiques en vers du même
auteur. Voici le scenario contenant l'énumération des personnages qui prennent part à la pièce et l'indication des
lieux où elle se passe.

1er TABLEAU.

PERSONNAGES :

Charlotte Corday.   Fualdès.
Jacques-François Corday d'Ar-   Un Paysan.
mont, son père.   Une mendiante.

La scène se passe au hameau des Ligneries, en Normandie,
au mois d'avril 1793.

Une belle prairie bordée de pommiers. — Au fond, une maison
d'humble apparence couronnée d'un pignon armorié. — A
gauche, le hameau. — A droite, un courant d'eau murmu-
rante.

2e TABLEAU.

PERSONNAGES :

Fualdès.   Montané, Président du Tribunal
Jausion père, oncle de Fualdès.   révolutionnaire.
Charlotte Corday.   La Mendiante.
Chauveau-Lagarde, avocat de
Charlotte.

La scène se passe à Paris les 13 et 17 juillet 1793.

3e TABLEAU.

PERSONNAGES :

Fualdès.   Madame Saaveda, vieille Espa-
Jausion fils.   gnole logée dans la maison
Bastide.   de la Bancal.
Mademoiselle Rose Pierret.   Un homme masqué.
Madame Manson.   Bax,
La citoyenne Bancal.   Meissonnier, } personnages
Bancal son mari.   Collard. } muets.

La scène se passe à Rhodez, le 19 mars 1817, d'abord
dans la rue, puis dans la maison Bancal.

Il est parfaitement vrai que Fualdès était un des jurés

près le premier Tribunal criminel extraordinaire, appelé depuis Tribunal Révolutionnaire.

Il est également vrai qu'il siégea dans l'affaire de Charlotte de Corday. (V. *Dossiers*, etc., p. 74.) Là-dessus on a fait mille contes, et il a été publié un roman que M. Léon de la Sicotière a réfuté dans un article plein d'intérêt adressé au journal *le Droit*, n° du 23 juin 1861. Cet article a depuis été tiré à part et forme une brochure sous le titre de : *Charlotte Corday et Fualdès.*

XXXIII.

CHARLOTTE CORDAY, *Trauerspiel in fünf Aufzügen,* von Carl von Appen, etc. (CHARLOTTE CORDAY, *tragédie en cinq actes (en vers et en prose),* par Carl von Appen. — Kiel, chez K. Schœder et Comp., 1864.)

PERSONNAGES :

Robespierre,
Marat, } chefs du parti de la Montagne dans la Convention nationale.
Danton,
Barbaroux, l'un des chefs de la Gironde.
Duperret, } membres de la Convention.
Lux,
Marie, sœur de Robespierre.
Henriot, commandant en chef de la garde nationale parisienne.
Corday d'Armans, propriétaire en Normandie.
Charlotte, } ses filles.
Louise,
Raimond, jeune homme de la campagne.
Valentin, domestique de M. de Corday.
Jean, serviteur de Marat.

Officiers et Soldats de la garde nationale. — Un Paysan. — Un Geôlier. — Citoyens, Serviteurs, etc.

La scène est en France.

(*Le manuscrit fait face au théâtre.*)

ACTE PREMIER.

Scène Iʳᵉ. — La demeure de Robespierre. — Marie, Robespierre. — Marie Robespierre exprime à son frère son horreur pour le système de la Terreur. — Elle demande quand on cessera d'entasser meurtres sur meurtres, victimes sur victimes. — Robespierre répond que la Terreur est un trône d'or pour la liberté. — Marie attaque vivement Marat et demande la grâce des Girondins. — C'est la tête du parti qui divise la France; que la tête tombe, et les membres se tiendront tranquilles. — Mais, dit Marie, vous voulez donc révolter tous les peuples contre nous? — La France unie peut les braver tous; elle sera unie du jour où les Girondins auront cessé de la diviser. — Marie se plaint amèrement de ce sombre fanatisme qui trouve une réponse à tout, et elle déplore son destin, qui l'oblige à porter un nom voué à l'exécration de la postérité.

Scène II. — Robespierre *seul*. — La postérité, s'écrie Robespierre, que m'importe! Mon nom peut bien être mis auprès de celui de Néron, sans que cela trouble le repos de ma tombe. — La mort, qu'est-ce donc, si ce n'est un sommeil sans fin! L'immortalité de l'âme n'est qu'un mot[1]. Longs développements dans lesquels Robespierre déclare qu'il est l'élève de Mesmer. — Il termine en disant : Qu'on me déteste, qu'on me maudisse partout, je n'en resterai pas moins immuable, et la Gironde tombera.

Scène III. — Robespierre, Marat, Danton. — Ils délibèrent sur le sort des Girondins. Marat demande leur mort. — Robespierre l'appuie. — Danton le combat. — Nous ne pouvons analyser cette scène, dans laquelle se trouvent entassés les anachronismes les plus graves. — Ainsi l'auteur fait dire à

---

[1] Robespierre a dit précisément le contraire dans son fameux discours du 8 thermidor.... « Non, Chaumette, non, la mort, n'est pas un sommeil éternel!... Citoyens, effacez des tombeaux cette maxime gravée par des mains sacriléges.... gravez-y plutôt celle-ci : *La mort est le commencement de l'immortalité!* » (*Hist. parlem.* de Buchez et Roux, t. XXXIII, p. 436, et Ch. Nodier, *Souvenirs de la Révolution,* t. Iᵉʳ. p. 293, édit. Charpentier.)

Robespierre que Condorcet a péri par le poison, — que Petion a été dévoré par les loups, alors que tous ces événements sont bien postérieurs à la mort de Marat. — Il représente Gensonné comme réfugié dans le Midi, alors qu'il n'a jamais quitté Paris, etc., etc.

Scène IV. — Saint-Saturnin en Normandie. — Jardin de M. de Corday. — LOUISE, RAIMOND. — Raimond déclare à Louise son amour pour Charlotte.

Scène V. — CHARLOTTE, LOUISE. — Louise instruit Charlotte de cette déclaration; mais Charlotte aime Barbaroux.

Scène VI. — LES MÊMES, BARBAROUX. — Charlotte annonce à Barbaroux son idée d'aller frapper Marat, à Paris. — Barbaroux rejette bien loin ce projet. — Mais, dit Charlotte, c'est vous qui avez mis la mort à l'ordre du jour.

Scène VII. — LES PRÉCÉDENTS, M. DE CORDAY. — M. de Corday accourt en toute hâte pour prévenir Barbaroux qu'il va être arrêté s'il ne prend immédiatement la fuite. — Barbaroux ne sait où se réfugier, il voudrait rester caché dans la maison de M. de Corday. — Celui-ci lui conseille d'aller plutôt à Rouen, où ses amis sont réunis, où se lève un souffle favorable à leur cause; il lui promet de le faire conduire par son domestique jusqu'à Honfleur. — Barbaroux le remercie, et lui dit adieu.

Scène VIII. — BARBAROUX, CHARLOTTE. — Barbaroux fait part à Charlotte de la nécessité où il est de partir. — Son désespoir. — Charlotte, au contraire, est joyeuse d'apprendre qu'il va assurer le triomphe de la Gironde sur la Montagne.

Scène IX. — LES PRÉCÉDENTS, LOUISE. — Louise vient rappeler à Barbaroux que l'heure du départ est arrivée. — Adieux de Barbaroux et de Charlotte. S'ils ne se revoient plus sur la terre, ils se retrouveront dans le ciel.

ACTE DEUXIÈME.

Scène Ire. — L'appartement de Marat. — JEAN, *seul.* — Jean est un domestique philosophe et plaisant. Ses longues réflexions n'ayant pas part à l'action de la pièce, nous les passons sous silence.

Scène II. — Jean et Marat. — Jean fait remarquer à son maître que l'on guillotine trop. — Marat lui demande s'il est Girondin, et l'envoie chercher Robespierre et Danton.

Scène III. — Marat, *seul.* — *Monologue.* — Il veut devenir triumvir, en s'associant Robespierre et Danton, puis les renverser et rester seul maître de l'État. Il rêve en même temps d'avoir une compagne à laquelle il pût confier ses sentiments et ses pensées. Ce serait pour lui le bonheur suprême!

Scène IV. — Robespierre, Marat, Danton. — Marat leur expose son plan. — Ils sont déjà triumvirs de fait. — Se faire nommer triumvirs par la Convention; s'emparer de tous les pouvoirs; s'attacher l'armée; puis, la Constitution étant terminée, dissoudre la Convention et conserver un pouvoir absolu : tel est le projet que Marat développe, et n'a pas de peine à faire adopter par Robespierre et Danton.

Scène V. — La demeure de Duperret. — Duperret, Lux. — Duperret veut tenter un effort pour délivrer les Girondins. — Lux s'y oppose. — Il professe les opinions les plus sceptiques, pour ne pas dire les plus égoïstes.

Scène VI. — Les précédents, Jean. — Jean a été au service de Lux. — Il vient lui dévoiler la conspiration formée entre Marat, Danton et Robespierre. — Lux récompense cette révélation en lui donnant dix francs.

Scène VII. — Lux, Duperret. — Duperret trouve dans ces révélations un motif de plus de chercher à sauver les Girondins; mais Lux persiste dans son révoltant égoïsme :

> Je ne m'occupe que de mon propre salut.
> La Gironde peut bien reposer dans sa tombe !

Scène VIII. — Saint-Saturnin. — Le jardin de M. Corday. — Corday, Charlotte. — M. Corday engage sa fille à songer au mariage, et la conjure de ne pas laisser périr son nom. — Charlotte répond que son nom brillera dans l'histoire et dans l'éternité des siècles. — Elle lui avoue qu'elle aime un homme, à la gloire duquel elle rêve de s'associer. — Le père devine que c'est Barbaroux. — Il eût préféré un gendre dont la tête fût moins exposée; cependant il consent à ce que lui demande sa fille.

Scène IX. — Louise, les précédents. — Le père de Charlotte veut confier à Louise ce qu'il vient d'apprendre de Charlotte. Louise le sait déjà. — Valentin, domestique, ne revient pas. — Louise inquiète. — Ses yeux cherchent vainement à percer l'espace.

Charlotte. Elle voit des yeux de l'amour. — Elle décrit Barbaroux à la tête de son armée, sur son coursier, le casque en tête, son panache au vent, volant au cri de : *Vive la liberté !* son œil brille, le désir de combattre agite son bras, etc. —. O France ! entends le roulement des tambours ! ton sauveur s'approche, tes souffrances touchent à leur terme !...

Scène X. — Les précédents, Raimond. — Raimond apporte la nouvelle de la bataille de Vernon. — Charlotte demande des nouvelles de Barbaroux : A-t-il pris part au combat ? Raimond répond qu'il est prisonnier à Honfleur. — Charlotte repousse avec énergie la supposition que Barbaroux ait pu se laisser prendre.

Scène XI. — Les précédents, Valentin. — Valentin fait un long récit de la fuite de Barbaroux ; mais il prétend qu'il a été tué au moment où il traversait la Seine à Honfleur.

Scène XII. — Les précédents, moins Valentin. — Désespoir de Charlotte Corday. — Elle repousse les consolations de son père et de sa sœur.

Scène XIII. — Charlotte Corday, *seule*. — Elle laisse entrevoir une arrière-pensée de vengeance.

ACTE TROISIÈME.

Scène Ire. — Une rue de Paris. — Robespierre, Marat. — Ils se rencontrent. — Robespierre annonce à Marat que leur projet de dictature a échoué aux Jacobins. — Marat propose à Robespierre un coup d'État pour arriver au même but par la force. — Robespierre ne repousse pas ce projet, et Marat annonce qu'il va aller le communiquer à Danton.

Scène II. — Jardin de M. de Corday. — Louise, *seule*. — Elle déplore la disparition de Charlotte.

Scène III. — Louise, Corday *père*. — Même sujet de conversation.

Scène IV. — Corday, Louise, Raimond. — Raimond annonce qu'un bruit étrange vient de se répandre. — On dit que Barbaroux est caché dans un bois voisin. — Valentin s'est trompé : Barbaroux n'a pas péri dans la Seine. Malheur ! s'écrie Louise. — Charlotte est partie pour Paris avec la pensée de venger Barbaroux. Il faut se hâter de la prévenir.

Scène V. — Les précédents, Barbaroux. — Barbaroux se prépare à un combat désespéré. — Il veut se rendre à Paris, avec un escadron de trois cents cavaliers, et devenir libre ou se faire tuer en combattant. — Il vient pour inviter Charlotte à prendre part au combat, et lui demander si elle veut partager avec ses braves la victoire ou la mort. — Louise lui apprend que Charlotte est partie. — Désespoir de Barbaroux.

Scène VI. — Duperret, Adam Lux. — Duperret donne à Lux lecture d'une lettre de Barbaroux qui lui apprend la déroute de Vernon, et son dessein de venir à Paris, à la tête de trois cents cavaliers d'élite. — Duperret cherche vainement à enrôler Lux dans l'armée de la Gironde. — Lux s'y refuse.

Scène VII. — Charlotte, Duperret. — Charlotte apprend de Duperret que Barbaroux existe encore. — Charlotte n'en persiste pas moins dans la pensée de tuer Marat.

Scène VIII. — La scène dans la demeure de Robespierre. — Robespierre, *seul*. — Il entend retentir le couperet de la guillotine, et à chaque coup il voit le sang couler.....

Scène IX. — Robespierre, Marie. — Robespierre voit des spectres sanglants s'agiter autour de lui. — Marie survient et cherche à le calmer.

Scène X. — Les précédents, Marat. — Robespierre raconte à Marat ses visions. — Il lui fait part de ses remords. Il craint que la Terreur n'engendre que la haine sans fonder la liberté.

Marat ne fait que rire de ces appréhensions; il ne peut comprendre que lui, qui fut un des plus ardents partisans de la Terreur, s'arrête tout à coup, pour écouter la voix de la conscience. Ne savait-il pas d'avance que la Terreur va toujours en se propageant, et qu'à semer la contrainte on ne peut récolter l'amour? Le pays nous hait, mais l'effroi seul peut nous maintenir. — Et sans nous la liberté serait perdue. Il faut donc aller tranquillement jusqu'au bout. — La fin seule peut légitimer l'œuvre... Plus tard, tu auras le temps de te repentir; aujourd'hui reculer, serait rendre inutile la mort de tant de millions d'hommes, pour retomber dans les misères de la Royauté.

Marie Robespierre essaye de combattre Marat. Danton survient.

Scène XI. — Marat invoque son appui pour soutenir Robespierre chancelant; Marie fait appel en sens contraire au cœur de Danton... Celui-ci se prononce pour la continuation de la Terreur. Sans doute il a hésité, il hésite encore quelquefois à perdre les Girondins, parce qu'ils avaient rendu des services à la patrie, qu'ils avaient les meilleures intentions, et n'avaient fait que se tromper de route. Mais il est trop tard, puisqu'ils sont livrés; on ne peut revenir sur ses pas; seulement s'il faut encore commettre ce meurtre, que ce soit le dernier...

Robespierre est de cet avis, mais il ne veut pas prendre une telle résolution un jour néfaste, où il a été troublé par de mauvais présages. Danton insiste. — Marie supplie son frère de ne pas écouter la voix de son ami, de ne suivre que celle de sa conscience.

Mais Robespierre se souvient qu'il est le chef de la Montagne, qu'il ne peut manquer de fermeté le jour d'une décision suprême; il repousse les conseils et les prières de sa sœur. — Celle-ci sort. — Henriot arrive.

Scène XII. — Ils concertent tous ensemble la journée du 2 juin dans ses moindres détails. L'argent à répandre dans les Sections, les faux bruits venant de la province à faire courir, la descente des faubourgs sur la Convention, les canons, la liste des députés à proscrire, et la proclamation de Robespierre, Danton et Marat comme triumvirs.

ACTE QUATRIÈME.

Scène Ire. — La demeure de Duperret. — Charlotte, *seule.* — Encore si loin de neuf heures! s'écrie-t-elle; — avec quelle lenteur les heures passent dans l'attente! — Long développement donné à cette idée. — Ce que je médite réussira-t-il?

Une telle incertitude est la plus cruelle des tortures!... Mille morts ne pourraient être comparées à un tel supplice!

.Scène II. — Charlotte, Duperret. — Duperret a reçu de bonnes nouvelles de la province. Elle se déclare contre la Montagne. — La victoire de la Gironde est assurée. — Duperret dissuade Charlotte de l'action qu'elle a conçue. — Elle persiste avec énergie. — Vous me connaissez mal, lui dit-elle, si vous croyez que je me repente; ce qui une fois me paraît bien me paraît toujours tel.

Scène III. — Les précédents, Lux. — Lux crie à la trahison. — On veut établir un triumvirat; — les canons sont prêts, les Sections sont séduites; — la Convention est trahie. — On ne l'osera pas, répond Duperret. — Lux : Rien ne pourra empêcher ce projet. — Charlotte : Je le pourrai, moi, si personne ne le peut!... Duperret veut la retenir, mais elle s'échappe.

Lux est frappé de la beauté de Charlotte : il demande qui elle est, et ce qu'elle veut. — Duperret lui répond qu'elle a formé le projet de tuer Marat. — Lux veut la prévenir et la sauver.

Scène IV. — L'habitation de Marat. — Charlotte, Jean. — Jean fait entrer Charlotte, et lui apprend que son maître est au bain et se fait coiffer parce qu'il doit être proclamé triumvir. — Charlotte garde le silence. — Jean s'en va. — Charlotte, *seule*. — Elle s'assure qu'elle a bien le poignard sur elle, ce petit instrument d'un grand acte. — Elle réussira; elle frappera Marat d'un seul coup et lui ôtera la vie. Quant aux conséquences de cette action, aucun œil ne peut les entrevoir. — Cet événement tombera-t-il dans l'océan de la révolution sans laisser de traces, comme la pierre qui se détache du haut de la colline et disparaît entraînée par le torrent, ou bien s'élèvera-t-il comme un nouveau soleil, et dissipera-t-il les ténèbres, en répandant une lumière éclatante? Qui le sait?

Scène V. — Charlotte, Marat *entre*.

Charlotte, *à part* : C'est bien ainsi que je me le représentais. C'est bien la figure d'un tyran! — Marat lui demande ce qu'elle désire de lui. — C'est, dit-elle, le bien de l'État qui m'amène. — Vous venez de Caen? lui répond Marat; vous

avez sans doute à me nommer les noms des conjurés? —
Charlotte lui remet une liste de soixante-dix noms, et lui fait
remarquer que parmi eux il y a des pères de famille qui ont des
femmes, des enfants, et elle cherche à provoquer sa pitié à
leur égard. — Mais Marat est impitoyable; l'enfant doit payer
pour le père, la sœur pour le frère. — Et vous ne ressentez
ainsi ni compassion ni repentir? — Cette mauvaise plante ne
pousse pas dans mon terrain...

Marat ajoute quelques compliments équivoques à l'adresse
de Charlotte, et après avoir parcouru sa liste : Bientôt ils seront tous guillotinés!..... — Charlotte : Tu as prononcé toi-
même ta sentence de mort; retourne à l'enfer qui t'a envoyé!...
— Elle le frappe. — Marat tombant : « Ah! j'expire! Quoi!
sitôt la mort! O mes plans! mes plans[1]! »

Scène VI. — Charlotte, Jean, gardes nationaux. — Jean
entre dans l'appartement, et s'aperçoit que son maître est
mort! Il appelle au secours. — Un officier de garde nationale
se présente et arrête Charlotte. — Celle-ci avoue son action
et s'en glorifie.

Scène VII. — Jean, seul. — Jean a la pensée de voler son
maître. Mais dans le tiroir il trouve des notes de Marat, dans
lesquelles on voit que l'*Ami du peuple* voulait faire tomber
Robespierre, et se faire nommer dictateur. — Il pense dès lors
qu'il pourra tirer parti de ces papiers, et que Robespierre les
lui payera bien.

Scène VIII. — Une place publique à Paris. — Des citoyens
causent entre eux. — On vient leur apprendre la mort de
Marat. — Ils s'entretiennent de cette mort, et se demandent
d'où est parti le coup, et s'il faut l'attribuer à la Gironde. —
On leur annonce que Charlotte va passer dans une voiture. —

[1] Ces paroles nous semblent très-bien placées dans la bouche de
Marat, un homme à utopies, qui voulait régenter l'univers, et
croyait le régénérer par ses idées. Il doit en effet tenir plus à ses
rêves qu'à l'existence, et son dernier mot sera : « Mes plans, mes
plans! » C'est en cas pareil que l'on peut substituer l'invention à l'histoire. Les paroles de Marat mourant sont naturelles, mais vulgaires,
Le poëte dramatique en les modifiant use de son droit, surtout alors
qu'il les remplace par des mots puisés dans le sentiment du personnage.

Lux paraît à la tête d'une troupe armée. — Il exhorte le peuple à délivrer Charlotte. — La voiture s'ouvre, Charlotte en descend.

Scène IX. — Elle se place au pied de la statue de la Liberté, et harangue le peuple. — Danton s'élance pour lui répondre. — Lutte de discours entre lui et Charlotte. — Bientôt un combat s'engage entre la force armée et la troupe d'Adam Lux. — Ce dernier succombe, il tombe à terre percé de coups, et Charlotte est arrêtée; elle va être conduite à l'Abbaye; mais son père et sa sœur Louise surviennent. Ils la reconnaissent. — Scène d'adieux. — Le peuple veut qu'on les traîne tous devant le Tribunal et à l'échafaud. — Charlotte seule est emmenée par des gardes nationaux. — Marie (sœur de Robespierre) console M. de Corday et sa fille. Charlotte a commis une faute : mais c'est une noble erreur qu'un grand cœur pouvait commettre... Marie Robespierre leur offre un asile dans la maison d'une de ses amies, qui demeure dans le voisinage.

Scène X. — La demeure de Robespierre. — Henriot lui apprend la mort de Marat. — Robespierre ne regrette pas l'homme, mais le plan qui va manquer. Quel sera le troisième triumvir?... — Prends-en un autre, dit Henriot. — Personne ne peut le remplacer. — Tu es encore sous le coup du ressentiment. — La scène change. Cependant je cours chercher Danton. — Monologue de Robespierre. On voit percer chez lui la pensée de profiter de la mort de Marat pour se défaire de Danton, et substituer au triumvirat qu'ils avaient projeté, la dictature, le trône...

Scène XI. — Jean apporte à Robespierre les papiers trouvés chez Marat. — Robespierre s'étonne d'abord des révélations étranges qu'il y découvre, puis il conçoit la pensée de s'approprier les plans laissés par l'Ami du peuple. — Mais le secret le plus absolu lui est nécessaire. — Jean connaît-il ces papiers? — Le misérable a l'imprudence d'avouer qu'il en a pris connaissance, et il demande son salaire. — Pour toute réponse, Robespierre le fait arrêter et l'envoie à Fouquier-Tinville, comme coupable de l'assassinat de son maître.

Scène XII. — Robespierre, *seul, se parlant à lui-même.* —

La liberté n'est pas possible, les esprits sont trop divisés! Point de scrupules donc! la dictature d'abord, ensuite le dia-dème. — Mais Danton! il y aspire aussi sans doute, et il a une grande puissance! la parole... Eh bien, qu'il tombe! qu'il pé-risse comme quiconque se placerait entre moi et mes projets...

Scène XIII. — Dialogue entre Robespierre, Danton et Hen-riot. — La mort de Marat les occupe moins que l'approche de Barbaroux, qui vient à la tête d'une armée de rebelles atta-quer Paris. — Robespierre propose de demander au Comité de Salut Public de pleins pouvoirs, qui les investiront de la sou-veraine puissance; les membres du Comité leur sont dévoués, ils ne refuseront pas. — Danton se charge de la Convention, Henriot des Sections.

ACTE CINQUIÈME.

Scène Iʳᵉ. — Une plaine près de Paris. — Barbaroux et Raimond entrent avec des troupes. — Barbaroux annonce à ses soldats qu'ils ne sont plus qu'à une lieue de Paris, qu'ils peuvent se reposer, afin de retrouver toutes leurs forces pour le lendemain matin. — Un paysan vient apporter à Barbaroux une lettre de la part de Duperret. — Il lui apprend que Marat a été assassiné le jour même. — « Ce ne peut-être, s'écrie Barbaroux, que de la main de Charlotte de Corday.... » — Le paysan est étonné de voir Barbaroux si bien instruit. — Il raconte à Barbaroux ce qui a suivi la mort de Marat : une insurrection promptement étouffée, le jugement de Char-lotte, etc., la délégation de pouvoirs illimités au Comité de Salut Public, l'arrestation des députés, notamment celle de Duperret. — D'après le messager, Duperret conseille à Barba-roux de ne point chercher à entrer dans Paris, mais de mar-cher vers le Midi, où l'attendent des renforts importants. — Barbaroux expose la situation à ses troupes, et leur laisse le choix entre ces deux partis. Elles répondent par un cri una-nime : Paris, Paris!...

Scène II. — La Conciergerie. — Charlotte de Corday seule. — Elle est désespérée. Elle avait réussi. La liberté, la gloire, l'attendaient, et maintenant c'est la mort.... Mais tout peut

encore changer; il est possible que Barbaroux remporte la victoire; ce sera pour elle-même le triomphe, l'apothéose...

Scène III. — Son père, sa sœur, viennent la visiter dans
son cachot. — M. de Corday père condamne sévèrement l'acte
de sa fille. — Elle se justifie. — Mais à la fin elle est vaincue
par les raisonnements de son père. — Elle tombe à terre sans
mouvement. — On entend du bruit.

Scène IV. — Combat livré dans Paris par les Girondins. —
Raimond, blessé, annonce la défaite des siens. — Barbaroux,
Henriot. — Barbaroux est sommé de se rendre. — Il refuse.
— Il tombe. — Les Girondins sont anéantis jusqu'au dernier.

Scène V. — Robespierre et Marie, sa sœur. —Robespierre
annonce à sa sœur qu'après la défaite des rebelles, la rage du
peuple est à son comble, que le Comité est tout-puissant et
qu'il va agir. On saura alors ce que c'est que la vraie Terreur.

Marie Robespierre dissuade son frère de ces extrémités. —
Elle lui rappelle ses premières années, les labeurs de sa jeunesse, les souffrances de son obscurité; maintenant il est
grand, puissant, et cependant n'est-il pas plus malheureux
qu'autrefois? etc.

Robespierre reste inflexible : il veut régner par le meurtre
et pour le meurtre. — Sa sœur l'abandonne aux dieux infer-
naux, et se retire en le maudissant.

Scène VI. — La Conciergerie. — Le geôlier en chef apprend
à M. de Corday que sa fille est en quelque sorte devenue folle.
Elle croyait assister à la bataille livrée dans Paris par Barbaroux. Elle l'appelait à haute voix, et, chose merveilleuse, à
chaque coup qu'il portait à ses adversaires, elle frappait en
même temps que lui; à chaque blessure qu'il recevait d'eux,
elle la ressentait, et lorsqu'il est tombé mort, elle est tombée
avec lui. Puis le repos a succédé à cette agitation, et depuis ce
moment elle est étendue à terre. — Longues réflexions de
M. de Corday sur les féeries du rêve. — Charlotte, toujours
endormie, appelle son bien-aimé. — Il va partir. Elle ne veut
pas s'en séparer. — Elle se réveille. — Elle se rappelle alors
avoir rêvé d'un combat, d'une défaite de son parti; serait-ce
vrai? — Barbaroux a-t-il échappé. — Non, lui répond son
père, il est mort avec tous les siens. — Il accable sa fille de

reproches. — Celle-ci espère encore que Barbaroux aura évité la mort et qu'il peut venir la délivrer.

Scène VII. — Marie Robespierre entre dans la prison. — Elle raconte à la famille de Corday qu'elle a rompu avec son frère, qu'il la chasse de Paris. — Charlotte lui demande si tout est décidément perdu, s'il n'y a plus rien à espérer pour elle. — « Quoi! lui dit son père, tu ne peux donc te séparer de la vie?... » Et Marie Robespierre répond qu'elle a vu la tête de Barbaroux au bout d'une pique. — « Ainsi, réplique Charlotte, il est bien mort, vous ne vous trompez pas?... » Et elle demande encore avec instance à parler au peuple.

Marie Robespierre lui affirme que telle est la fureur de la multitude, que ce serait inutile. — Elle prie alors M. de Corday de la prendre auprès de lui comme servante. Elle aime mieux servir que d'être malheureuse dans l'éclat du pouvoir. M. de Corday l'adopte pour sa fille à la place de Charlotte, dont elle prendra le nom désormais.

Charlotte accepte cet arrangement, elle appelle Marie Robespierre sa sœur, et la remercie affectueusement; elle sera pour son père une meilleure fille qu'elle ne l'a été; elle la prie en outre d'être pour Louise plus qu'une sœur, une mère!

Scène VIII. — Le geôlier entre avec un manteau rouge.

M. de Corday. — Voici déjà le manteau de mort.

Charlotte. — Rouge comme le sang qui va couler de mes veines....

Elle met le manteau rouge et adresse des paroles d'adieu à sa famille. — Cris derrière la scène.

Le geôlier. — Hâtez-vous. N'entendez-vous pas les cris du peuple?

Charlotte. — Je viens à toi, Barbaroux, mon bien-aimé; je m'approche de la voie sanglante que tu as parcourue. Sois à la porte du ciel pour me recevoir et m'aider à obtenir la grâce de Dieu.

XXXIV.

CHARLOTTE CORDAY, *Drama in fünf Acten*, etc.
(CHARLOTTE CORDAY, *drame en cinq actes en
vers et en prose*, par Otto Girndt. *Œuvres dramatiques*, 2ᵉ volume. — Hamburg, Otto Meissner,
1867.)

PERSONNAGES :

Pethion,
Barbaroux, } Girondins, chassés de Paris, résidant à Caen.
Charette, chef des paysans révoltés de la Vendée, ci-devant
    officier de marine.
Hérault de Séchelles, Président de la Convention à Paris.
Max. Robespierre,
Jean-Paul Marat, } chefs des Jacobins.
Georges Danton, chef des Cordeliers.
Camille Desmoulins.
Chabot, nommé « le Moine furieux ».
Montané, Président du Tribunal révolutionnaire.
Chauveau-Lagarde, avocat.
Henriot, ancien laquais, chef des Sans-culottes, commandant
    de la garde civique de Paris.
Adam Lux, député de la ville de Mayence.
Samson, exécuteur de Paris.
Charlotte Corday.
Julie, femme de Danton.
Lucile, femme de Desmoulins.
Albertine, gouvernante de Marat.
Richard, concierge.
Sa femme.
Laurent Basse, colporteur du journal l'*Ami du Peuple*.
Robert, un enfant.

Un coutelier du Palais-Royal. — Une Marchande ambulante.
    — D'autres Marchands des Halles. — Députés de la Con-
    vention. — Juges et Jurés du Tribunal Révolutionnaire. —
    Volontaires, Citoyens et Citoyennes de Caen. — Gardes

nationaux. — Sans-culottes. — Femmes et enfants du peuple de Paris.

Le premier acte se passe à Caen, en Normandie, les quatre autres à Paris en juillet 1793.

(*Le manuscrit fait face au théâtre.*)

ACTE PREMIER.

Scène Ire. — CHARLOTTE ET ROBERT [1]. — L'enfant lui apprend que Barbaroux veut l'épouser. — Il lui remet une lettre que Barbaroux a reçue de Duperret. — Charlotte lit cette lettre, qui contient un exposé de la situation politique et qui retrace les menées de la Montagne, les menaces de Marat, etc..... Duperret termine en appelant instamment l'arrivée de l'armée de délivrance. — On entend retentir *la Marseillaise*. Ce sont les volontaires qui arrivent....

Scène II. — Discours de Petion aux volontaires. — Marat mort, Danton et Robespierre doivent tomber. — Cris des volontaires : Vive Petion ! A bas Marat !

Scène III. — Charette survient. — Il voudrait s'unir aux Girondins. — Mais il s'étonne et s'afflige de trouver le parti de ceux-ci aussi faible... aussi inactif. — Il faudrait, pour sortir de cet abîme, une levée en masse de la nation; il faudrait une Jeanne d'Arc [2] !

Charlotte, placée sur un balcon, entend ce mot, et pousse une exclamation ! — Charette reproche aux volontaires de

[1] Robert..., c'est le nom que M. Esquiros a donné à l'enfant auquel Charlotte de Corday laissa son carton à dessins en quittant Caen pour se rendre à Paris. Le fait en lui-même est exact : seulement le jeune Lunel, auquel ce présent fut fait par Charlotte de Corday, s'appelait Louis et non pas Robert. Ce nom est de l'invention de M. Esquiros.

[2] Ce passage est tiré presque textuellement d'Esquiros, p. 32 : « Charlotte Corday écoutait attentivement et recueillait une à une dans son cœur les paroles des orateurs girondins. Barbaroux présente un tableau sombre et lamentable des maux de la nation : « Sans une » nouvelle Jeanne d'Arc, s'écria-t-il en finissant, sans quelque libéra- » trice envoyée du Ciel, sans un miracle inattendu, ç'en est fait de la » France ! » Ces derniers mots fixèrent irrévocablement les destinées de Charlotte Corday. »

rester froids à son appel, tandis qu'une jeune fille en est touchée. — Il s'éloigne. — Les volontaires partent en chantant tristement *la Marseillaise*. — Barbaroux, resté seul avec Petion, lui avoue l'amour qu'il a conçu pour Charlotte de Corday, et Petion le lui reproche comme un crime envers la patrie.

Scène IV. — La nuit est venue. — Charlotte de Corday, restée sur son balcon et se voyant seule, donne tout haut un libre cours à ses pensées; le mot de Charette lui revient; Jeanne d'Arc!... c'était le rêve de sa jeunesse, la grande figure qu'elle adorait entre toutes : les instincts de l'enfance sont des prophéties. — Ici, Barbaroux s'approche du balcon; il veut entretenir Charlotte de son amour; elle ne lui répond qu'en lui parlant des malheurs de la France, en lui montrant Marat, dont le nom seul est un déshonneur pour l'espèce humaine.

Comment se fait-il que ce monstre respire encore, que Barbaroux ne parte pas à l'instant pour lui donner la mort au milieu du pandæmonium de la Convention? — Barbaroux recommence ses déclarations; il presse Charlotte de lui dire qu'elle l'aime. Elle répond : « Tant que la patrie attendra un sauveur, je ne connaîtrai pas l'homme que j'aime.

Barbaroux. — Dois-je donc désespérer?

Charlotte de Corday. — Oui, s'il faut désespérer de la France elle-même! »

Il s'éloigne. — Charlotte reste seule. — Monologue. — Elle s'affermit dans la résolution de s'immoler pour délivrer son pays. « Jeanne d'Arc arbora l'étendard des batailles; moi, je veux délivrer mon peuple des orages de la guerre, ramener des temps moins sombres, faire luire pour les Français un jour plus radieux, et arrêter la marche de la guillotine comme Josué arrêta le cours du soleil.... »

ACTE DEUXIÈME.

Scène I à VI. — L'intérieur de Danton. — Déjà Danton est triste et découragé. — Julie, sa femme, croit qu'il ne l'aime plus. — Danton la rassure. — Détails gracieux, mais qui ne seraient à leur place qu'une année plus tard, en avril 1794 et non en juillet 1793. — Camille Desmoulins arrive. — Long entretien entre les deux amis. — Camille veut que Danton se fasse proclamer Dictateur. — Danton lui demande s'il est fou. « Tu refuses, dit Camille. Eh bien, tu seras un second César, tu seras trahi comme lui ! » — Ici, changement à vue. — Le théâtre représente les arcades du Palais-Royal. — A droite, des magasins de modes. — A gauche, la boutique d'un coutelier. — Des crieurs se font entendre : « Les saucisses sans-culottes toutes chaudes à deux sous la pièce, des tartes à la Danton, des gâteaux à la Marat ! au plus juste prix », etc., etc. — D'autres offrent des chemises à la Robespierre. — Des enfants se réjouissent de n'avoir pas d'école le lendemain, parce que c'est la fête de la Bastille. — Samson (le bourreau) plaisante avec eux, et leur tire les oreilles. — Charlotte, qui est survenue, demande au coutelier quel est l'homme qui joue avec ces enfants. — Samson, qui a entendu la question, se présente lui-même et décline son nom à l'étrangère : « Je suis le citoyen Samson, l'Exécuteur de Paris. — Très-bien, dit Charlotte avec un sourire forcé. La République fait des progrès si les enfants grandissent sur les genoux du bourreau.

Samson. — Rien d'étonnant. Ma guillotine est la meilleure manière d'instruire la jeunesse…. Le jour où j'ai exécuté le Roi, je veux dire le citoyen Louis-Capet, les jeunes gens en ont plus appris que dans tout le cours d'une année chez le maître d'école…. Qu'étaient les Romains auprès de nous ! Ils bannissaient leurs rois, nous autres modernes nous les traitons plus radicalement. Où s'arrêtera le progrès de l'humanité sous l'impulsion de Marat le Grand ? »

Les voix précédentes : « Pâtés à la Marat, pâtés à la Marat ! »

Samson, à Charlotte. — Entendez-vous, citoyenne, les pâtissiers eux-mêmes célèbrent son mérite !

Charlotte ne répond pas, et examine la devanture du coutelier. — Celui-ci lui vante sa marchandise ; il lui offre un poignard à manche d'ébène, une pièce unique dans son genre, tranchant comme la hache de Samson, et qui couperait des têtes comme du beurre.

Samson. — Quel besoin la belle citoyenne peut-elle avoir

d'un poignard? De si ravissantes mains ne conviennent pas pour verser du sang. Permettez-moi de vous demander votre nom, aimable citoyenne?

CHARLOTTE, *le regardant fixement.* — Pourquoi?

SAMSON. — Ah! pardon.... Vous ne me connaissiez pas, vous êtes étrangère. Vous me voyez inoccupé aujourd'hui, parce que la République se prépare à fêter la prise de la Bastille. Mais si la maladie de foie de notre grand Marat lui permet de revenir après-demain siéger à la Convention, nous aurons bientôt de magnifiques spectacles à vous faire voir; car il y a dans les prisons deux cent mille suspects que Marat veut confier à ma machine. Je serais heureux, dans ce cas, de vous offrir une place commode pour assister à ces représentations grandioses. Vous vous intéressez, sans doute, aux exécutions? C'est uniquement dans ce but que je vous demande votre nom.

CHARLOTTE, *s'inclinant légèrement.* — Vous l'apprendrez quand il sera temps....

Des crieurs viennent vendre l'*Ami du Peuple.* — Samson fait la lecture publique d'un de ces numéros. — Marat réclame le supplice des deux cent mille détenus qui mangent le pain des citoyens; ceux-là exécutés, ce sera le tour de deux cent mille autres dont il donnera la liste...

Hurlements de la foule contre les prisonniers : « A l'Abbaye, à Bicêtre, à mort les traîtres qui mangent notre pain! Faisons un nouveau Septembre! Vive Marat, le père du peuple! Dansons la *Carmagnole* en son honneur! — Samson au milieu de la ronde. »

CHARLOTTE, *jetant un triste regard sur la foule.* — Le sang du monstre te guérira de ta folie; c'est moi qui te préparerai le bain dont tu as besoin, peuple malade. (*Prenant le poignard.*) Au fait, ce poignard me convient, je l'achète.

Au troisième acte, la scène s'ouvre chez Marat. — Il est malade, aigri, parvenu au dernier degré d'irritation. Il s'emporte contre Albertine, qui, dit-il, veut l'empoisonner. Il nie Dieu ou il le blasphème. Il veut guillotiner tout, jusqu'à l'habit qu'il ne peut ôter pour se mettre au bain. Vainement Albertine lui parle-t-elle de son amour pour lui. « L'amour est un crime; car c'est un mensonge. Haïr, mépriser ou craindre,

voilà notre nature. Nous sommes tous sortis des dents d'un.
dragon.... Tuer vaut mieux que vivre. » D'où vient son mal?
De la rage de ne pouvoir faire tomber assez de têtes avant de
mourir.... — Legendre, Maure et Chabot viennent visiter
Marat. — Long entretien sur le *Vieux Cordelier* de Camille
Desmoulins (un anachronisme), sur les événements du Calvados, etc. — Charlotte se présente. — Après les divers incidents
qui suivent son entrée chez Marat, elle reste seule avec lui. —
Il l'interroge. — Elle lui raconte ce qui se passe à Caen. Sept
des Girondins réfugiés y ont implanté la rébellion. — Marat
lui demande leurs noms. — Elle les lui dicte, et chacun de
ces noms est de sa part l'objet d'un commentaire. — Petion,
Lanjuinais, Buzot, Guadet, Louvet, Duchâtel, sont aussi
passés en revue. — Et quel est le septième?

CHARLOTTE, *d'un ton plus bas et tremblant légèrement.* —
Le septième... c'est Barbaroux!

MARAT. — Ah! toi aussi, mon Brutus; toi, l'Antinoüs des
dames! C'est bien, citoyenne, la République vous remercie.

CHARLOTTE. — Et quelle peine réservez-vous aux sept
proscrits?

MARAT. — Dans quinze jours la guillotine sera leur récompense.

CHARLOTTE. — Et toi, voici la tienne. (*Elle le frappe de
son poignard.*)

MARAT. — Au secours!

CHARLOTTE. — Point de secours! Ton haleine empoisonnée
est éteinte pour jamais!

Suit la scène ordinaire de l'arrestation, seulement l'auteur
y a mêlé Henriot et Danton.

Le quatrième acte est rempli par diverses scènes qui forment
autant de hors-d'œuvre. — Une explication entre Danton et
Robespierre. — Une séance (secrète) à la Convention dans
laquelle on brise le buste de Mirabeau pour inaugurer celui
de Marat, etc. — A la fin, Robespierre propose de brûler le
Vieux Cordelier de Camille Desmoulins, etc.

La quatrième scène se passe dans la salle du Tribunal Révolutionnaire. — Les débats sont terminés. — Chauveau-Lagarde
présente la défense de Charlotte de Corday. — Adam Lux, qui

est dans l'auditoire, le remercie hautement, et jette son nom
aux jurés et au Tribunal. — Les jurés se retirent. — Charlotte
adresse des paroles de remercîment à l'étranger qui a élevé la
voix en son honneur. — Elle croit entendre dans ces paroles
les premiers accents de l'immortalité. — Condamnation de
Charlotte. — Elle remercie ses juges. — Montané exprime le
regret de n'avoir pu prononcer une condamnation plus douce,
car, dans sa conviction, la malheureuse est folle et n'a pas
conscience de son crime. — Charlotte s'avance au milieu de
la salle et proteste en son nom, au nom de son sexe condamné
à une existence tellement insignifiante, qu'une femme est
traitée d'insensée quand elle se sacrifie pour la patrie ! « Ce
que j'ai fait, dit-elle, je l'ai accompli dans la foi profonde que
vous étiez indignés du joug de la Terreur et décidés à renverser le despotisme de la guillotine. La France se déshonore,
et la Révolution se noie dans des flots de sang. Mais vous,
vous n'êtes que les valets des valets du bourreau.... La liberté
est un rêve, le peuple est une ombre. J'étais républicaine !
J'abjure mon erreur. Vive le Roi ! Et maintenant j'attends
votre hache !

. ADAM LUX. — O fille céleste ! tu fais pâlir la gloire de
Brutus [1] ! »

CINQUIÈME ACTE.

Charlotte est dans sa prison. — Elle dort. — Richard, le
geôlier, et sa femme admirent son courage. — Ils ne veulent
pas l'éveiller, et déposent près d'elle une coupe *de vin et
d'eau.* — La femme Richard veut s'éloigner : les yeux fermés
de Charlotte lui font peur ; il semble qu'elle soit déjà morte !
« Oh ! plût à Dieu qu'elle le fût ! » dit Richard.
— LA FEMME RICHARD. — Je ne crois pourtant pas qu'elle soit
coupable... pas plus que moi.... Si je ne craignais pas la guillotine, je lui donnerais du poison !
RICHARD. — Sans doute, mais sortons doucement avec les
clefs.

[1] En criant : Vive le Roi ! l'inadvertance de l'auteur est étrange,
en vérité.

Charlotte, restée seule, s'est éveillée. — Longue dissertation sur les bienfaits du sommeil.

Charlotte s'attendrit en voyant les soins que les époux Richard ont pris pour elle pendant qu'elle dormait. — Bientôt on vient lui couper les cheveux. — Puis Samson entre. — Il est saisi d'effroi en reconnaissant la jeune fille qu'il avait admirée au Palais-Royal. « Elle, elle, condamnée! s'écrie-t-il. O Richard, charge-toi de ceci! » Et il lui jette le manteau rouge.

Derniers apprêts de la toilette. — Dernières recommandations de Charlotte. — Elle refuse un prêtre, et elle charge Richard de remettre une boucle de ses cheveux à l'un de ceux qui délivreront la France de ses tyrans (Barbaroux évidemment). — Elle marche ensuite à la mort....

Scène VI. — Il fait nuit. — Le théâtre représente la place des exécutions. — L'échafaud est recouvert d'un drap noir. — Danton, Julie, sa femme, Camille Desmoulins et Lucile viennent contempler le lieu où a péri Charlotte. — Desmoulins veut les arracher à ce spectacle. — Danton s'asseoit sur les marches de l'échafaud. — « Un ange l'a consacré aujourd'hui! » s'écrie Lucile. — Desmoulins reproche à sa femme la part qu'elle prend au destin de Charlotte. — Elle avoue qu'elle ne peut s'empêcher de l'admirer. — Danton l'approuve. — Longs discours avec Camille Desmoulins. — Sinistres pressentiments. — Il annonce que la lutte est engagée entre Robespierre et lui, qu'il faudra que l'un des deux monte par cet escalier sur lequel il est assis.

Scène VII et dernière. — Une patrouille passe. Elle emmène un prisonnier. — Camille Desmoulins reconnaît Duperret. — Qu'a-t-il fait? — Il a annoncé à Caen la mort de Marat. — « Voilà notre liberté! » s'écrie Danton, et le rideau tombe.

XXXV.

CHARLOTTE CORDAY, A PLAY, *in four Acts.* —
London, SIMPKIN, MARSHALL and Co. 1870. Grand
in-12 de cinquante et une pages. (CHARLOTTE COR-
DAY, *pièce en quatre actes.* — Londres, SIMPKIN,
MARSHALL et Cie. 1870. In-8° anglais de cinquante et
une pages. Sans nom d'auteur [1].)

La pièce est précédée d'un court préambule que nous tra-
duisons dans son entier, parce que l'auteur fait connaître
ses vues sur le théâtre et les circonstances au milieu desquelles sa pièce á été composée.

« L'AUTEUR s'est risqué à présenter un fait historique bien
connu, sous un costume nouveau, approprié exclusivement à
la scène (*Stage*). Il pense qu'un épisode, qui remua le cœur de
l'Europe, même au milieu de la fièvre de la Révolution et de
la guerre, doit, s'il est habilement traité, exciter encore de
l'intérêt. Dans le cas où la pièce serait jouée et tomberait, la
faute n'en serait imputable qu'à lui-même; car en dépit des
théories récemment imaginées sur la « décadence du drame »,
il lui a été impossible de trouver une œuvre d'un mérite réel et
convenablement représentée, qui n'ait pas eu de succès. En
Angleterre, les amateurs de théâtre ne demandent après tout,
suivant l'opinion de l'auteur, qu'une chose, c'est la même
diététique que par le passé. Aujourd'hui comme autrefois,
les *Dieux* [2] applaudissent quand la *Beauté* et la *Vertu* sont

---

[1] Nous avons appris que l'auteur est M. C. E. Giles, Esq., de Londres.

[2] *Gods*, ce que nous appelons vulgairement le *Paradis* et ce que
les Anglais appellent aussi par ironie l'*Olympe*, les *Dieux*, ceux qui
occupent les places les plus élevées de la salle.

Une partie de cette préface n'est autre chose qu'une mosaïque

vengées de leurs ennemis; de nos jours comme dans le siècle d'Homère ou de Shakspeare, il faut pour émouvoir la fibre populaire « des farces de bouffons ou des scènes de combats [1] »; maintenant comme toujours, « le fretin du parterre [2] » passe alternativement du rire aux larmes avec une égale facilité, « ayant donné son argent pour s'amuser de confiance [3] »; enfin, dans notre âge comme dans tous les temps, « les Demi-Dieux des régions moyennes viennent seulement pour voir une pièce ou deux, résignés à accepter tout ce qui est supportable [4], et

formée avec des citations de Shakspeare. L'auteur n'a pas indiqué les pièces d'où ces citations sont extraites, et cela pouvait être inutile en Angleterre. Nous croyons devoir en agir autrement pour ceux de nos compatriotes moins familiers avec le théâtre de Shakspeare, et, avec l'aide de M. Giles lui-même, nous signalons les sources auxquelles il a puisé.

[1] . . . . Such a show
« As fool and fight is. »

Vers 18 et 19 du prologue du roi *Henri VIII*.

Suivant M. Guizot, ce prologue est attribué à Ben Johnson : il traduit les mots cités par ceux-ci : « Une pièce gaie et licencieuse. » Quel que soit notre respect pour une pareille autorité, nous nous permettrons de lui opposer l'interprétation de M. Giles, qui explique ainsi ce passage dans une lettre qu'il a bien voulu nous écrire : « Fool and fight refers to the low delight taken by the audience in the jesters and mock battles of the stage in Shakspeares time. »

[2] « The lower world of *groundlings* », littéralement : « Le bas peuple des *melets* », espèce de petits poissons, expression empruntée à Shakspeare pour désigner le parterre. V. *Hamlet*, acte III, scène ii, conseils donnés aux comédiens.

« It offends me to the soul, to hear a robustious... fellow tear a passion... to split the ears *of the groundlings*. »

[3] Vers 7 du prologue de *Henri VIII* déjà cité ci-dessus :

. . . . Such, as give
Their money out of hope they may believe,
May here find thruth too.

« Ceux qui donnent leur argent, dans l'espoir de voir des pièces susceptibles d'être crues, trouveront ici la vérité. »

[4] Vers 9 du même prologue :

. . . . Those, that come to see
Only a show or two, and so agree
The play may pass.

« Ceux qui viennent pour voir une pièce ou deux et convenir que la pièce peut passer. »

(plus désireux, dit-on, de montrer leurs nobles personnes que de regarder le spectacle) ils prouvent par leur calme indifférence, qu'ils ne sont bien réellement « ni de la terre ni du ciel [1] ».

L'auteur se soumet volontiers à être jugé par cette cour, parce qu'il croit que ses verdicts sont justes, en somme, et que ses arrêts quels qu'ils soient sont définitifs. Les critiques se trompent souvent; mais les décisions du public sont généralement basées sur le sentiment du vrai, quand il ne s'agit pas de vérités d'un ordre trop élevé.

L'auteur dédie donc cette esquisse au peuple Britannique; et si la fanfare guerrière, si peu agréable aux Anglais, retentit en ce moment, il faut se rappeler que l'ouvrage fût écrit en 1869, dans ces jours de paix, où les paysans de l'Alsace et des bords du Rhin se reposaient tranquillement sous leurs treilles, sans que personne songeât à les effrayer.

Juillet 1870.

PERSONNAGES REPRÉSENTÉS.

Monsieur Corday, *père de Charlotte Corday.*
Franquelin, *amoureux de Charlotte Corday.*
Robert Lamont, *amoureux d'Élise.*
Barbaroux,
Petion, *Députés Girondins fugitifs.*
Buzot,
Un officier de l'armée. — Afficheur. — Compagnie de police, Soldats. — Geôlier. — Citoyens. — Orateur. — Artiste.
Marat, *le chef excitateur du peuple.*
Des prisonniers dans la prison d'Argentan.
Lanze (sic) de Perret *, *un Député Girondin à Paris.*
Madame de Bretteville, *tante de Charlotte Corday.*

[1] « Nor of earth nor heaven »; *les Deux Gentilshommes de Vérone,* acte V, scène iv, vers 78 :

> Who by repentance is not satisfied,
> Is nor of heaven, nor earth...

« Celui qui n'est pas désarmé par le repentir n'est ni du ciel ni de la terre. »

* Lisez Lauze.

Charlotte Corday, *jeune fille normande.*
Élise, *sa sœur.*
Martha, *une vieille servante.*
La femme du geôlier. — Une mère et son enfant. — Femmes.
La pièce se passe en juillet 1793.

ACTE PREMIER.

Scène Iʳᵉ. — Une ferme près d'Argentan. — Élise, assise auprès d'un rouet à filer. M. Corday se préparant à la quitter.

M. Corday va presser la rentrée de ses foins avant l'orage. Il recommande à sa fille de veiller sur la porte, et de la tenir fermée, de crainte des soldats qui parcourent les routes, les uns, pour aller combattre les Autrichiens en Belgique, les autres, pour se rendre à Caen et s'enrôler sous les drapeaux de la guerre civile. Quelques paroles douloureuses lui échappent sur le sort de la France qui ne se guérit des misères de la Royauté que par les saignées sans fin que lui fait la République! (*Exit.*)

Élise, restée seule, plaint son père, qui, aristocrate de naissance, républicain de vieille date, a sacrifié sa modeste fortune à ses opinions, à ses rêves. La *Liberté*, l'*Égalité*, ces mots qui semblaient promettre le ciel, la font sourire. Il n'en est pas de même de sa sœur Charlotte, qui ressemble à son père; aussi elle lui laisse le soin de l'État pour s'occuper de son rouet, et elle brave ainsi les coups de la Fortune. — Ceci dit, elle se met à filer en chantant une chanson, qui n'est que le développement de cette pensée : que la fortune fasse tourner sa roue, qu'elle abaisse les hommes ou qu'elle les élève, que le Sort tisse la trame des destinées pour le bien ou pour le mal, Sort et Fortune je les défie, en faisant aussi tourner ma roue rapide.

> Fate and Fortune I defy,
> Wile my wheel I quickly ply.

Lamont vient interrompre ce refrain d'Élise. — Il lui parle assez gauchement de son amour. — La jeune fille le raille et

le provoque par une coquetterie gracieuse : mais la scène
change. — Des soldats entrent, ils sont ivres, insolents, Élise
est obligée d'invoquer la protection de Lamont. Celui-ci s'emporte. — Une querelle s'engage. — L'officier qui commande
se retire, en faisant entendre des menaces contre Lamont,
qu'il déclare être un royaliste ou un insurgé.

Élise presse Robert de fuir en Angleterre. — Il s'y refuse.
— Quel prix aurait pour lui la vie par delà les mers, sous
un climat brumeux, dans un pays avide d'argent[1]? Un lien
d'ailleurs le retient en France, un lien qui pour Élise n'est
qu'un de ces fils aussi délié que ceux de son rouet, et pour
lui une chaîne qu'un Hercule ne romprait pas !

Élise avoue alors, ce qu'elle n'aurait pas fait dans un
temps plus heureux, son amour pour lui. — Sans son père
elle partagerait son sort, et les amertumes de cet exil, à
deux, deviendraient du bonheur. — Elle le supplie de fuir la
nuit même, et de se rendre à Jersey, où elle lui fera passer
des nouvelles de ses amis, et tout ce qui pourra lui être
nécessaire.

Robert, sûr de l'amour d'Élise, consent à fuir. M. Corday,
qui rentre des champs, apprend tout de la bouche de sa fille,
et se joint à elle pour conjurer Robert de ne pas perdre une
minute. — Il va partir, — lorsqu'un officier municipal, accompagné de soldats, entre et l'arrête. — Robert se soumet.
— Tendres adieux d'Élise.

M. Corday. — Souviens-toi que de ce jour tu es mon fils et
qu'un des enfants les plus célèbres de la France, à nous uni
par le sang, a dit ces nobles paroles :

> Le crime fait la honte et non pas l'échafaud.

Scène II. — Une rue de Caen. — Un afficheur. — L'auteur a mis fort habilement dans la bouche d'un afficheur des
détails propres à faire connaître la situation des partis en

---

1   What's life to me, being exiled o'er the sea
     To England's foggy money-loving land.

Épigramme singulière dans la bouche d'un Anglais, qui a supposé
être ici l'interprète de nos préjugés contre l'Angleterre.

France, en 1793, les mouvements de l'opinion, etc...., toutes choses qui ont leur raison d'être pour un public étranger et dont l'analyse chez nous serait superflue.

BARBAROUX, FRANQUELIN.

Barbaroux demande à Franquelin s'il ne va pas rejoindre l'armée. Franquelin reste retenu par un amour profond, invincible, inconnu de celle qui en est la cause inconsciente (*inconscious*).

Quel est son nom? lui dit Barbaroux, et Franquelin ne fait pas de difficulté d'avouer que cette femme qu'il aime est mademoiselle Charlotte Corday d'Armans.

Comment! s'écrie alors Barbaroux, ma belle visiteuse patriote, celle qui est venue si souvent au palais de l'Intendance me demander le résultat de nos dernières réunions? C'est elle qui est l'objet de votre amour! Vous êtes heureux si vous avez su gagner son sourire. Peu de jeunes filles en Normandie ont sa réputation de beauté et de vertu. Je ne lui ai pas vu de rivale; elle réunit dans sa personne la grâce aristocratique de la haute naissance, au large front et à la physionomie franche du peuple. Adieu, ami, je vous laisse à ses bons enseignements, sûr que son élève ne faillira pas. Vous marcherez avec nous ou vous n'aimez pas Charlotte Corday.

(*Exeunt*. La scène est finie.)

ACTE DEUXIÈME.

SCÈNE Iʳᵉ. — Caen. — La cour du grand manoir. — Charlotte Corday est assise sur la margelle de la fontaine, lisant les *Vies de Plutarque*. Elle se lève et s'avance sur le devant du théâtre.

CHARLOTTE. — O grands jours des temps antiques! Comme il était glorieux d'être au monde, quand les hommes étaient des hommes et savaient vivre et mourir pour de nobles causes! Aujourd'hui tout paraît pauvre, mesquin, égoïste auprès d'eux. Les tyrans sont toujours cruels comme autrefois; mais le glaive d'Harmodius ne se lève plus : la France est dominée

par des misérables qui ne valent pas le dernier des Césars.
Cassius ne revient pas : il n'y a plus de Brutus qui tire son
poignard contre son ami, de crainte que la Vertu ne meure [1].
Quand l'homme manque, que peut faire la femme? (*Elle
s'assied rêveuse sur la margelle.*)

FRANQUELIN entre, il apporte de bonnes nouvelles à Charlotte :
l'armée de Caen marche sur Paris. — Charlotte respire....
malgré le livre héroïque qui est entre ses mains, elle doutait
de la justice.... Mais quel nuage assombrit le front de Franquelin? Il apprend à Charlotte l'arrestation de Robert. C'est
sa condamnation, dit Charlotte, c'est celle de ma sœur! Tout
ce qui est honnête va périr; le crime seul règne! O Franquelin! vous rejoindrez, n'est-ce pas, les rangs des patriotes,
vous sauverez notre pays!

Un mot de Charlotte est un ordre pour l'homme qui l'aime.
— Il est prêt à partir, mais il craint pour ceux qui restent,
pour Charlotte, pour son père, sa sœur elle-même. — Il la
supplie de lire dans son cœur.

CHARLOTTE. — Pardonnez-moi, Franquelin; dans ces jours
de deuil, il ne doit point y avoir de voiles entre des âmes amies.
En un temps ordinaire j'aurais été contente de passer une vie
tranquille dans la maison de mon père.... J'aurais été sensible à votre estime; vous n'auriez pas trouvé de froideur en
moi. — Aujourd'hui, je ne suis pas faite pour être une femme
heureuse....

Et l'amour du pays remplit mon cœur trop complétement
pour laisser place à un autre amour.

Elle ne veut pas cependant désoler Franquelin, et elle lui
donne son portrait, qu'elle suspend elle-même à son cou.

Transport de Franquelin. — Protégé par ce talisman, il
reviendra sain et sauf; il court à la revue des volontaires,
passée par Wimpffen. — Adieu. (*Exit.*)

---

[1] Peut-être y a-t-il là une allusion lointaine à ce passage de la
harangue de Brutus aux Romains dans le *Julius Cæsar* de Shakspeare,
acte III, sc. II :

« Ainsi que j'ai tué mon meilleur ami pour le bien de Rome, de même
je garde ce poignard pour moi dès que ma patrie jugera ma mort nécessaire. »

CHARLOTTE. — Adieu ! Ce mot si simple n'a pas pour lui le même sens que pour moi. . . . Pour lui, il renferme une espérance, mêlée à des craintes. Pour moi, il n'est plus ni crainte ni espérance.

Les hommes sont aux prises avec les hommes dans la grande lutte de la vie. — Les femmes restent assises au foyer domestique dans la stupeur et dans le deuil. Il y a eu pourtant dans les temps anciens, des Judith, des Deborah et d'autres encore.... Pourquoi ne me serait-il pas donné de tuer un tyran et de sauver la France? Oui, abréger la guerre, sauver nos amis; donner ma vie pour eux, pour la Liberté, la Vertu, la Patrie! Tremble, Marat! une fille de la Normandie, une simple jeune fille, se dresse dans ton chemin sanglant, et pour délivrer son pays de tes cruautés elle saura mourir.... (*La voix de madame de Bretheville se fait entendre. — Elle appelle sa nièce. — Charlotte lui propose de la conduire à la place Royale, où doit être passée la revue des volontaires* [1].

SCÈNE II. — Les volontaires rangés sur la place Royale (appelée récemment place de la République). — Le général et son état-major avec les Députés Girondins, inspectant les troupes; le peuple autour. — Charlotte Corday entre avec sa tante.

Charlotte Corday fait asseoir sa tante sur une chaise. Buzot et Barbaroux s'approchent. Barbaroux débite à Charlotte des compliments et des fadeurs. — Elle lui demande une lettre de recommandation pour Paris, où elle va solliciter en faveur d'une de ses amies d'enfance. Barbaroux lui promet de lui envoyer le soir même une lettre adressée à de Perret, un Girondin dévoué. — Remercîments et adieux de Charlotte à Barbaroux. — Buzot et Barbaroux sont émus : la beauté de la jeune fille, ses paroles empreintes de mysticisme, son air tragique leur font deviner que quelque pensée inconnue se cache derrière ce voyage à Paris....

Buzot, pressé par Petion, adresse un discours aux soldats et au peuple. — Ensuite, défilé au bruit de la *Marseillaise.* —

---

[1] Nous supprimons ici une foule de détails forts ingénieux, mais qui seraient mieux à leur place dans une comédie que dans un drame.

Charlotte Corday pleure. — Ici l'auteur a placé le mot de Petion à Charlotte. (V. Dossiers de C. C., 2ᵉ annexe, p. VIII.)

Scène III. — Argentan. — **La maison de M. Corday.** — On frappe très-fort à sa porte.

Élise n'ose ouvrir. — Elle ne s'y décide qu'après avoir placé près d'elle l'arme de son père. — Un officier entre. — C'est celui qui assistait à l'arrestation de Robert. — Il raconte que ce dernier, traduit devant le Tribunal, aurait été condamné à mort, si, appelé comme témoin, il n'avait déposé de la manière la plus favorable pour la défense. Robert n'a été condamné qu'à l'emprisonnement, et encore la peine pourra être allégée. — Élise exprime **toute sa gratitude** pour l'officier; mais il veut autre chose.... Il cherche à embrasser la jeune fille. — Elle se saisit du pistolet et en menace son agresseur. Il veut la désarmer, elle fait feu sur lui, le manque, et elle va succomber, lorsque Franquelin paraît. — Il vole au secours d'Élise. — Une lutte s'engage. — L'officier tombe mort. — M. Corday arrive. Il est effrayé du combat sanglant livré chez lui. Franquelin le rassure. — L'armée des Girondins est en marche, le règne de Marat sera court. — En attendant il faut délivrer Robert. — Franquelin a le mot d'ordre de la prison, il le donne à M. Corday.

Scène IV. — Argentan. — Intérieur de la prison. — Une vaste salle pleine de prisonniers de tout âge et des deux sexes. — Robert Lamont est parmi eux.

Robert distribue des consolations et des encouragements aux prisonniers. — Peinture des différents détenus. L'un noie ses peines dans le vin; l'autre est stoïque. — Tout à coup Robert aperçoit Élise, drapée dans une mante; elle lui apprend que son père est avec elle, que les Girondins approchent. — On entend des coups de fusil; les prisonniers tremblent. Robert les rassure; il les engage à se jeter sur les gardiens au premier signal. — On entend un feu de mousqueterie. — Les gardiens s'avancent, criant : Mort aux prisonniers! Ceux-ci se jettent sur eux et les désarment. — En même temps Franquelin entre à la tête des Girondins. — (*Exeunt omnes.*)

ACTE TROISIÈME.

Scène Iʳᵉ. — Une salle dans le grand manoir. — Charlotte à genoux auprès de sa tante, qui est assise. — Marthe allant et venant sans relâche.

Marthe gronde amicalement Charlotte de son projet de départ. — Cette idée lui est venue depuis qu'elle a eu le tort de parler à des gens venant de Paris. Elle n'a jamais pensé de bien de ces faiseurs de beaux discours.

Charlotte apprend à sa tante la résolution qu'elle a prise. — La cause qu'elle avait embrassée est perdue. — Caen est menacé par Marat, et tous ceux qui s'étaient déclarés pour les Girondins n'ont point de merci à attendre. Elle fuit de peur de compromettre ses amis, et se retire à Londres avec des parents à elle, qui passent en Angleterre.

Madame de Bretheville ne comprend pas que Paris vienne porter le trouble jusqu'au milieu de Caen. — Dans sa jeunesse on vivait tranquille, le roi dirigeait tout et tout allait bien. — Maintenant ils l'ont tué et tout va de mal en pis.... — Madame de Bretheville se résigne au départ de sa nièce, et lui fait seulement promettre de revenir, de manière qu'elle puisse la revoir une fois avant sa mort....

Scène II. — Les environs de Vernon. — Girondins fugitifs. — Franquelin caché dans les broussailles.

Traîtres, scélérats, royalistes.—Les soldats en fuite échangent des reproches. — Les uns se déclarent pour la République. — Les Girondins accusent Wimpffen de n'avoir exposé qu'eux au feu de l'ennemi. — Ils menacent leurs camarades de les dénoncer. — Ceux-ci répondent que c'est le moyen de se faire tous guillotiner. — Ils disparaissent en jurant, s'ils échappent, de ne plus se mêler de politique. — Monologue de Franquelin. — Il envie le sort de ces soldats, qui ont une foi, un parti. — Lui, il n'est que l'esclave de l'amour, le Député d'une jeune fille, envoyé par elle sur le champ de bataille pour défendre sa cause.... Hélas! cette cause est perdue. Marat règne à Paris, altéré de sang et de vengeance contre Caen menacé! Puissent ces loups dévorants épargner la beauté, ou le faire périr avec elle! mourir ainsi serait encore remporter la victoire.

Scène II. — Charlotte endormie, à demi habillée, les cheveux épars. — Une lampe près de s'éteindre. —Une table avec une *Bible* ouverte. — Les premières lueurs du soleil levant. — Elle parle pendant son sommeil et s'agite sans relâche.

Charlotte. — Je suis prête, oui, je viens! (*Elle s'éveille et s'assied sur son lit.*) Quelle voix ai-je entendue crier : *Viens!* Je voyais sur une place publique une immense foule assemblée, allant, venant, poussant des cris sauvages contre quelque chose de lointain, contre une forme humaine liée, couchée sous le triangle d'acier suspendu : j'ai entendu un hurlement infernal, et puis j'ai vu, tenue par la main du bourreau, la tête d'une femme, et j'ai reconnu la mienne. O Dieu! ce spectacle aurait jadis glacé mon sang; mais tel est aujourd'hui le courant qui emporte ma vie, que l'aspect de la mort n'a plus le pouvoir de m'effrayer. Je vais au-devant de l'arrêt que mon rêve m'a montré; je vais donner ma vie pour mon pays, et en mourant mettre un terme au règne de la mort. (*Elle se lève et tourne les feuillets de la Bible.*) Lorsque autrefois la cité juive était enveloppée par l'ennemi et craignait de tomber en son pouvoir, sa délivrance miraculeuse fut opérée par la main d'une femme. — Cela est écrit ici. — L'oppresseur tomba sous son glaive et le Ciel bénit son action. (*Elle se laisse aller à une sorte d'extase. — On entend de la musique et des chants dans la maison voisine.*) — Elle se lève doucement et écoute. — Une voix d'homme fait entendre une chanson patriotique, semblable à la *Marseillaise,* dont le refrain est : « Vengeance et mort à la tyrannie! »

> Vengeance! Death to tyranny!
> Hail the dawn of liberty,
> Vengeance, death to tyranny!

Charlotte. — Tout me pousse, tout. Je veux partir avant que la maison soit éveillée. Une lettre pour demander pardon à ma bonne tante.... Mes bijoux à ma chère Élise.... Un souvenir à la pauvre vieille Marthe.... et pour moi, rien....

Les soins personnels sont inconnus à qui s'élance dans l'inconnu de l'avenir !...

Scène IV. — Caen. — L'afficheur et les citoyens. — Scène humouristique qui ne marche pas au but de l'action, et qui, nous l'avons dit, ne peut entrer dans une analyse comme la nôtre[1]. — Deux soldats du parti de la Gironde hués par la populace. — Petion et Barbaroux.

Petion et Barbaroux déclarent la cause de la Gironde perdue. — Il ne leur reste plus qu'une ressource, c'est de se refugier à Bordeaux au milieu de leurs amis.

Franquelin. — Il apprend de Barbaroux que Charlotte Corday est partie pour Paris. Mais, objecte Franquelin, elle a écrit à ses parents qu'elle se rendait en Angleterre. — Il soupçonne quelque dessein funeste. — Son désespoir. — Son amour.

Barbaroux ne s'occupe, lui, que de la patrie. Le flot de ses malheurs monte chaque jour plus haut et engloutit toutes les institutions publiques, toutes les fortunes privées ! La France n'a brisé ses fers que pour échanger sa liberté contre son agonie. . . . Une seule espérance surnage : c'est que les siècles futurs profitent de ces désastres, car la mort suit la vie et la vie suit la mort. (*Exit.*)

ACTE QUATRIÈME.

Scène I. — Paris. — La maison de Lauze de Perret. — Charlotte et Lauze de Perret, assis.

L. de Perret. — Vous êtes venue ici hier soir, en mon absence, et vous avez laissé une lettre ?

Charlotte. — Oui, une lettre du citoyen Barbaroux.

L. de Perret. — Mon ami, et le vôtre, il me semble ?

[1] Une courte citation suffira pour en donner une idée :

« Quelle est ton opinion sur ce qui se passe? dit l'un des citoyens à l'afficheur. — Son opinion ! répond un autre citoyen, il a couvert les murs de Caen de proclamations du Roi et de la Convention, des Royalistes et des Républicains, des constitutionnels et des anarchistes, et il aurait une opinion !

» *L'afficheur.* Il n'y a qu'un sot qui n'ait qu'une opinion. Il faut avoir des opinions assorties pour tous les temps : est-ce qu'on porte le même habit en hiver et en été? Et en conscience, la vérité n'a-t-elle qu'une face? »

Charlotte. — Une cause commune et un danger commun unissent les vrais patriotes.

L. de Perret. — Notre cause! elle est perdue, le danger seul nous reste. Hier soir, un décret a prescrit l'apposition des scellés sur nos papiers. Prenez garde à vos paroles, si vous restez longtemps dans Paris. Quant à l'affaire de votre amie, mon concours est à votre service; mais, franchement, je crains de ne pouvoir vous être d'une grande utilité : le Ministre m'a déjà porté sur la liste des suspects, et vous n'avez pas de pouvoirs de votre amie pour agir en son nom.

Charlotte. — N'en parlons plus... Je vous remercie de vos bonnes intentions; rien ne presse; vous avez le temps d'y réfléchir.

Maintenant, citoyen, et avant que je parte, permettez-moi un mot d'avertissement : fuyez cette nuit, de Paris, fuyez avant que le soleil de demain ne soit levé; oh! fuyez loin de cette ville, le danger est suspendu au-dessus de votre demeure; votre tête est menacée; à Caen, vous trouverez protection auprès de ceux de votre parti, et vous pourrez fortifier leurs faibles mains par votre présence; fuyez!

L. de Perret. — Mon poste est à Paris; c'est là que mon devoir me retient.

Charlotte. — Adieu donc! et rappelez-vous, citoyen patriote, de mon avertissement avant qu'il ne soit trop tard. Adieu. (*Exit.*)

L. de Perret. — Ses paroles n'ont pas un accent ordinaire. Comment une fille de province [1] peut-elle savoir des secrets dont je n'aie pas la clef? Elle me regardait, en me parlant, avec une pénétration... Sa langue ne semblait pas dire la moitié de ce qu'elle savait... Mais quel puissant motif arrêtait ses paroles? Est-ce une de ces fanatiques que nos temps fiévreux ont transformées en prophètes?... Je m'y perds...

Scène II. — Le jardin du Palais-Royal. — Le peuple, assemblé en foule, gesticulant et parlant.

---

[1] *A country maiden.* L'auteur a représenté Charlotte comme étant d'une naissance et d'une figure aristocratiques. (Acte Ier, scène ii, ci-dessus.) Nous croyons donc que *country maiden* signifie ici une provinciale et non une fille des champs.

dd.

PREMIER CITOYEN. — Aux armes!

DEUXIÈME CITOYEN. — Mort aux aristocrates!

TROISIÈME CITOYEN. — Mort aux Girondins! (*Un orateur monte sur une chaise et dénonce les Girondins.*) Faut-il attendre qu'ils tirent leurs poignards pour nous en frapper ou prendre les devants contre eux? (*Longues déclamations.*) Il faut assommer ces monstres! (*Charlotte, qui est entrée pendant cette scène, écoute.*)

PREMIER CITOYEN. — Longue vie à Marat!

DEUXIÈME CITOYEN. — C'est l'ami du peuple!

PREMIER CITOYEN. — Ainsi que Danton et Robespierre!

TOUS. — Voilà nos amis!

UNE VOIX. — Marchons sur la Convention et réclamons un décret contre les riches!

UNE AUTRE. — Et le partage des biens! Que nul n'ait plus le droit de porter de soie ni de velours!

TOUS. — Marchons! (*Ils s'en vont en chantant la* Marseillaise.)

CHARLOTTE, *à une citoyenne.* — De qui donc demandent-ils la mort?

LA CITOYENNE. — Des Girondins, parce qu'ils sont tous les ennemis de la République et que Marat dit qu'il faut abattre cent mille têtes.

CHARLOTTE. — Et quel est leur crime?

LA CITOYENNE. — Leur crime? Ils nous font mourir de faim, ils trament un complot pour assassiner la moitié de Paris, ils veulent ramener les nobles; Marat seul, notre ami, a découvert la chose à temps.

CHARLOTTE. — Je suis étrangère et aimerais bien voir Marat, votre ami. Est-il à la Convention?

LA CITOYENNE. — Non, pauvre âme! il est malade chez lui, épuisé pour la cause du peuple. Ah! c'est là un homme pour les pauvres! Danton et Robespierre sont bons, mais ils ne valent pas Marat. (*Exit.*)

CHARLOTTE. — Je ne puis y tenir plus longtemps, tout mon sang est en feu; la vie des meilleurs citoyens n'est qu'un jeu pour d'infâmes assassins n'ayant ni cœur ni âme, bêtes sauvages aux pieds desquelles la France est prosternée, comme si

elle était plongée dans le délire!... Marat, ton arrêt est scellé :
ma vie pour la tienne...; le ciel prend pitié de toi en finissant
tes crimes... Et vous tous qui souffrez, courage! Si ma vie
peut arrêter le bras ensanglanté du tyran, ce jour fermera sa
liste fatale!... Voilà une boutique qui m'offre dans ce couteau
à la lame aiguisée tout ce qu'il faut pour l'accomplissement de
mon dessein. (*Elle entre dans la boutique d'un coutelier et en
ressort en cachant un couteau.*) Oh! dire que c'est la voie du
salut pour le pays et que pas une goutte de sang n'a encore
souillé cette main! Il le faudra cependant!... Faisons ce sacrifice à la mort pour acheter leur vie. (*Elle s'assied sur un banc;
une petite fille accourt vers elle.*) Dites-moi votre nom, mon
enfant.

L'ENFANT. — Marie.

CHARLOTTE. — Un beau nom! Avez-vous votre maman?

L'ENFANT. — Oui; elle est avec Louise.

CHARLOTTE. — Et que faites-vous tout le jour?

L'ENFANT. — Je joue.

CHARLOTTE. — Et êtes-vous bien heureuse?

L'ENFANT. — Qu'est-ce que cela?

CHARLOTTE. — O ciel! quelle ignorance fortunée! Elle ne
sait ce que c'est que le bonheur! (Développements, etc.) Sa vie,
pure et sans trouble, s'écoule limpide comme le cours d'un
ruisseau sous un beau ciel d'été... etc.

L'ENFANT. — Pourquoi regardez-vous ainsi et parlez-vous
au ciel?

CHARLOTTE. — Parce que le ciel est brillant et splendide...
Mais voyez, mon enfant, votre mère vous cherche. Ne m'oubliez pas quand vous reviendrez jouer, dans ce magnifique
jardin, avec vos amies. Peut-être ces bonbons parviendront-ils
à aider votre jeune mémoire[1]. Adieu, mon enfant. (*La petite
fille s'en va en courant.*) Combien la vie est étrange! les
enfants continuent leurs jeux; des milliers d'hommes se lèvent
et se couchent en paix dans ce même Paris, où la guillotine

[1] Voici donc l'épisode de l'enfant arrivée à son apogée; après les
caresses, les contes; après les contes, les bonbons! V. ci-dessus
p. CCCXXXIX.

fauche des têtes comme les moissonneurs abattent les épis du blé, et des gens, par centaines, vivent de cette vie horrible, courbés sous un destin fatal qui peut les atteindre avant leur réveil!... Mais maintenant, marchons sur les traces du monstre et tâchons de découvrir sa caverne ; elle ne peut être inconnue dans ces lieux. (*Charlotte demande l'adresse de l'Ami du Peuple; on lui indique la rue de l'École-de-Médecine.*)

Scène III. — L'appartement de Marat, nu et sale. — Il est assis à une petite table, écrivant, vêtu d'une vieille robe de chambre, sans cravate. — Un imprimeur attendant des épreuves, et des afficheurs.

Marat donne ses ordres aux imprimeurs et afficheurs, etc.; ensuite, dans un monologue, il revient à ses préoccupations et à ses inquiétudes : les traîtres remplissent les rangs de l'armée et les bancs de la Convention; l'or de l'Angleterre et l'espionnage de l'Autriche corrompent tout; Robespierre et Danton pourraient lui inspirer quelque confiance, si l'un n'était un être corrompu, si l'autre n'était un pur pédant.

Marat. — Moi seul connais l'opération propre à nous guérir de tous nos maux : il nous faut trois cent mille têtes pour que la cure soit complète!...

Albertine. — Votre bain est prêt.

Marat. — Et moi aussi. Ma plume, mon papier, de l'encre, une tablette pour écrire dans ma baignoire...

Il passe dans une salle de bains contiguë. — On entend une violente altercation. — Charlotte veut forcer les portes; Albertine s'y oppose. — Marat donne l'ordre de la faire entrer. — Elle salue Albertine avec grâce. — Celle-ci, tout en murmurant, la fait asseoir dans la pièce attenante au cabinet.

Marat, *de son bain, après quelques questions préliminaires.* — Je connais tous ces traîtres (Petion, Buzot, Roland, Louvet, Barbaroux), j'en ai la liste; avant huit jours, ils auront monté sur l'échafaud : la guillotine les attend. Alors malheur à Caen et à ses habitants! Je te le dis, jeune fille, il me faut cinq mille têtes des plus notables, d'hommes et de *femmes,* aussi, entends-le bien. Tu es de Caen, et tu dois connaître ceux qui trahissent : dénonce-les-moi, donne-moi les noms de ceux que tu connais; peu importe qu'ils soient tes amis; traite comme ennemi quiconque favorise les conspirateurs; ne pas le dénoncer, c'est se rendre son complice. Femmes, filles, sœurs, amants, tâteront tous de la guillotine s'ils dérobent un criminel à ma vengeance !

CHARLOTTE, *de sa place.* — Citoyen Marat, je connais votre zèle et je suis prête à vous venir en aide. J'ai là quelque chose que vous serez aise de voir; puis-je m'approcher de vous?

MARAT. — Oui, viens, je prendrai de tes mains, ce que tu as à m'offrir, tu peux entrer. (*Charlotte tire son couteau, pénètre dans la salle de bains, frappe Marat, et ressort en jetant l'arme au loin.*)

MARAT. — Au secours! au secours! je meurs!

Albertine accourt en poussant des cris perçants et s'évanouit. — Les imprimeurs et autres ouvriers entrent; ils s'emparent de Charlotte. — Albertine, revenant à elle, s'élance sur Charlotte et veut la tuer. — Intervention des soldats.

ALBERTINE *se désole.* — O Marat! Marat!

CHARLOTTE. — Ciel! est-il possible! cet homme était aimé! (*Le peuple se jette sur elle; les soldats la protégent avec peine.*) Non, livrez-moi à leurs mains : les hommes qui pleurent cette mort sont dignes d'être mes assassins!

LE COMMISSAIRE, *en écharpe.* — Où est la meurtrière?... Quoi! une simple jeune fille!... Qui vous a envoyée pour commettre ce crime? Êtes-vous Royaliste ou Girondine? Parlez.

CHARLOTTE. — Je suis Patriote et Républicaine!

LE COMMISSAIRE. — Quel motif a poussé votre bras?

CHARLOTTE. — L'amour de la France, la haine des tyrans.

TOUS. — Livrez-nous-la, nous allons la déchirer par morceaux!

CHARLOTTE. — Oh! faites-moi mourir d'un seul coup, mon œuvre est accompli!

LE COMMISSAIRE. — Où est l'instrument de cet horrible attentat?

ALBERTINE, *tendant le couteau.* — Le voici. Laissez-moi le lui plonger dans le sein!

LE COMMISSAIRE. — Est-ce là l'arme?

CHARLOTTE. — Assez. J'avoue le fait. Ne croyez pas que j'aie peur! Je ne suis qu'une femme; je ne suis pas habituée à verser le sang, non, en vérité!...

ALBERTINE. — Laissez-nous faire, nous allons la pendre dans la rue.

LE COMMISSAIRE. — Arrêtez! respectez la loi, qui ne manquera pas de punir le crime. Soldats, gardez-la bien; conduisez-la à la prison. (*Ils sortent en tumulte.*)

SCÈNE IV. — La Conciergerie. — Charlotte, assise, écrivant. — La femme du geôlier.

La femme du geôlier a pitié de Charlotte; elle lui apprend que M. Corday, son père, est passé en Angleterre, ainsi que sa sœur; que Franquelin est mort de douleur et d'amour pour elle, etc.... Un soldat de garde à la prison lui a rapporté tous ces bruits. Charlotte la conjure de lui permettre de parler à ce soldat. — Celle-ci y consent, quoique ce soit au péril de sa tête. — Elle va chercher le soldat, c'est Robert Lamont!... — Long entretien. — Charlotte s'enquiert du sort de Franquelin, ce côté faible de son cœur. — Robert répond qu'il n'a pas péri, mais qu'on a perdu ses traces. — Quant aux Girondins, leur armée a été dispersée à Vernon, ils ont fui loin de Caen, leur cause est désespérée. — Charlotte ne peut en entendre davantage. Elle veut espérer toujours. Les vents glacés du Nord sont les instruments de Dieu aussi bien que le soleil fécond de l'été. La mort des Girondins et leurs souffrances sont des semences qui fructifieront un jour et dont l'avenir récoltera la moisson.....

Le geôlier introduit un artiste. — Ce dernier demande à Charlotte la permission de terminer l'esquisse qu'il a commencée le matin pendant les débats de l'audience.

CHARLOTTE. — Puisse la vue de ces traits susciter une pensée mâle dans la poitrine d'un homme de cœur, lui donner le courage de mourir pour la patrie. Peintre, tu es libre de faire usage de tes pinceaux.

L'artiste se met à peindre. — Bientôt le geôlier entre avec les exécuteurs. — Charlotte fait ses adieux à Robert, et s'adressant à l'artiste : « Je n'ai rien à vous offrir pour tout le mal que vous vous êtes donné, rien, si ce n'est cette boucle de cheveux. (*Elle en coupe une.*) Ce sera un souvenir d'une jeune fille de

Normandie qui mourut pour sauver son pays opprimé par un cruel tyran. Grâce au Ciel, il n'était pas Français. Et maintenant (*S'adressant à l'exécuteur.*) je suis prête; remplissez votre office, on va voir qui de nous fera le mieux son devoir envers l'État, vous en prenant ma vie, moi en vous la donnant. » (*Pendant ce temps on lui a coupé les cheveux, et on la revêt de la chemise rouge, un bonnet de liberté est placé sur sa tête, ses poignets sont garottés.*)

LE COMMISSAIRE. — Tout est-il prêt?

LE GEÔLIER. — Oui, tout; la charrette attend.....

LE COMMISSAIRE. — Ne perdons pas notre temps avec de pareils scélérats.

CHARLOTTE. — Citoyen commissaire, je ne veux pas vous faire perdre votre temps, mais vous accorderez bien quelques minutes de plus à une femme qu'à un homme pour ses ajustements et ses dernières recommandations? Voyez, je suis prête. Ma toilette, quoique grossière, est encore assez bonne pour paraître devant la Haute Cour de l'Immortalité!

LE COMMISSAIRE. — Marchons.

(*Les tambours battent, tous s'en vont. Robert rejoint*
le reste des soldats.)

SCÈNE V. — Un cottage en Angleterre où Élise et son père se sont réfugiés et attendent le retour de Robert et de Franquelin. — M. Corday assis dans un grand fauteuil.

M. Corday pleure Charlotte, et pourtant il en serait fier si l'orgueil pouvait encore trouver accès dans son cœur. Mais le chagrin ne laisse plus de place à un sentiment autre que la douleur. Heureusement qu'il lui reste peu de temps à vivre, et que l'âge abrégera ses souffrances.....

Élise cherche à relever le courage de son père. Révérer, adorer même les grands morts comme des saints est un article de leur foi..... Pour elle, Charlotte est une sainte, sans avoir cessé d'être sa sœur; elle déplore sa perte, et en même temps elle croit sentir près d'elle sa présence bien-aimée ... M. Corday n'a pas ces illusions de la jeunesse. Élise peut voir Charlotte reine des cieux et dans toute sa gloire; il la voit, lui, sous la hache sanglante confondue avec les assassins et les vils criminels. Seulement, grâce à Dieu, ces souillures ne sauraient atteindre son âme ni l'empêcher de recevoir la récompense due à sa noble action..... Et si, dans des temps meilleurs, la France inscrit sur les tables de son histoire le nom de ceux qui l'auront le plus honorée, elle y réservera une place pour Charlotte Corday d'Armans.

..... Robert arrive avec Franquelin. — Celui-ci est pâle, ayant à peine conscience de lui-même. — Robert le porte sur un fauteuil et embrasse Élise. — Il raconte dans un récit qui n'a pas moins de cinquante-sept vers tous les détails déjà connus de la mort de Charlotte..... Il n'est interrompu que par un accès de folie auquel Franquelin est en proie..... Pour lui, Charlotte n'est pas morte, car il a son portrait; ils croient l'avoir tuée, mais il l'a sauvée, il l'a défendue jusqu'à la mort. — Il tombe sans connaissance, et expire les yeux attachés sur le portrait.

Élise. — Il est allé la rejoindre!... Un même amour, une même vie, une même mort les a réunis !

M. Corday. — Oui, dans un monde inconnu le repos commence pour eux, pour nous la douleur reste. La vie est un de ces amis importuns qui foulent trop longtemps le seuil de la maison..... Elle m'accueillit avec faveur, elle me quitte au milieu des revers. Puissiez-vous, mes enfants, ne jamais être réduits à maudire l'existence ni à désirer sa fin ! (*Le rideau tombe.*)

Cette tragédie est incontestablement une œuvre consciencieuse, élaborée avec soin dans ses détails, écrite avec talent dans les scènes principales. Le caractère de Charlotte, le plus difficile à rendre, si tant est qu'il puisse être rendu, est à la hauteur du sujet. Le monologue qui ouvre le second acte, dans la cour du grand manoir, est bien en situation et digne de l'héroïne normande. La scène des adieux, celle du rêve (quoique déjà un peu trop mélodramatique), le dialogue avec de Perret (acte IV, scène i), les réponses au commissaire chargé de l'arrestation, toutes ces parties nous ont paru excellentes, et nous avons traduit littéralement pour que le public français pût en juger. Mais à côté de ces qualités, de ces beautés même, on regrette de trouver des fautes graves qui les déparent.

La première est l'introduction dans le drame des amours d'Élise et de Robert Lamont; c'est là un hors-d'œuvre absolument intolérable. Tout le premier acte est absorbé par cet épisode parasite qui reparaît encore dans les scènes III et IV du second, et la scène V du quatrième. C'est en réalité une pièce dans une autre. Nous admettons que les tableaux soient tracés avec un habile pinceau, qu'ils rappellent certaines pages de Walter Scott; mais *non erat hic locus.*

L'unité d'intérêt est une règle de tous les pays et de tous les temps qu'on doit respecter, d'autant plus qu'on n'observe pas les deux autres unités.

La seconde objection est tirée de l'amour de Franquelin. Que des étrangers comme M. Gasc (V. ci-dessus, p. CCCVI) ou comme l'anonyme anglais aient admis cette légende sur la foi de M. de Lamartine, la responsabilité retombe sur l'historien français, qui a eu le tort de couvrir de son nom illustre une amourette d'opéra-comique.

Encore pourrait-on répondre, que dès 1797 le baron de Senkenberg avait deviné le rôle de Bougon-Longrais; qu'il avait entrevu que Charlotte avait inspiré, partagé peut-être un sentiment amoureux; et que c'est précisément l'Angleterre qui en possède la preuve (V. ci-dessus, p. CCXI et suiv.). Mais cet amour admis, n'était-il pas possible de le faire moins fade, plus mâle que celui de la pièce anglaise? L'auteur l'a qualifié lui-même, en disant que Franquelin n'est que le clair de lune de Charlotte [1]. Où était alors la

---

[1] Acte III, scène II, p. 30 :

> Her faith made mine, mine nought, my very self
> Extinguished, as the moon is by the sun

nécessité de donner à son héros ce caractère reflété, plus pâle que le rôle secondaire de Lamont? Pourquoi ne pas supprimer ce beau ténébreux? Pourquoi cette scène enfantine du portrait donné par Charlotte à Franquelin et passé par elle autour de son cou? La légende elle-même ne va pas jusque-là. Un tel surcroît de détails romanesques est de l'invention de l'auteur anglais et doit lui rester pour compte.

La scène v du quatrième acte ne serait pas tolérée sur un théâtre français. La pièce finit nécessairement après que Charlotte a été conduite à l'échafaud : comment imaginer que le spectateur puisse entendre en récit ce qu'il vient de voir en action? La narration de Robert, qui a près de soixante vers, est donc une redite inutile par elle-même et d'une longueur démesurée. Le dialogue entre Corday père et Élise devisant sur la mort de Charlotte, les consolations chrétiennes de la fille, l'oraison funèbre mise dans la bouche du père, tout cela ne supporte pas même la critique et doit être retranché.

Cette pièce offre donc le singulier spectacle d'une œuvre qui, bonne par elle-même, est gâtée par ses accessoires. Peut-être y a-t-il moyen de se rendre compte de cette singularité. L'auteur, qui n'a rien donné au hasard, n'a pas écrit sans intention cette longue exposition qui occupe tout le premier acte; il a voulu évidemment préparer la résolution de Charlotte de Corday, expliquer son action, la mettre aux prises avec la Terreur, dont elle va exterminer l'un

<blockquote>
When he is present, drawing all her light
From his reflected beams when he's away;
So I from her draw light when all is dark!
</blockquote>

« Sa foi fait en moi le néant, la nuit, et de même que la Lune effacée par le Soleil, tant qu'il est sur l'horizon, ne reçoit, quand il est disparu, que la lumière réfléchie par ses rayons, ainsi je ne suis éclairé que par elle lorsque les ténèbres s'épaississent autour de nous. »

des agents. De là l'épisode de Robert Lamont et les paroles de Charlotte quand il est arrêté :

FRANQUELIN.

Young Lamont is arrested, and in prison,

CHARLOTTE.

And doomed to death, that is a certain issue,
My sister, too, will perish; all the good
Will be destroyed, the vile alone remain.

Voilà le lien entre la digression des amours d'Élise et le drame de Charlotte. C'est par la même raison que l'auteur fait répéter sans cesse à Charlotte que l'échafaud a déjà moissonné des centaines de milliers de victimes. Tout ceci repose sur une erreur : la Terreur du Tribunal Révolutionnaire était à peine commencée lorsque Charlotte frappa Marat. Il faut chercher ailleurs les causes de sa résolution; ces causes sont bien autrement sérieuses et profondes qu'une arrestation ou que des exécutions imaginaires. Nous aurons à les rechercher, à les signaler; ce sera notre tâche, un des chapitres les plus laborieux de notre livre. Mais sans entrer dans ces études intérieures, qu'un étranger ne pouvait aborder que difficilement, il pouvait s'éclairer par les interrogatoires de Charlotte, s'en tenir à ce qu'elle dit, à ce qu'elle a révélé d'elle-même.

Ces réserves nous étaient imposées par les nécessités de la critique historique. La tragédie que nous venons d'analyser n'en a pas moins un intérêt très-réel qui est dans son originalité individuelle. C'est avant tout une pièce anglaise divisée en quatre actes, suivant la structure nationale, comme la *Maid of Normandy* (V. ci-dessus, p. cxc). Les entrées et les sorties sont indiquées par les mots sacramentels (*enter*, *exit* ou *exeunt*). Elle se distingue nettement des pièces allemandes par la tournure des idées. On n'y trouve ni les tendances philosophiques, ni les élans d'un enthousiasme voisin du mysticisme, comme dans les drames de Senkenberg et de Bamme, de Zschokke et de madame Wetsphalen. Ce n'est pas le génie de la Vérité qui apparaît au milieu de vapeurs nébuleuses et qui parle le langage de la rêveuse Allemagne, c'est l'accent de la libre Angleterre, le pays classique de l'indépendance politique. La haine de la tyrannie, le mouvement des factions, les passions des masses populaires sont représentés avec une franchise et une énergie toutes britanniques. On sent la tradition du Julius Cæsar dans le discours de Buzot, qui rappelle celui de Brutus, dans la peinture des groupes du Palais-Royal, qui font penser aux citoyens du Forum si admirablement saisis et contrastés par Shakspeare. L'adoration de la *mob* pour Marat est bien rendue, ardente chez les hommes, tendre chez les femmes du peuple, qui voient en lui un *ami* plus à leur portée que Danton et Robespierre. Mais c'est par des propos vrais, pris sur le fait, que cet effet a été atteint, et non en faisant appeler Marat le Zeus antique siégeant sur la montagne (V. ci-dessus, p. CCCXCVIII), mot qui assurément eût été fort peu compris par les sans-culottes de 1793.

L'idée d'introduire sur le théâtre le peintre qui termina dans la prison le portrait commencé à l'audience est neuve; c'est la première fois qu'elle apparaît dans un drame. Ce trait semble avoir frappé l'imagination anglaise. Déjà, nous le savons, M. Ward avait consacré une toile à la représentation de cette scène, et en 1863 la cour du prince de Galles en faisait l'objet d'un tableau vivant. C'est très-certainement une combinaison heureuse dont on peut attendre un grand effet; mais il est regrettable que l'anonyme n'ait

pas connu la notice écrite par Hauer ou par ses enfants sous
sa dictée; il aurait pu tirer de ce document, éminemment
pathétique, un parti bien autrement avantageux qu'il ne
l'a fait : l'introduction de son artiste innommé, au quatrième acte, se réduit à une bonne intention; ce n'est pas
assez.

Nous avons dû nous montrer sévères sur certains points
envers cette tragédie, mais ses défauts ne nous ont point
fait oublier ses mérites. Nous avons dit les uns et les autres,
en usant librement des droits de la critique, et nous aimons
à croire que l'auteur ne s'en plaindra pas, puisqu'il les a
proclamés lui-même dans sa préface.

Ces lignes étaient écrites et livrées à l'imprimerie depuis
longtemps (septembre 1871), lorsqu'une correspondance
s'est engagée entre M. Giles et nous (janvier 1872) au
sujet de sa pièce. Il a bien voulu nous faire savoir dans
quelles circonstances et dans quelles vues il l'avait composée. Architecte fort occupé à Londres, il avait été obligé,
par suite des fatigues de sa profession, d'en interrompre les
travaux. Pour utiliser ses loisirs forcés, il se livra à l'étude
de la littérature, et remarquant qu'en Angleterre le niveau
du théâtre allait en s'abaissant et descendait à des compositions tout à fait inférieures par la faute des entrepreneurs
de succès dramatiques, il voulut montrer qu'on pouvait
combattre ces tendances funestes, qu'il compare aux ravages
de l'absinthe, par le choix de sujets plus sains, plus nobles,
plus dignes de la scène et du public [1]. C'est ainsi qu'il fut

[1] « I saw the English Stage occupied by very inferior compositions
and I thought I could write at least as good things as them. » (January
first 1872.)

« With respect to our Theatres they are at present at very low ebb

amené à traiter un épisode de l'histoire contemporaine qui rappelle les temps antiques par l'élévation et l'énergie des caractères qui s'y développent. Une haute pensée morale a donc inspiré ce travail. Nous nous félicitons de l'avoir pressentie en donnant à notre compte rendu une étendue qui permet d'apprécier l'importance de l'œuvre. Nous sommes fiers, en outre, de l'hommage indirect rendu par une nation étrangère à une figure que nous admirons. C'est avec étonnement que nous avions remarqué le silence de la littérature anglaise sur *Charlotte de Corday*. La tragédie de M. Giles nous prouve que cette indifférence n'était qu'apparente. Bien plus, un tel choix fait dans un but de moralisation du théâtre et pour retremper la veine affaiblie de l'art dramatique est un suffrage significatif que nous recueillons avec bonheur.

La pièce actuelle n'a pas été représentée à la scène. Elle n'a pas été non plus passée en revue (*revieuwed*) par la presse. M. Giles nous apprend même qu'elle a reçu peu de publicité et qu'elle n'a pas été lue en Angleterre par plus de vingt personnes. La France en aura donc pour ainsi dire la primeur.

Nous ne changeons rien à nos jugements sur l'œuvre de M. Giles; il verra, nous l'espérons, dans la franchise de nos critiques une preuve de la sincérité de nos éloges.

in the hands of illiterate managers whose sole object is to make a sensation and so get money for a time. This system resembles the habit of drinking absinthe which intoxicates the drinker with pleasure, but requires to be increased in quantity or power at each succeeding dose until the drinker loses all taste and relish for healthy food. »

« The object of my Preface was to shew that the fault of this system lay more with the managers than the public, just as the fatal evils arising from absinthe are due more to the temptative offered by the « Spirit Shop » than to any desire on the part of the people for unhealthy food... » (January 7 1872.)

Les trois pièces qui suivent ne nous sont parvenues que depuis l'impression. Ne pouvant les replacer à leurs dates, nous les insérons ici suivant leur ordre chronologique.

XXXVI.

THE MAID OF NORMANDY, 1794, par EDMUND-JOHN EYRE, auteur du *Dormeur éveillé*, et ci-devant du Collège de Pembrocke à l'Université de Cambridge, aujourd'hui des théâtres de Worcester, Wolverhampton et Shrewsbury.

Cette tragédie est celle que nous avons annoncée, n° X, p. CXC, sous le titre de *la Jeune Normande.* Nous l'avons trouvée à la dernière heure, grâce aux recherches faites pour nous à Londres par la maison Galignani. La pièce fut jouée sur le théâtre de Wolverhampton et imprimée chez Longman, in-8°, avec cette épigraphe :

> Divesne, prisco natus ab Inacho,
> Nil interest, an pauper, et infimâ
> De gente sub dio moreris,
> Victima nil miserantis Orci.
>
> HORACE, *Carmen*, III, liv. II.

Elle est dédiée par l'auteur à LORD VALENTIA [1].

« ... L'histoire des événements publics, dit-il dans cette dédicace, offre un écueil lorsqu'on la représente sur la scène : c'est qu'elle perd son charme par le manque de nouveauté.

---

[1] V. l'article consacré par la *Biographie des contemporains* à Lord Valentia, connu par la *Relation de Voyages aux Indes, sur les bords de la mer Rouge et en Abyssinie,* 3 vol in-4°, traduite en français.

Il n'y a pas de meilleur moyen de remédier à ce défaut et de réveiller l'attention du spectateur, que d'introduire dans la pièce des incidents inattendus. J'ai donc mieux aimé créer le caractère imaginaire de Théodore, que de fatiguer les auditeurs en restant dans le cercle des faits historiques.... »

DRAMATIS PERSONÆ (sic).

PERSONNAGES ET ACTEURS DU DRAME.

Marat.	Mr WESTON.
Dumiel.	Mr FOWLER.
Théodore.	Mr EYRE.
Lecure.	Mr SMITH.
Officier.	Mr EDWARDS.
Dauphin (le).	Master WESTON.
Président du Tribunal Révolutionnaire.	Mr GILL.
Robespierre.	Mr ROBERTS.
Charlotte Cordé (*sic*).	Mrs COLLS.
La Princesse Royale.	Miss SMITH.
Madame Élisabeth.	Mrs MORRELL.
La Reine de France.	Mrs EDWARDS.

Gardes, Bourreau, Valets.

ACTE PREMIER.

LA SCÈNE DE ROBESPIERRE.

Entre Robespierre.

La pièce s'ouvre par un monologue où Robespierre révèle ses vues ambitieuses et machiavéliques.

Il se félicite de la rencontre qu'il a faite la veille d'un indigent nommé Théodore, qui arrivait à Paris sans ressources, sans savoir où aller... Il l'a recueilli et il compte l'enrôler parmi ses créatures, en faire l'instrument de ses secrets desseins.

Théodore paraît et n'a d'abord que des paroles de reconnaissance pour les bons procédés de son hôte. L'entretien s'engage. Peu à peu Robespierre dévoile ses pensées. La Convention voudrait sauver la vie de la veuve Capet... Il faudrait

agir en sens contraire : attaquer sa vertu, la représenter
comme la cause du despotisme qui a pesé sur la France... La
populace à la tête vide, aux longues oreilles, absorberait ces
discours, et joignant sa voix à celle des Jacobins, demanderait vengeance contre Marie-Antoinette. En même temps Robespierre offre de l'argent à Théodore. Celui-ci refuse. Robespierre insiste. Théodore repousse ces instances et finit par
éclater, car sous ses habits de mendiant il cache un royaliste
déguisé, et les propositions de Robespierre le révoltent.

La scène se prolonge et se termine par une rupture violente
entre ces deux personnages qui se retirent chacun de leur côté.

Scène ii.

UN HOTEL A PARIS.

Entrent Charlotte Cordé (*sic*) et Dumiel.

Dumiel est un vieux serviteur de Charlotte; il lui demande
si elle veut s'arrêter ou continuer son voyage. « Non, dit-elle
avec un soupir, mon voyage est fini! » Dumiel voudrait au
prix de ses jours calmer les chagrins de sa chère maîtresse,
mais Charlotte repousse ses consolations. Son plus cruel ennemi, c'est la vie; son seul refuge contre les coups du sort, c'est
le sombre asile de la tombe.

Dumiel supplie Charlotte de lui confier la cause de son
mystérieux voyage à Paris, cette cité rebelle qui a fait périr
Alberto (son bien-aimé) pour récompense de sa fidélité à ses
serments et à son Roi.

Charlotte, au nom d'Alberto, verse des pleurs et fait entendre
des paroles de vengeance. Elle appelle sur ses assassins toutes
les plaies d'Égypte, toutes les tortures du remords, toutes les
horreurs de la damnation éternelle.

Dumiel la conjure de parler plus bas de crainte d'éveiller
des soupçons. « Parler avec une froide indifférence de la mort
de mon Alberto! dit Charlotte. Autant vaudrait demander au
galérien de baiser sa chaîne, à l'Océan de ne plus battre le
rivage, au vent de ne plus agiter les branches du chêne. Oh!

cette pensée, comme une boisson puissante, fait fermenter ma tête et délirer ma raison. »

Sur les nouvelles instances de Dumiel pour la déterminer à fuir la fureur des démocrates, elle s'écrie :

« Qui pourrait contempler avec une calme philosophie la chute du pouvoir monarchique, sapé par sa base, et les artifices perfides de ces misérables tyrans qui bouleversent les lois? Qui ne se déciderait pas comme moi à frapper un coup qui étonnera le monde? »

Dumiel. — Juste Ciel, quel est ce frénétique langage?

Cordé (*sic*). — Voir l'état de la France désolée, voir un Roi outragé, renversé, traîné à l'échafaud par une bande de scélérats pour assouvir la férocité de ses ennemis; voir la Reine, emprisonnée avec ses pauvres enfants, portant le deuil de son époux assassiné : une telle vue enflammerait du feu de l'humanité l'apathie la plus stoïque, le cœur de fer le plus dur. La trompette des vengeances a sonné!

Dumiel épouvanté rappelle à Charlotte son vieux père, le désespoir que lui ferait éprouver la perte de sa chère enfant.

Son père! Charlotte tressaille. Elle avoue que le dévouement pour la patrie laisse place à la tendresse filiale... Cependant elle persiste dans sa résolution; elle ne bercera plus la seconde enfance du vieillard, sa voix ne charmera plus son oreille.

A ces paroles foudroyantes, Dumiel tremble comme un coupable, son pouls bat dans l'attente d'un événement terrible.

Cordé. — Il serait superflu de redire quelles ont été mes souffrances depuis la fatale nouvelle qui m'apprit la mort d'Alberto. Sache donc que j'ai fait le serment sacré de venger et son sang et les maux de ma patrie.

Voilà pourquoi je suis implacable, et avant peu tu verras la vengeance d'une femme monter au ciel comme la lueur de l'incendie.

Mes maux serviront à quelque chose; mes larmes grossiront le compte de la revanche cruelle qui s'apprête jusqu'au jour où le châtiment éclatera comme la foudre sur la tête de Marat, ce détestable homicide, ce démon de l'assassinat, ce type de l'Enfer!

Dumiel. — Mes sens éperdus ne pénètrent qu'avec peine

dans vos noirs projets, mes pleurs me disent que dans votre fureur vous avez résolu...

Cordé. — De frapper le monstre au cœur.

Dumiel. — Vous ne pouvez accomplir ce meurtre affreux, un meurtre qui vous déshonorerait à jamais, qui vous rangerait au nombre des assassins, un meurtre...

Cordé. — Qui immortalisera mon nom! Et que pourra-t-on dire de celle qui, méprisant la mort, se sera dévouée avec un courage romain et une abnégation héroïque pour sauver son pays?

Est-ce que les historiens ne graveront pas cette page dans les fastes de l'avenir? est-ce qu'ils n'en célébreront pas avec enthousiasme la cause glorieuse? est-ce qu'ils ne se serviront pas de mon nom pour stimuler les braves, pour enseigner aux âges futurs à admirer, à imiter l'héroïne du Nord?

Dumiel cherche à dissuader Charlotte de la périlleuse entreprise où elle va se jeter. Une vaine renommée n'est-elle pas trop chèrement achetée par la perte de la vie?

Quand j'aurais mille vies concentrées en moi, répond-elle, je les donnerais toutes, et je me réjouirais de la mort si cet échange pouvait rendre à mon pays l'honneur qu'il a perdu.

Dumiel supplie Charlotte de ne pas tacher de sang son âme si pure. L'humanité est plus noble que la vengeance... Le pardon est un attribut du Ciel.

Cordé. — Et la justice aussi. Du reste, je suis résolue.

Dumiel. — Oh! rappelez à votre aide votre raison bannie, et avant qu'il ne soit trop tard repentez-vous de votre vœu.

Quand Marat serait pire encore que vous ne le faites, avez-vous reçu le droit de le punir, d'exercer ce grand pouvoir qui forme la première prérogative de Dieu?

Cordé. — Il fut un temps où ce conseil aurait résonné comme une musique à mon oreille... mais maintenant la flamme de la vengeance ne peut être éteinte que dans le sang. Oui, destructeur de la vie d'un Roi, lâche tourmenteur d'une Reine malheureuse, chef et instigateur de la meute des rebelles, que d'horreurs pèsent sur ta tête! « Pas de pitié, pas de grâce, pas de sursis pour toi[1]! » Le faible bras d'une femme

____

[1] Citation, ou tout au moins imitation d'*Hamlet*, acte, I, scène v.

va frapper le coup qui te précipitera dans le sombre abîme ! Là, vaincu, tu gémiras chargé de chaînes aussi dures que le diamant, et comme les anges déchus (apostte — *sic* pour apostate — angels), tu maudiras ta peine ! (*Exeunt.*)

ACTE DEUXIÈME.

Scène 1re.

LE TEMPLE.

La Reine, la Princesse Royale, Madame Élisabeth et le Dauphin, en scène au lever du rideau (discovered), et en grand deuil.

Cette scène est très-belle. Elle commence par une prière grave et touchante que la Reine prononce à genoux à haute voix. Suivent des détails qui, à la représentation, devaient produire un grand effet sur les spectateurs. Nous ne pouvons en extraire qu'un dialogue remarquable entre la Reine et le Dauphin, « cet enfant qui était le premier du royaume à sa naissance, et n'occupe plus cette place suprême que par le malheur. » Marie-Antoinette a dit qu'elle aurait supporté tous les revers de la fortune, que cette prison serait encore pour elle un palais, si son maître, son Roi, son époux vivait...

Le Dauphin. — O ma mère, qu'est-ce qui sera mon père maintenant?

La Reine. — Le Dieu du Ciel! le Père de ceux qui n'en ont plus! C'est lui, mon pauvre enfant, qui veillera sur tes pas, c'est son amour céleste qui, t'entourant de sa douce chaleur, sera ton gardien sur une terre où tu n'auras plus d'autre secours.

Le Dauphin. — Me prendra-t-il sur lui et me caressera-t-il comme faisait mon père?

La Reine. — Oui, mon cher enfant, car il est l'ami des orphelins, le chevet sur lequel les malheureux appuient leur tête, le sein où les misérables trouvent enfin le repos.

Le Dauphin. — Je voudrais alors être assis sur ses genoux d'un côté, et vous, ma mère, vous seriez de l'autre. Viendra-t-il à nous?

La Reine (*à part*). — Mon cœur se brise! — Non, nous irons à lui.

Le Dauphin. — Vous vous moquez de moi, bien sûr, car il nous est impossible d'aller à lui, puisqu'ici toutes les portes sont fermées [1].

La Reine (*d'un accent profond*). — La mort ouvrira les verroux et nous rendra la liberté!

Scène ii.

L'APPARTEMENT DE MARAT.

Marat *entre*. — Sois ferme, mon âme, ferme sur ta base de pierre, dédaigne tous les obstacles et les dangers qui voudraient barrer le chemin à ta gloire. Longtemps j'ai été plongé dans une infime obscurité, cette mort de l'homme de cœur, mais aujourd'hui, semblable à la comète qui marche à l'encontre du soleil avec sa traînée lumineuse, mon génie actif défie par son éclat la morgue hautaine des Rois.

Maudites soient les lois d'un pouvoir dur et despotique qui m'ont fait porter le poids d'un cruel esclavage, le pire des esclavages, celui qui asservit la pensée, qui lui impose des devoirs de vassal, de serf, et, ce qui est plus, de courtisan, qui nous courbe enfin sous une soumission avilissante envers un maître orgueilleux...

Cordé *entre*. — Elle demande à Marat le rappel de ses compatriotes, émigrés à la suite de lois barbares qui les ont forcés à s'exiler; et comme Marat l'engage à les laisser mourir de faim sur la terre étrangère, elle ne craint pas de lui dire que le pire des tyrans est un démocrate.

Marat lui déclare que son devoir est de la faire arrêter. Elle ne répond que par des discours de plus en plus royalistes. Elle demande à Marat de faire cesser un système de sang, de rétablir le gouvernement du Roi, de relâcher les augustes

---

[1] Louis XVII, le second fils de Louis XVI, était né le 27 mars 1785. Il avait donc huit ans en 1793. Le langage qu'on lui prête ici est trop enfantin pour cet âge. Mais en ce point la fiction était permise au poëte, qui pouvait supposer l'enfant plus jeune qu'il n'était en réalité.

captifs du Temple, et de montrer au monde par un acte d'amnistie qu'il n'a pas perdu tout sentiment humain.

Marat prend ces paroles pour un outrage et jure de s'en venger.

Charlotte change alors de ton; elle fait entendre à l'Ami du Peuple, qu'elle traite de scélérat, des menaces prophétiques. Le jour de la justice approche... avant peu elle viendra encore... d'ici là qu'il pense à César et aux Ides de mars! Son dernier mot est : Prends garde et repens-toi! (*Exit.*)

Marat ne veut pas se laisser effrayer par les propos d'une femme impérieuse, mais il ne peut se défendre d'un sentiment d'une autre nature, les charmes de Charlotte ont fait impression sur lui. Un projet traverse son esprit comme un rayon de lumière au milieu des ténèbres. Il jouira de ses charmes par force, puis lorsque la satiété sera venue, il la fera arrêter comme rebelle; il conciliera ainsi son amour et sa vengeance. Ce sera un beau jour, la fête des représailles.

Scène III.

UNE RUE.

Dumiel, suivi de Théodore, en uniforme de garde national.

Théodore, reconnu par Dumiel, n'est autre qu'Albert, celui que Charlotte aimait et qu'elle avait cru mort. Tout s'explique : une similitude de nom a causé l'erreur. Un autre gentilhomme de la même province a été condamné et a péri. Alberto s'est réfugié en Savoie. Il a dû garder le silence et ne point écrire, parce qu'il était lui-même poursuivi et qu'il avait entendu dire qu'on ouvrait les lettres. Il est revenu sous un déguisement, et s'est engagé parmi les volontaires qui gardent le Temple, ils veulent tâcher de faire évader la Reine. Mais Charlotte, qu'est-elle devenue? Morte? Mariée? Le silence de Dumiel effraye Théodore. Non, répond Dumiel, Charlotte vit, elle est libre, mais... Le secret terrible lui échappe; elle a juré de tuer Marat. Théodore s'élance à sa recherche pour empêcher l'exécution de son fatal dessein et prévenir sa perte.

ACTE TROISIÈME.

Scène Ire.

LE TEMPLE.

Monologue de la Reine. Elle est interrompue par l'arrivée
de Robespierre. Il vient proposer à la veuve Capet la liberté
si elle veut écrire aux Princes Allemands et aux chefs de l'armée royale de cesser les hostilités. Elle refuse. Robespierre se
retire irrité. Immédiatement après son départ, des gardes entrent dans la prison et annoncent à Marie-Antoinette qu'elle
va être conduite... A la mort, dit-elle, je suis prête. — Non,
mais à la Conciergerie. Séparation d'avec sa famille. Scène
touchante d'adieux.

Scène II.

CHEZ MARAT.

Le domestique de Marat prévient Charlotte qu'un citoyen,
paraissant être un soldat, est venu la demander. Elle pense
qu'elle aura été trahie par Dumiel, qu'on veille sur ses actions, et elle ne se hâte que davantage de consommer le sacrifice. Invocation aux mânes d'Alberto ; elle lui demande non du
courage, elle n'éprouve aucun sentiment de peur, mais la
férocité du tigre affamé pour surmonter la pitié de son sexe et
faire disparaître le monstre de la surface de la terre.

Entre Marat.

Marat. — Vous êtes ponctuelle, Madame, je n'aurais pas
attendu tant d'exactitude de la part d'une femme.

Cordé. — Quand j'ai donné ma parole, j'aimerais mieux la
mort que de ne pas la tenir.

Marat (*à part*). — La mort, tu l'auras bientôt, belle romanesque. — Et dites, quel est l'objet de votre seconde visite?

Cordé. — Je viens encore vous avertir de l'orage qui va
fondre sur votre tête maudite si vous persistez dans votre système de cruauté et de sang...

Marat prévient Charlotte qu'il est temps de mettre un frein à la liberté de son langage. Elle ne continue qu'avec plus de violence, et pousse l'agression jusqu'à l'injure. Le dialogue devient une dispute. Nous ne citons plus que ce passage, parce qu'il est empreint de la couleur du temps.

« Votre ville, dit Charlotte, ressemble à la caverne de Polyphême, les membres des victimes que vous avez égorgées vous servent d'aliments, pour vin vous buvez les ruisseaux de sang qui s'échappent des troncs décapités [1]. Mais bientôt va paraître la Justice, une torche à la main, comme Ulysse, pour tirer vengeance de vos crimes. »

Ici la scène change de caractère. Marat veut mettre ses desseins amoureux à exécution. Il saisit Charlotte. Elle se débat. Marat appelle ses gardes. A leur approche, Charlotte le frappe. Il expire après avoir prononcé quelques paroles entrecoupées.

UN OFFICIER. — Il est mort, ses souffrances sont finies.

CHARLOTTE. — Dites plutôt qu'elles commencent, car il comparaît en ce moment devant le tribunal de Dieu où il rend un compte terrible de ses forfaits.

Théodore arrive. Charlotte et lui se regardent immobiles. Charlotte croit d'abord que c'est une vision, que le fantôme d'Alberto est venu consacrer le meurtre qu'elle a commis; mais elle s'aperçoit qu'il n'en est rien, qu'Alberto vit; elle se précipite dans ses bras. Explications. Les gardes y mettent fin en emmenant Charlotte. Elle sort après avoir prononcé un long discours et embrassé une dernière fois son bien-aimé.

ACTE QUATRIÈME.

Cet acte est absolument étranger à Charlotte de Corday. Son nom n'est pas prononcé. Aucune allusion n'est faite à la

---

[1] André Chénier a dit aussi, mais avec quelle supériorité!

> Le noir serpent sorti de sa caverne impure,
> A donc vu rompre enfin sous ta main ferme et sûre
> Le venimeux tissu de ses jours abhorrés.
> Aux entrailles du tigre, à ses dents homicides,
> Tu vins redemander et les membres livides,
> Et le sang des humains qu'il avait dévorés.

mort de Marat. Il n'est question que de la Reine, de sa comparution devant le Tribunal Révolutionnaire, d'une tentative que Théodore fait pour la sauver après la condamnation et qui échoue.

Il nous paraît inutile d'entrer dans l'analyse de scènes qui ne reposent que sur des données absolument fabuleuses.

Quant à l'appréciation littéraire, nous ne pouvons que nous en rapporter au jugement de la Biographie de Basker, qui nous semble sain et juste. (V. ci-dessus, p. CXC.) Nous ajoutons seulement qu'en réalité il y a deux pièces en une, et que c'est là une violation manifeste de la règle d'unité d'intérêt sur laquelle les deux écoles, classique et moderne, sont d'accord.

Au point de vue historique, nous regrettons d'autant plus que l'auteur ait juxtaposé ses deux tragédies au lieu de les rattacher l'une à l'autre, que le lien entre le Temple et l'épisode de la rue des Cordeliers exista réellement de plusieurs manières.

Dans les premiers moments, Charlotte de Corday fut considérée comme appartenant au parti royaliste. On disait qu'elle était « *femme d'un ci-devant.* » Aussi s'était-il formé des groupes dans lesquels les patriotes engageaient, par leurs déclamations, le peuple à venger la mort de Marat, en assassinant la veuve Capet et son fils. (Arch. nat., Comité de Salut Public du *Département,* registre I, p. 106).

D'un autre côté, madame Élisabeth écrivait à M. de Turgy :

« Marat est-il tout à fait mort? Cela fait-il du mouvement? » (Eckard, *Mémoires historiques sur Louis XVII,* p. 374. Cité par M. Feuillet de Conches, p. 445, vol. IV, *Louis XVI, Marie-Antoinette,* etc.)

On pouvait donc, sans manquer à la vérité, représenter les captives du Temple préoccupées de l'action de Charlotte de Corday, et incertaines sur le résultat qu'elles pouvaient en attendre. Était-ce pour elles une perspective de salut ou un danger? Il y avait là un inconnu, une raison d'espérer et de craindre, et par conséquent une situation dramatique dont il était possible de tirer parti.

L'idée d'un projet d'évasion pour Marie-Antoinette est encore un fait acquis à l'histoire et qui pouvait servir au drame. L'auteur a été près du but; peu s'en est fallu qu'il ne trouvât une combinaison heureuse qui eût assuré à son œuvre un rang distingué dans le nombre des tragédies composées sur Charlotte de Corday. Malheureusement il écrivait en 1794, en Angleterre, et il était obligé de suppléer aux faits qu'il ne connaissait pas par des créations imaginaires. Ces inventions, au reste, rentrent dans le système de la préface. (V. ci-dessus, p. CCCCLXV.) L'histoire nue n'aurait pas pour le spectateur le mérite de la nouveauté. Il faut donc l'embellir par des fictions qui tiennent les esprits en suspens et causent à l'auditoire le plaisir de l'imprévu. Telle est la théorie que l'auteur a exposée avec une franchise qui va jusqu'à la crudité, et pratiquée avec une audace regrettable, suivant nous. Il y a du talent dans sa tragédie, il n'y manque que de la vérité. Voici maintenant quelle en est la conséquence, et pour ainsi dire la punition : fausse, elle est oubliée; vraie, elle aurait survécu au moins comme œuvre d'un contemporain, et comme un témoignage pour l'histoire.

L'auteur était jeune ; il avait à remplir au théâtre les devoirs de sa profession, et il n'a eu que cinq semaines pour écrire toute sa tragédie. Telles sont les excuses qu'il invoque comme pouvant atténuer les erreurs qu'il aurait commises. Nous n'admettons pas les deux dernières : mais il est certain qu'on sent dans sa pièce la vigueur de la jeunesse, et c'est un tort qu'on pardonne facilement tant il ressemble à un mérite ; celui d'Edmond Eyre, à nos yeux, est d'avoir mis à profit sa connaissance du répertoire anglais, qu'il jouait lui-même tous les jours, pour imprimer au caractère de Charlotte une teinte shakspearienne. Il donne à ses paroles une ardeur sombre, un accent désespéré qui rappelle Hamlet livré au sentiment de la vengeance ; il va même jusqu'à emprunter un vers de cette tragédie pour le mettre littéralement dans la bouche de celle qu'il appelle la jeune Normande, et il réalise ainsi sur la scène de Londres la pensée que Buzot exprimait au même moment dans les grottes de Saint-Émilion [1]. Ce synchronisme littéraire est remarquable : il est à regretter que, disciple de Garrick, Eyre n'ait pas poussé plus loin l'imitation de Shakspeare, et qu'il ne nous ait pas montré Charlotte *mourant à la grande façon des Romains*. Mais les temps n'étaient pas encore venus ! Il faudra qu'un demi-siècle s'écoule avant qu'un critique éminent [2] mette en lumière la parenté héroïque

---

[1] La pièce d'Edmond Eyre est datée de 1794, et c'est aussi vers le mois d'avril de cette année que Buzot écrivait à Salle la lettre où il lui recommande de traiter le sujet de *Charlotte Cordai* en suivant le système dramatique de Shakspeare (V. p. 122).

[2] M. Philarète Chasles, *Journal des Débats* du 15 décembre 1861. Notre savant critique international a parlé admirablement de Charlotte de Corday. Il est du petit nombre d'écrivains* qui l'ont *vue* mieux que les contemporains qui l'avaient connue, et il nous la montre à travers le prisme de Shakspeare. Or, on sait qu'il ne prodigue pas ce grand nom et qu'il ne s'en sert qu'en connaissance de cause. Voici un fragment de cet article :

« Les vertus antiques l'enivrent ; le souffle de Mably la pousse. Elle a lu Raynal. « Je vais, dit-elle, dans les Champs-Élysées retrouver Brutus. » Et ces mots ne sont pas ridicules. « Demain (ajoute-t-elle),

* Tels que Michelet, Jules Janin (V. ci-dessus p. ccccix), Reiffenberg, etc.

qui rattache Charlotte de Corday à Shakspeare aussi bien qu'à Corneille.

j'aurai vécu, pour parler comme les Romains. » En s'exprimant ainsi, elle est naturelle, et elle rencontre, sans le savoir, l'un des plus beaux vers de Shakspeare * : »

> Let us die in the high Roman fashion!
> (Mourons à la grande façon des Romains!)
>
> (*Antoine et Cléopâtre*, acte IV, sc. XIII.)

* Nous avons dit ci-dessus p. XLVII à la note, que d'après M. Philarète Chasles il fallait écrire Shakspere. C'est aussi de cette manière que M. C. E. Giles orthographie le nom dans ses lettres. On pourrait se demander pourquoi M. Chasles n'a pas adopté la rectification qu'il indique lui-même d'après la signature de Shakspeare. Nous lui avons soumis cette observation. La raison qu'il nous a donnée, c'est que les pièces publiées du vivant de Shakspeare et sous ses yeux portent l'ancienne orthographe. Dès lors Shakspeare l'ayant acceptée publiquement, il était préférable de se conformer à la tradition, autorisée par son exemple.

XXXVII.

MARAT'S TOD, *eine dramatische Skizze*, 1820, von Graf VON PLATEN HALLERMÜNDE. (Vermischte Schriften.) — Erlangen, C. HEYDER, 1822. (LA MORT DE MARAT, *esquisse dramatique* par le comte AUGUSTE DE PLATEN HALLERMÜNDE [1]. (Mélanges.) — Erlangen, C. HEYDER, 1822.)

> De ce temps de ténèbres dont un jour nouveau nous a à peine délivrés, le poëte a tiré une scène terrible : y assister, c'est être pour un instant contemporain de cette époque.

PERSONNAGES ·

DANTON.	MAURICE, son ami.
MARAT.	ROGER, au service de Marat.
CHARLOTTE CORDAY D'ARMANS.	Peuple.

La scène est à Paris.

[1] « Né le 24 octobre 1796 à Anspach (Bavière), mort à Syracuse (Sicile) le 5 décembre 1834, le comte de Platen, dit M. N. Martin, est peut-être, après Gœthe, l'homme de notre temps qui a voué à l'art le culte le plus fervent.... Il se rapproche du grand Olympien germanique par l'élévation constante de la pensée, par le dédain des sentiments et des tours vulgaires, et par cette aspiration incessante vers l'idéal, qui est le tourment des poëtes vraiment supérieurs.... » Voyez dans les *Poëtes contemporains de l'Allemagne*, par M. N. Martin, p. 90-142, l'article remarquable consacré au comte de Platen. M. Martin le compare tout à la fois à André Chénier et à Léopold Robert..., et le chevalier Landolina, dans l'inscription funéraire qu'il lui a consacrée, l'appelle « Poetarum Teutonicorum princeps, ingenio Germanus, formâ Græcus. » — Ses ouvrages les plus connus sont : *Gazèles* (poésies orientales), *Sonnets sur l'Italie*, *la Fourchette mystérieuse* (comédie), *la Pantoufle de cristal* (id.), etc.

UN HOTEL.

MAURICE *seul.*

Il s'étonne de la préoccupation de Charlotte; toujours seule avec elle-même, à quoi peut-elle penser? Quel est le but de son voyage? Il n'ose interroger cette âme fermée. Il craint que Charlotte Corday ne soit animée par un motif autre que celui qu'elle donne. Pourquoi rester dans ce monde de la Terreur, dans cette ville où règnent les meurtriers de l'homme qui l'aimait? Maurice était l'ami de Belsunce : il a connu son amour pour Charlotte, sans lui porter envie tant qu'il a vécu, sans s'avouer que lui aussi il aimait Charlotte plus qu'il n'aurait dû. Depuis la mort de Belsunce, il a espéré. Charlotte est isolée, elle le considérait comme le représentant le plus cher de celui qu'elle avait perdu, elle recevait ses soins, et lui a permis de l'accompagner dans ce voyage; et cependant le souvenir de Belsunce est encore vivant chez elle. Sa pensée semble aller au delà du regret pour les morts. Elle espère... Quoi? Je frémis de l'apprendre... Elle vient...

CHARLOTTE CORDAY, MAURICE.

Charlotte est visiblement inquiète, agitée. Maurice remarque son trouble, sa pâleur; il lui en demande la raison. Elle ne disconvient pas de ses inquiétudes. Elle les explique par la Terreur qui règne et dont elle fait un long et lugubre tableau.

MAURICE. — Oh! venez, sortons de cet enfer, le sol brûle sous nos pieds.

CHARLOTTE CORDAY. — Où aller? Si un secours est possible, c'est d'ici qu'il doit venir.

MAURICE. — Fuyons en Normandie ou plus loin encore, au delà des mers... là où règnent la liberté et la paix. Parfois il me prend un frisson comme si j'étais sur l'échafaud. Nous n'avons pas un instant...

CHARLOTTE CORDAY. — Non! pas un instant de plus.

MAURICE. — Peut-être dans ces régions lointaines fleurira pour nous un bonheur qui n'est encore que dans son germe.

CHARLOTTE CORDAY. — Peut-être, c'est mon espérance...

MAURICE. — Voulez-vous me confier le soin des préparatifs du voyage?

CHARLOTTE CORDAY. — Allez, et merci pour votre amitié envers moi, envers Belsunce! Adieu!

CHARLOTTE CORDAY *seule*. — Puisse-t-il s'échapper, je ne le verrai plus!

O mon père, tu ne soupçonnes pas non plus quelle heure commence en ce moment pour ta fille! Tu ne vois pas briller le poignard qu'elle cache dans son sein à tous les yeux, comme elle y cachait jadis le bouquet que lui donnait son bien-aimé. La nouvelle t'épouvantera d'abord, mais bientôt tu te consoleras en entendant retentir le cri d'allégresse de tous les honnêtes gens; et qui détesta le monstre plus violemment que toi?... Développement de cette pensée...

Je le sais, des temps meilleurs viendront... Mais pouvons-nous subir ceux-ci? Les lois sont sans force, la question n'est plus entre le bien et le mal; bons et méchants, tous, indifféremment, ont recours aux armes du bandit, s'inquiétant peu du moyen, pourvu qu'il les conduise à la victoire. Ce siècle même ennoblit une vocation sanglante : ainsi plus d'hésitations, tout me pousse, tout m'entraîne, même ces secrets frémissements de mon cœur, de la sensibilité. Ce n'est point la vengeance qui m'inspire aussi puissamment, ce n'est pas la mort de celui qui m'aima que je veux venger, car c'est moi-même que le coup qui l'a frappé a atteinte. Noble jeune homme, que serais-je si je pouvais t'oublier? si je pouvais échanger ton image pour celle d'un autre? Non, tu seras à jamais présent à mon esprit! Tes traits sont ineffaçables de ma mémoire. Ta mort m'a rendue libre! Je ne t'appartiens plus, je n'appartiens plus aux miens. Je ne vois plus, devant moi, que la Patrie. A l'œuvre donc!

Et vous, visions terrestres, qui m'avez trompée jusqu'ici, éloignez-vous. Ce n'est que dans la lame de ce poignard que je vois se réfléter pour la première fois le sérieux de la vie et auprès... le sérieux de la mort.

LA DEMEURE DE MARAT.

Marat seul à une table. — Un serviteur, dans le fond, auquel il donne quelques ordres et qui se retire. — Danton entre. — Scène longue et défectueuse. — Marat annonce avoir reçu une lettre d'une dame de la Normandie : elle doit venir et le mettre au courant des actes des Girondins. — Danton se défie de cette femme. — Marat croit cette défiance mal fondée. — Danton le provoque, on ne sait trop pour quel motif, par des mots blessants; il lui reproche d'avoir été vétérinaire du Comte d'Artois, d'avoir vendu des drogues comme un charlatan...

— Marat supporte ces outrages assez patiemment en apparence. — Danton se retire en plaisantant l'Ami du Peuple sur sa bonne fortune avec la Dame de Caen.

Marat murmure contre Danton : « Il me raille, dit-il; demain se lèvera un jour plus rouge qu'aucun de ceux qu'on a vus jusqu'ici. Je leur accorde encore ce soir pour mettre leur conscience en règle, qu'ils en profitent... » (*Il entre dans son cabinet.*)

CHARLOTTE CORDAY *avec* ROGER.

CHARLOTTE. — Annoncez-moi au citoyen Jean Marat.

ROGER. — A l'instant il parlait de vous; il vous attendait.

CHARLOTTE *seule*. — Il attend sa mort! Son heure sonne. Je l'entends aux coups qui retentissent dans mon sein. O entourez et protégez-moi, âmes héroïques de l'antiquité qui avez inspiré ma jeunesse. Assistez-moi, environnez-moi, pour que mon pas soit ferme comme ma pensée, que ma main ne tremble point dans son acte suprême. Courage, ma mort sera plainte et célébrée. J'apporte à mon bien-aimé la couronne de ma gloire, et je la pose sur son front sanglant.

ROGER, *revenant*. — Vous pouvez entrer.

Charlotte Corday, immobile un instant,... puis elle pénètre rapidement dans le cabinet de Marat.

ROGER. — Quel peut être son dessein? A la voir si agitée on dirait qu'elle a quelqu'un de ses proches à délivrer. Ces temps sont si difficiles! on a vu des femmes sacrifier leur honneur pour sauver un époux, des filles recevoir une coupe de sang de la main des bourreaux et la vider pour racheter la vie d'un père...

MARAT, *de l'intérieur*. — A l'assassin! à l'assassin! au secours!

Roger. — Quoi! Qu'y a-t-il? (*Il s'élance précipitamment dans le cabinet de bain.*)

Charlotte Corday *en sort avec le poignard à la main et le jette loin d'elle.* — Arrière! ton œuvre est accomplie. Il est mort. La France respire plus librement. J'ai tenu ma parole envers la Providence, envers le monstre. J'ai senti le fer pénétrer au sein de son cœur atroce. O horreur! Son dernier râle, son cadavre!... Souvenirs affreux, sortez de ma mémoire; et toi, mon cœur, remets-toi, sois ferme et sache mourir.

Roger, *sortant du cabinet.* — Tous les secours sont inutiles. (*A la fenêtre.*) Marat est mort. Accourez, citoyens, il a été traîtreusement assassiné.

La foule remplit l'appartement en tumulte. — Charlotte Corday est arrêtée. — Maurice veut la sauver. — Elle s'y refuse, et demande à être conduite devant son Juge. Son seul besoin est la mort.

Quelqu'un du peuple. — Elle est plus grande que Brutus!

Un autre. — Portons Marat au Panthéon.

Danton. (*Il s'assure, en entrant dans le cabinet, que Marat n'est plus. Ses pressentiments n'ont été que trop justifiés.* — Je vois bien, dit-il, le jeu que nous jouons avec la Mort. Il a ses dangers, ses contre-coups. Soit! Plus nous en dépêcherons d'avance, plus sera nombreuse la société que nous trouverons dans l'autre monde. (*Le rideau tombe.*)

C'est par l'ouvrage de M. N. Martin que nous avons su que le comte de Platen avait composé une pièce rentrant dans notre sujet. Il dit en effet, p. 104 : « Un essai dramatique sur la *Mort de Marat* se distingue par la pureté du langage, la vérité des caractères historiques, et l'ingénieuse distribution du plan et des détails. » L'annonce seule de l'ouvrage aurait suffi pour piquer vivement notre curiosité. Nous nous consolions d'être privés de la tragédie conçue par Schiller en pensant que son projet avait été repris et exécuté par un disciple de Gœthe. Mais il fallait trouver cette pièce dont M. N. Martin n'indique pas la date, et le temps nous pressait. Nous étions prêt à nous rendre en Allemagne, lorsque la maison Cotta, de Stuttgård, parvint à en trouver un exemplaire d'occasion, qu'elle nous envoya avec une obligeance et une célérité dont nous devons la remercier ici.

Elle n'a que vingt-cinq pages.

La pièce du comte de Platen est en prose. Elle est fort courte. Ce n'est qu'une esquisse tracée magistralement, nous en convenons, mais ne répondant pas à l'idée que nous avait fait concevoir l'éloge de M. N. Martin.

Charlotte frappe Marat au nom de la patrie; cependant elle avait aimé Belsunce, et elle veut déposer sur la tête sanglante de son amant l'auréole qu'elle va conquérir pour elle-même.

Nous le répétons, ce n'est qu'une ébauche, et nous nous étions promis une œuvre achevée de la main d'un maître qui avait à sa disposition, nous disait-on, la lyre d'André Chénier et le pinceau de Léopold Robert. (V. N. Martin, p. 146.)

XXXVIII.

CHARLOTTE CORDAY, *tragédie composée en langue danoise* par mademoiselle ATHALIE SCHWARTZ, jouée à Copenhague, en 1864. (Non imprimée.)

Mademoiselle Schwartz avait bien voulu nous faire promettre par lettre une analyse de sa tragédie : seulement elle était malade, et ajournait l'exécution de sa promesse jusqu'au jour où sa santé serait rétablie. Malheureusement sa maladie a eu une issue aussi funeste qu'inattendue. La nouvelle de sa mort nous est parvenue dans le courant du mois de décembre 1871.

Nous ne nous sommes pas découragé : nous avons demandé à ses héritiers un extrait du manuscrit, aux journaux les comptes rendus qu'ils ont dû publier lorsque la pièce a été représentée sur le Théâtre-Royal de Copenhague.... Nous n'avons pas encore reçu de réponse (19 février 1872).

P. S. La réponse nous parvient, mais elle est négative. Il n'a pas été possible à nos correspondants de se procurer les documents que nous attendions. M. Gotschalk, de Copenhague, laisse encore une porte ouverte à l'espoir. Si nous recevons la pièce ultérieurement, nous la joindrons sous forme de carton à la présente publication.

RÉCAPITULATION.

Après avoir énuméré les manifestations scéniques auxquelles Charlotte de Corday a donné lieu, il nous reste à les classer.

Mais avant cette récapitulation, certaines rectifications sont nécessaires.

C'est à tort que nous avions retranché de notre liste les Catilinas modernes ou *la Mort de Marat*, de Ferru fils [1]. Nous avions pensé que Charlotte de Corday ne figurait que dans la coulisse, et ce d'après le compte rendu qui se trouve dans le journal de Ducray-Duminil (les Affiches, annonces et avis divers). Mais la pièce avait été remaniée; dans son premier état, Charlotte de Corday paraissait

---

[1] Et non Ferou. Les Affiches, annonces et avis divers du 9 ventôse an II portent bien Ferou. Mais le 24 germinal suivant, il adressé une pièce de vers au journal, à propos de la maladie de Molé, il signe : *Ferru* fils. Étienne et Martainville l'appellent aussi *Féru* (sic).

sur la scène; les Administrateurs de Police, Froidure et Baudrais, en furent choqués : l'auteur dut retrancher « un personnage dont la présence ne pouvait qu'exciter l'indigna-tion [1] », et se borner à ce seul titre : *La mort de Marat*. La pièce, qui d'abord était en deux actes, fut refondue en trois et perdit son premier titre, le sous-titre seul lui resta. Sous cette nouvelle forme elle n'eut aucun succès, et dis-parut de l'affiche après la troisième représentation. Ceci nous importe peu. Ce qui nous intéresse, c'est que dans le plan primitif de l'auteur, Charlotte de Corday avait un rôle, et même un rôle assez important pour avoir éveillé les sus-ceptibilités de la censure. C'est donc une œuvre dramatique à reporter à notre actif.

Mais, d'un autre côté, le numéro VII doit en être retran-ché, le *Véritable Ami du Peuple*, ou *la Victime du fédéralisme*, que nous ne connaissons que par une annonce du journal le *Républicain français*, est un drame révo-lutionnaire en trois actes, par l'acteur Destival, qui n'a aucun rapport avec la mort de Marat ni avec Charlotte de Corday. C'est encore à M. Ménétrier que nous sommes redevable du rapport de police qui contient l'analyse de ce drame. On y lit ce qui suit :

« Dans une grande ville départementale, un pauvre peintre, mais patriote et doué de talent, encourt la haine du Maire, qui est dévoué au Fédéralisme. Il est emprisonné et sur le point de périr, quand il est délivré par un Représentant du Peuple et par une armée républicaine...

» Cette pièce, pleine de chaleur et d'enthousiasme, mérite-rait un autre théâtre que la scène impure de Nicolet. »

Si donc nous avons à ajouter à notre catalogue les *Cati-*

---

[1] Rapport de police à nous communiqué par M. Ménétrier, qui a bien voulu nous faire connaître tous ces détails.

linas modernes, nous avons à retrancher *la Victime du fédéralisme.* Les chiffres restent les mêmes.

Nous avions exprimé un doute sur la prétendue tragédie de *Charlotte Corday,* composée à la Force par Champagneux et Adam Lux (V. ci-dessus, p. CLXXV), et ce doute est devenu une certitude : la tragédie en question n'a jamais existé.

Nous avons retrouvé la personne qui avait donné à feu M. Alboize les renseignements à l'aide desquels il avait écrit dans les *Prisons de Paris* le passage que nous avons rapporté, voir ci-dessus, p. CLXXIV. Cette personne n'est autre que M. Ménétrier; il nous a affirmé qu'il n'avait parlé à M. Alboize ni des Mémoires de Champagneux, ni d'une tragédie de *Charlotte Corday* que ce dernier aurait composée en collaboration avec Adam Lux; il lui avait signalé seulement les *Notices* placées par Champagneux dans son édition des œuvres de madame Roland, comme renfermant des détails intéressants sur la prison et les détenus de la Force pendant la Révolution.

Or ces *Notices* ne disent pas un mot d'une tragédie de *Charlotte Corday,* elles disent même le contraire; car Champagneux raconte que pour charmer les loisirs de sa captivité [1] il avait composé un drame dont il était lui-même l'objet; et jamais il n'a eu aucun rapport avec l'héroïne de Caen. Il y a plus : après cette confidence sur ses essais dramatiques, Champagneux parle d'Adam Lux; il en parle

---

[1] « La longueur de ma captivité me donna encore le temps de composer une comédie ou plutôt un drame. Je le donnai à lire à un de mes amis qui le crut digne de paraître au théâtre. Les comédiens à qui il le montra n'en jugèrent pas de même. *Mon sujet était pris dans un événement vrai et qui m'était personnel;* mais il ne pouvait intéresser qu'après le retour entier aux principes de sagesse et de justice. Je crois que quand cette époque sera venue, j'aurai parfaitement oublié que j'ai fait un drame dans ma vie. » (Œuvres de J. M. Ch. Roland. Paris, Bidault, an VIII, t. II, p. 408.)

longuement; il raconte son genre de vie à la Force, la liaison qui s'était formée entre eux ; il n'ajoute pas qu'il y eût une collaboration quelconque avec son compagnon de captivité, et ce silence est d'autant plus concluant que Champagneux est amené à prononcer le nom de Charlotte de Corday! (V. p. 409, *loc. cit.*)

Il est vrai que Champagneux annonce qu'indépendamment de ses Notices il laissera des Mémoires pour ses enfants[1]. On pourrait se demander si ce ne serait pas là ce qu'Alboize aurait eu en vue. Mais les papiers de Champagneux sont entre les mains de M. Faugère, dépositaire de tout ce qui se rattache à madame Roland, et il veut bien nous faire savoir que « dans ces papiers il n'y a rien d'anecdotique, pas un mot sur Adam Lux ou Charlotte de Corday. Les notes laissées par Champagneux contiennent surtout la justification de sa conduite antérieure, et des détails au sujet de sa détention. » (Lettre du 19 juillet 1871.) Il faut donc rejeter le récit des *Prisons de Paris* comme une fable, et nous nous applaudissons de n'avoir pas compris dans notre énumération la pseudo-tragédie d'Adam Lux ou Champagneux. Peut-être même trouvera-t-on qu'une réfutation si longue était superflue; mais la puissance de l'erreur est telle, surtout lorsqu'elle se présente sous des dehors séduisants, qu'on ne saurait la combattre avec trop de soin. En pareille matière, il faut craindre bien plus l'insuffisance que le luxe des démonstrations.

Puisque nous avons parlé des erreurs des autres, il en est une qui est à notre charge et qu'il ne nous coûte nulle-

---

[1] « Je composai aussi en prison les Mémoires de ma vie; comme ils ne peuvent présenter de l'intérêt qu'à ma famille, je ne les donnerai point au public; c'est un legs que je destine à mes enfants; ils leur serviront de lecture pendant quelques soirées d'hiver : je me flatte qu'ils y trouveront des motifs d'honorer et de chérir la mémoire de leur père. » (*Loco citato.*)

ment de confesser : nous avons donné *Marat dans le souterrain* comme l'œuvre de Cammaille Saint-Aubin : ce sont les *Intrigants démasqués* qui sont de cet auteur, et c'est à Mathelin, autre dramaturge non moins obscur, que revient l'honneur d'avoir composé *Marat dans le souterrain*, épisode de 1792.

Après ces préliminaires, nous arrivons à poser le chiffre définitif des représentations scéniques dont nous venons de dresser le catalogue.

Il s'élèverait à 37.

Si l'on élimine les n°ˢ 3, 5, 6, 8, 9, applicables à des productions qui, tout en méritant d'être mentionnées comme manifestations théâtrales, ne constituent pas des pièces proprement dites ;

Si l'on retranche encore la tragédie de Schiller, qui ne fut que projetée, et les deux traductions de *Sept heures* et de la pièce de Ponsard, qui ne sont que des reproductions, il resterait vingt-neuf pièces originales, ou trente et une y compris les deux traductions.

Elles se décomposent ainsi :

Dix-huit pièces en français, dont huit en vers ;
Dix ou huit en allemand, dont sept en vers ;
Deux en anglais, toutes les deux en vers ;
Une en danois.

Nous avons avancé que nul sujet historique n'avait été traité autant de fois. Nous savons que cette proposition nous sera contestée [1] ; nous la maintenons toutefois ; et pour que

[1] M. Goizet, que nous ne connaissions pas lorsque nous faisions imprimer ces lignes, nous oppose son formidable répertoire : 100 *Don Quichotte*, 59 *Jeanne d'Arc*; M. Ménétrier, des *Molière innombrables...*, etc.
Nous nous inclinons devant les grands noms de Cervantès et de

l'on ne pense pas qu'il y ait de notre part amour-propre d'auteur mal placé, nous nous hâtons d'ajouter que si le sujet de Charlotte Corday est celui qui a été traité le plus souvent, c'est aussi peut-être la pièce qui a été le moins jouée.

Nous ne craignons même pas d'avancer qu'à vrai dire elle n'a *jamais* été jouée.

Si en effet on écarte la comédie de salon de Régnier d'Estourbet et le vaudeville du Gymnase, tombés en naissant, on ne voit rester quelque peu au théâtre que le mélodrame de Victor Ducange, indigne mascarade qui ne rappelait ni le nom ni les traits de Charlotte, et la pièce de Ponsard, à laquelle des mutilations inouïes n'avaient laissé que le nom sans la réalité du personnage. Nous croyons donc pouvoir dire, et ceci sans paradoxe, qu'à l'heure où nous sommes, sur les trente pièces énumérées, pas une seule n'a encore été représentée d'une manière complète et sérieuse.

Si nous sortons de ces calculs statistiques pour entrer dans le fond des choses, les œuvres qui nous paraissent avoir une incontestable supériorité sont :

Le drame de M. de Senkenberg, 1793-1797;
L'essai dramatique de madame L. Colet, 1842;
La tragédie de Ponsard, 1850.

Molière, mais nous répondrons qu'il ne s'agit pas pour eux de tragédies ni de sujets tirés de l'histoire. Quant à Jeanne d'Arc, il faudrait savoir quelle est la nature de ces pièces ; souvent son nom a été pris pour attirer le public et déguiser des œuvres qui n'ont rien de dramatique *. Nous n'avons d'ailleurs parlé que d'après la Bibliographie de Delandine (V. ci-dessus p. clxi), et il ne nous en coûterait nullement de céder la priorité à Jeanne d'Arc, qui a certainement le privilége de l'ancienneté, puisqu'elle a près de quatre siècles de plus que Charlotte de Corday.

* V. par exemple *l'Épée de Jeanne d'Arc*, vaudeville, etc., etc.

Pour nous, le mérite de ces compositions est en raison directe de leur fidélité à l'histoire. De là un intérêt à rechercher quelles sont les sources dont les auteurs ont fait usage; elles ont eu une influence très-appréciable sur les pièces qu'elles ont produites.

Ceux qui ont écrit les premiers n'ont guère eu à leur disposition que les débats du procès insérés dans les journaux. Zschokke et M. de Senkenberg le disent expressément, et l'auteur anonyme de la tragédie de 1795 rapporte *in extenso* les lettres de Charlotte à son père et à Barbaroux comme pièces justificatives venant à l'appui de son œuvre.

On sait déjà quelles heureuses inspirations M. de Senkenberg a su tirer de cette seule lecture.

L'auteur de la *Judith moderne* (1797) s'inspire, lui, du Mémoire de Couet de Gironville qui avait paru l'année précédente (an IV, 1796), et la manière du dramaturge est digne du style du prétendu biographe, avec cette seule différence que l'un travestit la Bible et l'autre l'antiquité, tous les deux remplissant le vide de leur ouvrage par le mauvais goût de leur érudition.

Nous ne pourrions pas assigner d'origine au drame de *Sept Heures*, « prolem sine matre creatam. » La pièce de Régnier d'Estourbet sort évidemment des souvenirs révolutionnaires remués par les événements de 1830 et les publications qui en furent la suite.

L'œuvre sérieuse de madame L. Colet procède du premier ouvrage sérieux qui ait paru sur Charlotte, de la Biographie de Louis Dubois.

Le roman historique de M. Esquiros a engendré le vaudeville romanesque de MM. Clairville et Dumanoir. Il a en outre fourni à tous les auteurs de théâtre, même aux historiens, tout un arsenal de fantaisies dramatiques qui ont passé de son livre sur la scène.

M. Digand nous a appris lui-même qu'il s'était aidé de Desessarts.

Les Girondins de M. de Lamartine ont produit :

Le vaudeville du Gymnase pour partie;
La tragédie de M. Gasc;
Celle de Ponsard.

La filiation se fait encore sentir dans Rommel, Von Appen et Girndt.

Julius Bamme se rattache à l'*Halbgesprœch* de Jean Paul.

L'anonyme anglais a emprunté à Paul de la Salle l'épisode de Franquelin; il s'en est non-seulement inspiré, mais enivré, et il a porté le fabliau du portrait à son maximum de galvanisme théâtral, et il faut le dire, d'exagération.

Ici revient la grande question de savoir si le sujet de Charlotte de Corday est propre à la scène ou s'il doit en être banni?

Nous avons vu que deux opinions contraires se sont produites parmi les critiques les plus éminents.

Les uns, M. Gustave Planche en tête, tiennent pour l'affirmative.

La négative est soutenue par M. Théophile Gautier, et, il faut bien le reconnaître, la revue des pièces que nous venons de parcourir semble lui donner raison, puisque sur trente tragédies trois seulement nous ont paru dignes de ce nom et du sujet traité.

Il ne faudrait pas cependant se méprendre sur notre pensée. Suivant nous, la fidélité à l'histoire n'implique pas l'assujettissement servile du poëte dramatique à ses lois. S'il est une notoriété qu'on doit respecter, il est une latitude qui reste du domaine de l'invention. S'il est des vérités et des vraisemblances qu'on ne peut pas méconnaître impunément, il est aussi certains tempéraments qu'on peut se permettre. La ligne de démarcation est souvent délicate, difficile à tracer ou à suivre; elle n'est pas impossible à trouver, cela suffit.

Ainsi, lorsque pour sonder les desseins de Charlotte un auteur suppose un dialogue entre elle et le prêtre dont elle refuse les secours, nous applaudissons, quoique ce dialogue n'ait jamais eu lieu.

Lorsque, dans une autre pièce, Marat s'écrie en mourant : « O mes plans, mes plans! » nous applaudissons encore, quoique le seul cri qu'il ait poussé soit tout autre, parce que la fiction vaut la nature quand elle est naturelle elle-même, et qu'à un mot insignifiant elle substitue une parole qui exprime une pensée juste.

Pareillement nous avons défendu la rencontre des Girondins et de Charlotte de Corday congédiant les faneuses, quoique cette rencontre n'ait rien d'historique, parce que, si elle n'est pas conforme à la vérité, elle n'a rien de contraire à la vraisemblance.

Enfin, c'est par les mêmes motifs que nous avons décerné des éloges sans restriction à la scène du bain de Constant Berrier, un modèle du genre. Certes cet entretien n'eut pas de témoins, et Charlotte ne l'a pas raconté; mais chaque parole est si bien dans la situation des deux personnages qu'on croit les entendre, et quoique le dénoûment soit prévu, l'intérêt va toujours en grandissant jusqu'à la catastrophe finale, parce que chaque parole de Marat qui s'abuse est un pas vers la mort. (Comparer avec tous les autres auteurs qui ont tenté de mettre ce dialogue sur la scène.)

Généralisons :

Toutes les fois que nous avons rencontré une pensée originale, un mot trouvé, un trait ou de nationalité ou de caractère, nous l'avons reproduit ou traduit en soulignant, sans regarder s'il était du domaine de l'histoire, nous contentant qu'il fût digne d'en être.

Lorsqu'au contraire nous nous sommes trouvé en face de fictions monstrueuses, comme la mort d'Hérault de Séchelles dans le Comité de Salut public, ou celle de l'Ami du Peuple dans la Convention, comme le siége de Caen par Marat, ou celui de Paris par Barbaroux; lorsque nous voyons des rapprochements hybrides tels que l'intimité d'Adam Lux et de Chauveau-Lagarde élevés ensemble! ou l'amitié de Gorsas et de M. de Corday; lorsque des inventions parasites semblables au dévouement de Marie Robespierre qui remplace Charlotte Corday, ou à la rencontre de Charlotte et de Sanson au Palais-Royal, lorsque des combinaisons si étranges sont introduites sans nécessité dans le drame, et dans un drame tout préparé, nous ne pouvons que détourner nos regards et plaindre les auteurs qui se sont donné tant de mal pour violer tout à la fois les règles du théâtre et la vérité de l'histoire.

Une autre question est celle de savoir quelle place l'amour doit occuper dans une tragédie de Charlotte de Corday; là encore les auteurs et les critiques se sont divisés. L'anonyme de 1795 repoussait cette supposition comme une calomnie. M. Paul de Musset regarde au contraire l'introduction d'une passion amoureuse comme une nécessité. M. Théodore de Banville aurait voulu que la passion allât jusqu'à la réalité physique. Le tableau suivant nous paraît juger la question en montrant l'inanité des efforts tentés par leur nombre.

Hérault de Séchelles. — SALLE.
Adam Lux. — Madame WESTPHALEN, REGNIER D'ESTOURBET,
   JULIUS BAMME.
Belsunce. — BARRAU, MM. CLAIRVILLE et DUMANOIR, A. DE
   PLATEN.
Barbaroux. — Madame LOUISE COLET, PONSARD, VON APPEN,
   GIRNDT.
Guadet. — VILLIET.
Marat. — *La Judith moderne*, CONSTANT BERRIER, VILLIET.
D'Aiglemont. — L'auteur de la *Judith*.
Alberto (ne faisant qu'un avec Théodore). — EYRE.
Corbigny. — ZSCHOKKE.
Maurice. — DE PLATEN.
Pierre Grolier [1]. — CONSTANT BERRIER.
Robert. —
Chaumont — } DIGAND.
Constant. —
Raimond. — VON APPEN.
Durand. — E. ROMMEL.
Franquelin. — GASC, GILES.
Fualdès. — Madame LOUISE COLET.

Tous ces auteurs étaient dans le faux. Le seul qui ait
rencontré juste est le baron de Senkenberg, et ce n'est
aucun des prétendants mis en ligne [2]!

[1] Pierre Grolier, frère *supposé* de Louise Grolier, qui tenait l'hôtel
de *la Providence*, rue des Vieux-Augustins, où descendit Charlotte
de Corday en arrivant de Caen à Paris. M. Constant Berrier en fait un
commis de M. Corday d'Armont.

[2] C'était Bougon-Longrais (V. ci-dessus p. CCXI et suiv.). Mais la
proposition inverse est-elle vraie? Charlotte doit-elle aimer? Y aurait-il dans ce sacrifice fait à la patrie un élément dramatique? Schiller a représenté Jeanne d'Arc éprise de Talbot. « Mais, dit le comte
de Platen, il y a une chose que je trouve trop forte, c'est que la vierge
inspirée s'éprenne avec une rapidité effrayante du noble lord anglais. »
Et le comte de Platen est, suivant M. H. Martin, l'homme de notre
temps qui, après Gœthe, a voué à l'art le culte le plus fervent. On
l'appelait, ses critiques mêmes, *le froid sculpteur de statues en marbre*. Buzot ne possédait pas la puissance artistique de Gœthe, il n'avait
pas les aspirations plastiques du comte de Platen, mais il disait avec
l'autorité que lui donnait la connaissance des faits et des personnes
qu'il avait vues de près : « Surtout pas d'amour dans une pièce de ce
genre..., l'inconvenance saute aux yeux. » Ce fut le premier mot de la
critique, puissé-t-il être le dernier!

Nous ne pouvons pas terminer cette récapitulation sans une dernière observation que nous suggère l'examen de la liste que nous avons dressée : c'est l'infinie variété des conditions de ceux qui la composent.

Les uns sont placés à l'extrémité supérieure de l'échelle sociale, tels que M. le baron de Senkenberg et le comte de Platen; les autres sont à l'extrémité opposée : Jules Prior, Villiet, Digand, simple receveur des douanes belges.

Il y a des littérateurs de premier ordre : Schiller, Zschokke, Ponsard, et des dramaturges de profession : V. Ducange et Anicet Bourgeois, Destourbet, Dumanoir et Clairville.

Des femmes : madame Westphalen, madame L. Colet, mademoiselle A. Schwartz; et la pléiade des écrivains amateurs : C. Berrier, Bœhm, J. Bamme, Rommel, Von Appen.

Des contemporains de l'événement : Salle, Gassier Saint-Amand, Ferru, Barrau, Eyre; et des contemporains de notre époque qui datent leur œuvre d'hier : Girndt, Giles.

Enfin, des auteurs de tous les pays : Français, Belges, Allemands, Anglais, Danois.

Qu'en conclure? Qu'il est des événements qui ont le privilége de frapper l'imagination publique; que certains personnages de l'histoire exercent sur les esprits une sorte d'attraction, et que la liste déjà bien nombreuse que nous avons laborieusement dressée est peut-être encore incomplète, ou près de le devenir au moment où nous l'achevons.